자연을 닮은
생태모방건축기법

Biomimicry in Architecture

자연을 닮은
생태모방건축기법

Michael Pawlyn

박자은 · 정재욱 옮김

光文閣
www.kwangmoonkag.co.kr

UMI와 SOL에게 바칩니다.

Contents

추천의 글: 데임 엘렌 맥아서 Dame Ellen MacArthur

이 책에서 마이클 폴린은 생물에서 영향을 받았거나 생물을 모방한 중요 건축물 사례들을 보여준다. 그러나 이를 넘어서 21세기에 맞는 원리와 행동에 관한 책으로, 새로운 시각의 사례들 또한 보여준다. 그 시각은 모두 쉽게 접근할 수 있고 재생가능한 세상으로 변화할 수 있는 잠재력을 가진 체계화된 방법이다.

마이클은 버크민스터 풀러의 목표를 인용하였다. '가능한 가장 단시간에, 지속적인 협력을 통해서, 누구에게도 생물학적인 피해나 불이익 없이 인류를 위한 세상을 만들고 싶다'. 이것은 대단한 목표이며 디자인과 그 목적에 대한 질문이다. 그러나 실천 과정에서 단일 과정으로 설명할 수는 없다. 이 책, '생태모방건축'은 실제로 장점을 알려주고 있는 유기체들에게서 단서가 될만한 자재, 구조, 에너지, 기능, 형태에 이르기까지 변화의 징후에 대한 많은 사례들을 보여준다.

우리는 바야흐로 어떤 일에 대해서 지식이 최고의 밑거름이 되는 시대에 도래했다. 좀 더 기교를 부린 문장으로 표현하자면, '단일하면서도 위계적 구조'인 생물학은 '외부 요인에 의해 만들어진 형태'가 아닌 '환경의 영향에 따라 자가 조합하는' 방향을 보여준다. 그리고 주기율표에 있는 모든 원소를 사용하는 것이 아니라 '비독성 물질의 제한된 집합'만을 이용한다!

이런 흥분과 가능성의 느낌이 자재, 공간, 상호연결 등의 각각의 주제를 넘어서서 이 책의 표지만 봐도 뿜어져 나온다. 마이클은 사람들을 그 중심으로 데려다 준다. '건축에까지 영향을 미치는 생물학적 패러다임은 그 중심에 사람이 있음을 의미한다. 디자인을 하는 과정에서는 그들의 독창성을 발휘하고 결과적으로 아름다움을 즐기며 그 건물을 이용함으로써 그들이 보상받을 수 있음이 포함된다.' 이 목표를 보면 그는 크리스토퍼 알렉산더, 빅터 파파넥과 같이 존경받는 개척자들의 계승자임

에 의심의 여지가 없다.

금세기는 단지 환경을 건설하는 것이 아니라 경제 전체를 치환하는 시점으로 향하게 될 것이다. 우아하게 그리고 효과적으로 90억의 인구가 원하는 것을 얻게 된다면 그 때 우리는 전체 경제를 위한 또다른 작동 시스템을 필요로 하게 될 것이다. 내가 관심을 가지고 있는 경제 모델인 순환 경제는 마이클이 말하는 에너지 치환과 동일한 표현인 동시에 또다른 목표이다. 그것은 기계적 사고의 시대, 전통 상업 시대의 가져오고 - 만들고 - 버리는 사고로부터 닫힌 순환구조, 피드백이 잘되는 시스템이 점차적으로 증가하는 것으로 변화하는 것을 말한다. 그리고 가장 중요한 것은 자재와 에너지의 제약으로부터 벗어나서 인류 번영의 새로운 형태로 예측할 수 있는 것이다. 이 책, 생태모방건축의 개정판은 우리가 함께 떠날 여정을 위해 읽어야 할 필독서이다.

데임 엘렌 맥아서

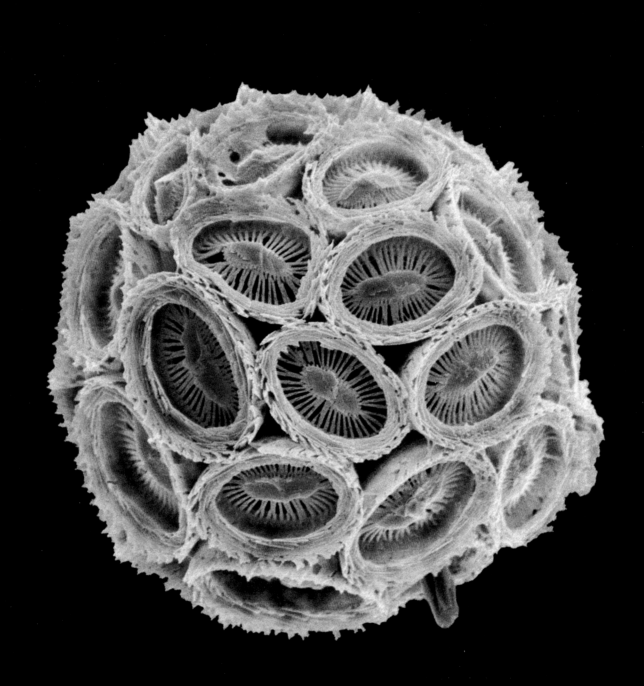

서론

지속 가능성이 현실적으로 성공하려면 어떻게 하는 것이 좋을까? 효과적인 개선점들이 점점 방대해지고 부정적인 영향들이 점점 줄어들고 있는 것으로 만족할 것인가? 아니면 인류를 위한 거대한 프로젝트와 같은 좀 더 원대한 목표를 세워야 하는가? 이것은 내가 이 책에서 다루고자 하는 가장 좋은 해결책 중의 하나인 **생태모방-기능적인 도전을 생물학이 풀어왔던 방법에 영향을 받아 디자인하는-**이 우리에게 밝은 미래를 가져다줄 것이며, 인류 역사가 산업 시대에서 생태 시대로 넘어가게 해 줄 것이다. 우리는 이미 성공하기 위해 필요한 거의 모든 해결책을 가지고 있으므로 나는 여기에 엄청난 가능성이 있다고 본다.

만약 생태모방을 이미 형성된 환경에 점점 더 적용해 간다면-나는 그렇게 되리라 생각한다-이후 수십 년 간 우리는 거주자들이 건강해지고, 농촌 지역을 재생시키는 도시를 만들 수 있을 것이며, 일하거나 살기 좋은 건물들은 적은 양의 자원을 사용하는 건물들이 될 것이다. 또한, 생태계와 어우러진 기반시설을 만들 수 있을 것이다. 수천 년 인류 문화는 생물계와 더불어 살아가는 방법을 배운다면 더 번창할 것이다. 이것은 만질 수 없는 이상향에 대한 환상적인 암시가 아니다. 이 책에서 설명한 방향성은 만질 수 있는 현실에서 인간 상상력에 의해 나타날 수 있는 과학적 엄격성에 근거를 두고 있다.

나에게 있어서 버크민스터 풀러 Buckminster Fuller가 한 말은 내 인생 목표이다. "가능한 한 가장 단시간에, 자발적인 협조를 통해, 생태계를 거스르지 않고, 누구에게도 불이익이 없이 100% 인류를 위한 세상을 만든다."[1]. 우리는 이것을 어떻게 실현할 수 있을까? 나는 이것을 실현할 수 있는 방법으로 세 가지 주요 변화가 필요하다고 생각한다. 자원 효용 가치 증가 달성,[2] 석탄 연료 경제에서 태양 경제로의 변화, 자원을 사용할 때 선형적이고 소모적인 방법에서 버려지는 것 전혀 없이 재활용되는, 완전한 닫힌 고리 모델 closed-loop model이다. 도전 목표로서 생물학과 연결된 여행을 시작하기로 선택했다면, 내 생각에는, 우리가 필요로 하는 많은 해결책에 대한 도움으로 생태모방보다 더 좋은 가르침은 없을 것이다.

이 책 《생태모방건축》은 그 풍부한 해결 방법에 대한 것이며, 이번 개정판은 예술에 대한 부분이 수정 반영되었다. 생태모방으로부터 3.8억 년간 진행된 연구개발에서 이득이 되는 아이디어를 배울 수 있다. 그 근원은 이 땅에서 살아온 모든 종자에 어마어마하게 널려 있으며, 성공적인 진화의 형태로 나타난다. 인간에 의해 생물학적 유기체가 비슷하게 구현된 기술로 나타날 수도 있고, 많은 문제가 더 나은 경제적인 방법으로 해결되는 경우도 있다. 인간은 현대 의학, 디지털 혁명과 같은 경이한 것들을 이루어 왔다. 그러나 자연의 유기체에서 진화된 특이한 경우를 볼 때, 우리가 배워야 할 것이 아직도 얼마나 많은가를 겸허하게 받아들여야 한다.

왜 지금이 생태모방을 말할 때인가? 인간이 존재하는 한 의심의 여지 없이 자연에 매료될 것이며, 이제 우리는 확장된 과학적 지식의 엄청난 이득, 이전에 상상할 수 없었던 디지털 디자인 도구, 형태적 관습으로부터 덜 강요

---

1. 인편모조류(鱗鞭毛藻類, Coccolithophores-초미세 해양 유기체)는 해수에 있는 요소들을 사용하여 탄산칼슘에서 자신의 골격을 만든다. 그래서 이들은 지구에서 일어나는 장기 탄소 순환의 부분으로 여겨진다. 지질학상에서 대기 중 이산화탄소가 상승할 때, 인편모조류가 융성했고, 이것들이 죽었을 때 석회암층 형성이 대양저로 떨어졌다. 그래서 대기에서 암석권까지 탄소를 옮겼다. 이제 이산화탄소의 비율 증가에 대한 인간이 직면한 도전은 지구 역사상 이전에 발생했던 어떤 과잉과도 멀어지고 인편모조류와 같은 올바른 매커니즘으로 통제될 수 있는 수준을 넘어서는 것이다.

된 미학적 감각으로, 더 진전된 생물학을 재조명할 수 있을 때이다. '우리 집'에서 관계를 회복하는 동시에, 디자이너들은 사람들의 삶의 질에 대해서 다시 생각하거나 이바지할 기회가 전혀 없었다. – 여기서 '우리 집'을 버크민스터 풀러는, '스페이스십 어스 spaceship earth [역주: (인류를 태운 자원이 유한한) 우주선 지구(지구를 우주선에 비유한 말)]'라고 했다.[3]

생물학은 명백한 차선책을 만들어서 이미 존재하는 것들로 손질하여 진행된다(프랑수아 자코브 Francois Jacob의 말을 빌리자면[4])는 말은 사실이다. 반면에 인간 발명품은 완전히 독창적인 창작물[5]이 가능하다. 생물학이 준 위대한 자산은 점진적인 개선이 이루어진 억겁의 세월이다. 생태모방은 논제도 아니고 그 반대도 아니다. 생태모방은 그 자체로 대단하며, 생물학이 인간에게 줄 수 있는 가장 좋은 것과 결부하여 혁신을 할 수 있는 인간 잠재력의 통합체이다.[6] 이런 통합체이기 때문에 더 강력한 힘을 가진다.

이 책은 설계사들이 현재 이런 해결책을 어떻게 시행하고 있는지, 생태모방으로 수용 가능한 범위가 얼만큼인지에 관해, 가능한 해결 방법을 설명한다. 또한, 생태모방을 통해 효과적으로 일하는 방법과 우리가 원하는 생태 시대 건물, 도시를 실현하는 방법을 안내하며 마칠 것이다.

생태모방이란 무엇인가?

예전부터 건축가들은 자연에서 영감을 받아 건물 형태와 장식물을 만들었다. 우리는 자연을 주로 미학의 자료집으로 활용한다. 그러나 생태모방은 미학적인 접근이 아니라 기능적인 해결책으로 활용된다. 이 책의 목적은 건축적 해법을 생물학 변형 적용 방법을 통해 연구하기 위한 것이다.

'생태모방 biomimicry'이라는 말은, 1962년[7] 과학 문학에서 처음으로 소개되었고, 1980년대 재료 과학 분야에서 그 사용이 증가했다. '생태모방'이라는 단어는 1950

년대, 오토 슈미트 Otto Schmitt가 '생태공학 biomimetics'이라는 용어로 사용한 것이 시초였으며, 1960년대는 잭 스틸 Jack Steele이 '생물공학 bionics'이라는 신조어를 만들었다.[8] 이후 재닌 베니어스 Janine Benyus 작가의 생물과학, 생물학 교수 스티븐 보겔 Steven Vogel, 생태공학 교수 줄리안 빈센트 Julian Vincent와 같은 사람들의 출판물이 넘쳐나면서, 지난 15년간 관심도가 폭증했다. 줄리안 빈센트는 '자연에 기반한 좋은 디자인의 완성'[9]이라고 정의했다면, 재닌 베니어스는 '천재적인 자연과 선의의 경쟁'이라고 했다.[10] '생태공학'과 '생태모방'의 가장 중요한 차이점은, 후자를 사용하는 많은 사람이 지속 가능의 해법에 특별히 초점을 맞추는 경향이 있다면, 전자는 국방 기술과 같은 새로운 분야에 적용해 보려고 한다는 점이다. 나는 생태모방과 생태공학을 본질적으로 동일하게 간주할 것이다.

이 책의 첫 출간 이후, '생태모방'과 '생태공학'이라는 용어 대신 '생태에서 영감받은 디자인 bio-inspired design'이나 '생태 디자인 biodesign'과 같이, 이 분야에서의 정의가 상당히 많이 변화하고 있다. '생태 디자인'은 의학계(발명하고 시행하는 새로운 생태 의학기술)에서도 수면 위로 떠오른 용어이고, 로봇공학의 분야에서도, 생물학을 근간으로 한 모든 설계 원리의 범주를 총망라하는 넓은 의미로 정의하고 있다.(윌리엄 미어스 William Myers[11]의 책 제목과 전시회에서 만들어짐) 여기서 중요한 점은 '생태모방'과 '생태공학'은 자연에서 따온다는 의미를 내포하는 반면, '생태에서 영감받은'이라는 새로운 용어는 생물학에 존재하는 것들을 뛰어넘어, 어떤 것들을 더 발전시킬 수 있는 잠재력이 있다는 의미를 내포하는 것이다. 그러나 '생태에서 영감받은 건축'이라는 용어는, 형태의 피상적인 모방에서부터 기능의 과학적 이해에 이르기까지 혁신을 일으킬 수 있는 모든 것들을 포함하는 너무나 광범위한 정의를 가지므로, 나는 '생태모방'이라는 용어를 사용하기로 한다. 그러나 '생태에서 영감받은 기술 bio-inspired engineering'은 '기술'이라는 단어가 기능이라는 의

2

미를 내포하기 때문에 별로 문제가 되지 않는다는 것을 알았다. 어떻게 짜 맞춰봐도, 우리가 하려는 것과 적확하게 맞는 단어는 없을 것이다. 더 중요한 것은 그들이 서로를 구별하는 싸움보다는 학문 분야를 초월해서 증거에 기반하고 기능에 집중하고 변별적인 변화[12]를 가져오는 방향으로 가서, 여러 분야 학문을 통합하는 공통 의견에 동의하는 것이다. 생태모방과 생태공학은 이제 기능적으로 접근하는데 기반을 두고 있다고 널리 알려졌다. 해결책들이 자연에만 존재한다고 생각하는 이 분야의 사람들에 대해서 나는 개의치 않는다. 그래서 나는, '모방'협회에 특별히 문제가 되지 않을 것이다. 건축적 디자인 맥락에 있어서 가장 널리 인정될 용어는 시간이 말해 줄 것이기 때문이다.

생명애[biophilia], 생물 형태 모방[biomorphic], 생물 활용[bio-utilisation], 합성 생물학[synthetic biology]과 같이 그 가치를 분명하게 표현해 주는 말들도 있다. 생명애라는 용어는 생물학자 E. O. 윌슨[Wilson][13]이라는 사람에 의해서 많이 알려졌으며, 인간과 다른 유기 생명체 간에는 본능적인 유대가 있다는 가설을 설정하였다. 생물 형태 모방은 일반적으로 생물학적 형태에 기초한 디자인을 의미하는 것으로 알려졌다. 생물 활용은 건물 주변에 식재를 함으로써 증발 냉각을 발생시키는 것과 같이, 어떤 혜택을 목적으로 자연을 직접적으로 사용하는 것을 말한다. 이것은 3장에서 생태공학 시스템적 사고 접근법으로 중요하게 다

2. 뉴욕, 존 F. 케네디 공항의 TWA터미널은 유로 사리넨(Eero Saarinen)이 비행기의 아름다운 장면을 형상화하기 위해 생물 형태 모방을 이용했다.
    Image © Ezra Stoller/Esto

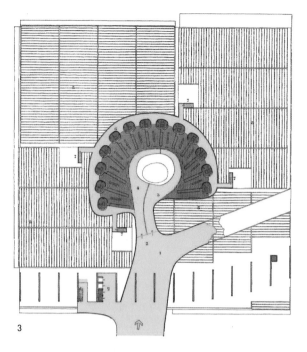

3

룰 것이다. 합성 생물학은 자연계에 존재하지 않는 생명체의 요소와 시스템을 계획, 제작하거나 생태계에 존재하는 것들을 재설계하고 제작하는 것을 말한다. 생태모방과 합성 생물학이 구별되는 가장 큰 요소는, 생태모방은 살아 있는 요소를 창조하려고 하지는 않는다는 것이다.

건축학적인 시점에서 볼 때 생태모방과 생물 형태 모방 간에는 중요한 차이점이 있다. 20세기 건축가들은 독특하거나 상징적인 형태를 위한 자료로 종종 자연을 차용해왔다. 생물 형태 모방은 유로 사리넨 Eero Saarinen 의 TWA터미널(그림 2)과 같이 건축적 형태에 있어서 장엄한 모습을 만들어 냈고 르 꼬르뷔지에도 Le Corbusier 이것을 엄청난 상징 효과로 사용했다.(그림 3) 그러나 반대로, 생태모방은 생물학적인 기능을 수행하는 방법으로 사용된다. 우리는 기능적인 혁명을 원하기 때문에 이러한 차이점은 중요하다. 나는, 위에서 설명한 형태변형을 시도하기 위해서, 생물 형태 모방보다 생태모방이 적합하다고 확신한다.

그러나 생물 형태 모방 건축 또한 여전히 유효하다. 자연의 형태를 사용한 생물 형태 모방과 그것과 결합된 상징주의는 주목하지 않을 수 없다. 순수하게 기술적인 생태모방에서 성취된 것과 생물 형태 모방에서는 그 의미를 나타내어, 한 건물에서 두 가지를 공존하게 할 수 있다. 생물 형태 모방은 선제적이고 미학적인 표현이며, 생태모방은 기능적인 원칙이다. 그래서 생태모방의 한계점에 대해 생각해 보는 것은 가치 있는 일이다. 어떤 디자인 원칙이 있더라도 건축을 자동적으로 만들어 줄 수 없다. 디자인에 있어서 순수하게 과학적으로 하려는 것에 주의해야 한다. 건축은 항상 인간 중심이다. -그것은 감성을 담아야 하고, 행복을 느끼게 하며, 지어진 시대를 담아내야 한다.

'자연적'이라는 말은 많은 맥락에서 내재된 미덕이나 '정당함'을 내포한다. 생태모방은 '좀 더 자연적'이라는 해결책으로 오인하기 쉽다. 이것은 목표가 아니다. 기생과 같이, 우리가 절대로 모방하고 싶지 않은 자연의 특정 측면도 있다. 낭만적인 자연에도 위험은 있다. 길고 무자비한 정교함의 과정에서 혜택을 받은 광대한 생산물(좀 더 나은 단어가 있으면 좋겠지만)과 같이 자연은 엄청난 가치를 가지고 있다고 믿는다. 진화론은 유전적 다양성에 근거한 과정으로, 시간이 지남에 따라 적자가 선택된 것이라고 요약할 수 있다. 생존의 압력은 유기체를 거의

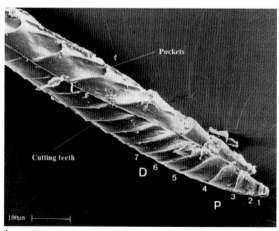

4

5

믿을 수 없을 정도로 특정한 생태학적 자리를 만들게 하였고 제한된 자연환경에 대한 놀라운 적응력을 개발하도록 하였다. 이것은 인간이 앞으로 수십 년 동안 직면하게 될 제약과 밀접한 관계가 있다.

인간의 업적을 자연보다 우월하다고 생각하는 회의론자는 어떤가? 생물학에는 연소 엔진이 없다. 우주는 요즘의 태양광 에너지 발전보다 태양 에너지를 변환하는 효율이 적다. 그리고 빠른 속도로 축을 회전할 수도 없다. 이 모든 것은 사실이다. 하지만 우리가 기술적으로 찾아 헤매는 것의 한계가 생물학에 존재한다고 아무도

제안하지 못했다. 생물학은 많은 경우의 동일한 도전을 좀 더 경제적인 수단으로 해결해왔다. 예를 들어 축을 회전하지 않는다면 어떻게 나무를 뚫을 수 있을까? 끝이 뾰족한 하단에 갈고리가 있고 단면이 반원형인 두 개의 샤프트로 만들어진 왕복식 드릴이 나무 말벌의 해결책이다 (그림 4). 두 개의 샤프트는 서로 엮어서 앞뒤로 움직일 수 있다. 그래서 한쪽 갈고리가 나무의 얕은 홈에 걸렸을 때 말벌은 나무 속 깊이 다른 드릴의 반쪽을 밀어 넣을 수 있다. 그 결과 깨짐이나 찌그러짐을 방지하면서도 드릴을 미는 힘은 0이 된다. 이것은 섬세한 신경외과 수술과 같은 분야에 인간이 적용할 수 있는 아주 좋은 해법이다. 신경외과 수술 침은, 회전축과 일치하지 않고 굴곡이 있는 주변을 뚫을 수 있는, 말벌의 산란관 원리에 근거하여 개발되어 왔다.[14] 요약하자면, 생태모방은 건축가들이 지속 가능 디자인을 하는 데 있어서 지극히 평범한 접근을 뛰어넘을 수 있게 해주고 우리가 필요로 하는 변형적 해법을 가져다 주는 강력한 혁신의 도구이다.

3. 아마도 언제나 엄청난 상징주의적 건축가였던 르 꼬르뷔지에는 실제 지어지지 않은 올리베티사 프로젝트 화장실 디자인에 신장의 세척 기능을 참고하여 의도적으로 표현하였다.

4. 나무 말벌은 회전축 없이도 나무에 구멍을 뚫는 문제를 생물학이 어떻게 해결해 주는지 보여준다.

5. 우엉 가시의 고배율 확대 사진은 생태모방이 영감을 준 가장 유명한 사례의 하나이다. - 벨크로

6

기원

우리가 잘 알고 있는 레오나르도 다빈치의 스케치북에는 두개골과 새의 날개 형태 연구가 많이 있다. 여러 가지 의미로 그는 생태모방의 선구자였다. 그리고 플로렌스Florence의 두오모Duomo를 디자인할 때 달걀껍데기 형태를 나타내려고 한 필리포 브루넬레스키Filippo Brunelleschi는 자연으로 회귀하여, 어쩌면 그보다 더 먼저, 디자인에 영감을 받았다.

최근에는 1948년경, 벨크로Velcro의 발명(그림 5)과 같이 문서로 잘 정리된 사례들도 있다. 지난 10여 년간 생태모방에 대해 경이적으로 풍요로운 시대였다. 점점 더 많은 디자이너가 지속 가능한 제품들을 만들어 냈다. 다임러 크라이슬러Daimler Chrysler의 생태공학 컨셉 카는 매

끈한 유선형이면서 넓적한 거북복에서 영향을 받았고, 외과 수술의 접착제는 모래성 벌레[15](그림 6)를 이해함으로써 개발되었으며, 심지어 아이스크림까지 생태계 적응을 통해 더 나은 제품을 알려주는 북극 어류[16]의 가르침을 응용하였다.

최첨단 기술

이 책의 첫 출판 이후, 생태모방 학문은 크게 성장했다. 학계의 나단 르포라 박사Dr Nathan Lepora의 말에 따르면,[17] 1990년대 생태모방에 관한 논문은 100편이 채 안되었으나, 금세기 초 10년간 그 수가 증가하여, 수천 편에 이르는 논문이 나타나는 양상을 보였다. 이런 연구의 대부분은 로봇공학과 재료과학 분야에서 일어났다(그림 7). 이제 건축가들이 다른 분야 디자인을 변화시킨 혁신적인 자료들을 충분히 활용할 수 있는 기회가 왔다. MIT의 네리 옥스만Neri Oxman에 의해 설립된 매개 재료 디자인 연구실Mediated Matter design research group은 생물학적으로 첨삭 가공과 같이 물질을 합성하는 것에서 유래하여 응용할 수 있는 잠재력을 보여 준다(종종 3D 프린터를 말한다). 슈투트가르트대학의 아킴 멘지스와 그의 동료들은, 새로운 디지털 디자인과 제작 도구를 활용하고 생물학적 구조에 대한 깊은 이해를 결합하여 놀라운 형태를 지을 수 있다는 것을 보여 주었다.

이 책의 프로젝트들은 아주 전형적인 패턴을 따라 혁신을 한다. 콘셉트 단계에서 시작해서 작은 치수로 실험한 후에 큰 치수로 나타나는데 비교적 단순한 것들을 실었다. 생태모방에 대한 복합적이고 통합적인 접근법의 첫 번째 예는 단지 발현하는 것으로, 이것은 더 넓은 시장 수용성에 대한 진보의 지표로 여겨지고 있다. 혁신의 속도가 힘겹게 천천히 진행되지만, 생태모방은 지속 가능한 최종의 목표를 확인 시켜 줌으로써 그리고 풍부한 원천 자료들을 통하여, 그 속도를 가속화할 수 있는 잠재력을 가지고 있다고 믿는다.

지금까지 완성된 생태모방 프로젝트는 우리가 막 탐구

7

하기 시작한 자료집에서 창조될 수 있는 잠재력을 엿볼 수 있다. 고강도 분자, 고효율 구조, 화재 감지기와 방화재, 대기 탄소, 폐기물 제로 시스템, 이 모든 것들은 건축가들이 우리 시대가 요구하는 것보다 더 나은 건물과 도시를 만들기 위해 배울 수 있는 자료로 생물학에 존재한다. 부정적인 것들을 완화하려고 하는 지속 가능 디자인이 계속되는 동안, 생태모방은 긍정적인 것을 최적화하고 개선책을 가져다 주는 새로운 패러다임의 방향을 알려준다.

중요한 질문 중의 하나는, 실질적인 기능의 향상, 사람들의 더 나은 삶에 이바지하기 위한 디자인과 건설산업에 있어서, 어떻게 혁신의 속도를 가속화할 수 있을 것인가이다. 증가하는 지식과 새로운 생태모방 프로젝트들

이, 건축에서 생태모방 활용 속도의 단계 변화를 가져 올 수 있는 더 높은 수준의 토론과 행동 방향으로 이끌어 줄 것이라고 믿는다.

현존하는 것들과 싸워서는 아무것도 바꿀 수 없다.
무언가를 바꾸려면, 지금의 것을 구식으로 만들어
버릴 새로운 모델을 만들어라.
리처드 버크 민스터 폴러[18]

6.   두 부분으로 이루어진(역주: 에폭시는 주제와 경화제를 1:1비율로 섞어서 사용함) 에폭시 접착제와 동일하게 생물학적으로 조립되어 있는 모래성 벌레의 군집

7.   페스토(Festo 社) 해파리 로봇. 로봇공학은 지난 10여 년간 생태모방에 대한 관심이 가장 급증한 분야이다.

CHAPTER 01

더 효율적인 구조물은
어떻게 지을 수 있는가?

본질적으로 재료는 비싸고 형태는 싸다.
줄리앙 빈센트 교수(PROFESSOR JULIAN VINCENT)[19]

이러한 안목은 생물학적 구조의 본질을 나타낸다. 그러나 기술적으로는, 일반적으로 모양을 만들어 내는 것이 더 비싸다.[20] 자연은 재료를 아주 경제적으로 사용한다. 그리고 종종 형태를 독창적으로 만들어 내기도 한다. 접거나 끼우거나 걸치거나 부풀리는 등의 여러 방법으로, 자연 유기체들은 놀라운 효율성을 보이는 효과적인 형태를 만들어 낸다. 자연 유기체의 많은 현상에서 근본적으로 평범한 건축물보다 훨씬 더 효과적인 구조적 아이디어를 풍성하게 찾아볼 수 있다.

자연은 왜 이런 방법을 선택했을까? 다양한 요소 중 자양물을 찾고 체온을 유지하고 교미를 하거나 포식을 피하는 등의 여러 가지 방면에서 생존의 압력은 구조적인 면에서 가차 없이 정제하도록 만들었고, 유전적인 변이와 재합성을 통해 창조된 또 다른 적응력을 가지게 하였다. 당연히 이 과정은 진행 중이지만, 오늘날 자연에서 우리가 목격하는 것은 지구의 역사를 통해 진화된 최적화 사례이다. 관찰을 통해 나타난 건축의 원리는 **적은 재료로 더 다양한 설계가 가능**하다는 것이다. 이런 패러다임을 찾다 보면, 최소한의 재료로 어떻게 하면 최대한의 효과를 가져올 수 있는가에 대한 사례가 많을 것이다.

중공관

자연은 간결하고 경제적이다. 속이 비어 있는 중공관으로 이 두 가지를 동시에 만족하는 경우가 있다. 자연에는 이런 구조적 원리를 입증할 만한 풍부한 사례들이 있다. 예를 들면 사람의 **뼈**라든가, 식물의 줄기, 새의 깃털과 같은 경우이다. 속이 꽉 찬 어떤 재료의 횡단면이 사각형이고 한 변의 길이가 24mm라면(그림 9), 지름이

100%   82%   20%   14%

8. 아마존 수련잎의 엑스레이 사진은 튼튼한 구조가 어떻게 최소한의 자재로 만들어 질 수 있는지를 보여 주는 사례이다. 갈빗살의 망 구조는 두께를 두껍게 하지 않고도 나뭇잎의 넓은 면적을 빳빳하게 유지시켜 준다.

9. 이 스케치는 네 개의 딱딱한 구조 요소가 동등한 효용성으로 어떻게 다양하게 만들어질 수 있는지를 보여 준다. 형태 변형과 그것이 필요한 곳에 자재를 집중함으로써 속이 찬 사각형 단면보다 14%만의 자재를 가지고 가능하게 했다. [아드리안 베케르스(Adriaan Beukers)와 에드 반 힌트(ed van hinte)가 작업을 하고 저서 《라이트니스(Lightness)》에 에너지 구조를 최소화하는 불가피한 르네상스라고 표현했다.]

25mm인 원형의 단면은 81.7%의 재료만으로 동일한 휨 저항을 가질 수 있다. 같은 원리로, 속이 빈 관은 속이 찬 사각형 재료의 20%밖에 되지 않는 재료로 같은 강도를 유지할 수 있다. 기술자들의 말에 의하면, 적은 부재들로 같은 결과를 얻기 위해서 중립축 부분의 부재들은 제거 되고 더 많은 휨 저항을 버틸 수 있는 곳에 자재들을 배 치한다고 한다.

어떤 특정 식물은 자연에서 더 큰 규모로 중공관이 어 떻게 적용될 수 있는지 보여 준다. 대나무종은 그 길이 가 40m에 달한다. 어떻게 이 길이를 견딜 수 있을까? 튜 브형의 요소가 하중에 실패할 수 있는 방법 중의 하나는 튜브의 한쪽이 중심축을 향해 붕괴되어 전반적인 좌굴을 일으키는 것이다. 대나무는 매끈하게 자라는 것이 아니 라 칸막이 벽과 같은 규칙적인 마디로 이 문제를 해결했 다(그림 10). 이 마디들은 구조적으로 저항을 만들어 주 고 대나무의 길이를 유지할 수 있게 해주는 부분이다. 대 나무는 사실 엄격히 분류하면 풀의 한 종류이나 그 규모 가 야생 나무에 달하는 성공 사례이다. 이 식물의 해결책 은 이러한 질문을 하게 만드는 것 같다. -왜 더 많은 나 무가 중공관을 가지고 있지 않을까? 대답은 나무들이 성 장하기 위해 노력하는 다양한 양상에서 나온다. 일반적 으로 나무는 풀의 특징인 줄기의 다양성보다는 캔틸레버 형 가지의 캐노피를 만든다. 나무는 잔디보다 다른 외압 에 맞닥뜨리기 때문에, 생태모방의 전반적 구조 문제 다 음 해결책을 제시하는 반면에, 대나무는 튜브형 구조 요 소의 해결책을 제시한다.

10

나무: 속이 찬 형태

나무에 대한 이해와 나무로부터 얻은 교훈이 어떻게 기술적으로 접목될 수 있는지는, 클라우스 매테크Claus Mattheck[21]의 업적과 함께 최근 몇 년간 놀랄 만큼 발전해 왔다. 그는 균일응력의 법칙으로, 자연에서 생태학적 구 조는 단순한 규칙을 따른다는 것을 설명했다. 자연은 힘 이 집중되는 곳에 그 힘을 분산할 수 있을 때까지 부재들 을 배치한다. 하중이 없는 곳에는 부재들을 배치하지 않 는다. 나무도 하중의 집중을 피하고, 시간이 흐르면서 적 응하게 해주는 이러한 연결 형태를 활용한 아이디어를 보여 준다. 그 결과 불필요한 재료는 없고 모든 부재가 하중을 공정하게 나누어 버틸 수 있는 최적의 효용성을 가지게 되었다. 반면에, 대부분의 철근 콘크리트 구조물 은 (특별한 위치에서만 발생 가능한)가장 무거운 하중을 기준으로 전체 보나 기둥을 큰 것으로 결정한다.

칼스루 리서치 센터karlsruhe Research Centre에 있는 그의 팀과 함께 매테크는 두 개의 소프트웨어 프로세스(그림 11)를 지원하는 프로그램을 통한 설계 방법을 연구했 다. 그것은 자연에서 발견한 상세를 실질적으로 동일한 생태학적 디자인 형태로 만들어 내는 것이다. 이 프로그 램은 디자이너들이 초기의 구조적 컴퓨터 모델을 실질 적인 경험치를 통한 저항으로 바꾸어 활용할 수 있게 한 다. 이 저항이란 설하중, 풍하중, 지진하중뿐만 아니라 빌딩 사용에 의한 자중까지도 포함한다. 첫 번째 단계 는 하중이 적거나 아예 없는 곳의 부재를 삭제하는 소프 트웨어인 '소프트 킬 옵션(SKO)'이다. 그다음은 '컴퓨 터 에이디드 옵티머제이션(CAO)' 프로그램으로, 필요 한 부분의 모양을 다듬고 하중의 집중을 붕괴되지 않을 만큼 최소화하기 위해 연결 부분의 부재를 만든다. 디자 이너들은 구조적 안정성 확보를 위한 대안을 찾거나 결 과물이 마음에 드는지 아닌지 결정하지 않아도 된다. 매 테크는 이 프로세스를 갈고 닦기 전(CAO) 거칠게 잘려 진 목재 조각으로 시작하여, 그런 다음 거의 최종 형태

SKO

CAO

11

12

로 조각되는(SKO 단계) 과정으로 비유했다. 그
결과는 놀랍도록 유기적인 형태로 되었고, 평범
한 구조보다 훨씬 더 효율적으로 되었다.[22] 디
자이너 조리 라만$^{Joris Larman}$은 이 프로그램을 사
용하여 우아한 가구를 여러 점 개발하였고, 3D
프린터로 다리를 만들어 수로를 연결할 예정이
다(그림 12). 우리는 건물에 이렇게 적용할 수
있고, 더 우아하고 더 잘 알아볼 수 있는 구조적
형태를 만들면서도 부재의 효용성을 많이 증가
시킬 수 있다.

앞에서 언급했던 나무와 뼈의 중요한 차이점
은, 뼈 조직에서는 삭제가 가능하지만 나무는
부재를 삭제할 수 없다는 것이다. 나무는 속이
꽉 찬 형태로 성장하는데 많은 종류의 뼛속이
빈 것에 비하면 놀라워 보일지도 모른다. 다른
포식자나 먹잇감이 되는 것을 피하기 위해 빨리
달려야만 하는 동물들에 비해, 움직이지 않는
나무에게 가벼움이라는 선택적 압력이 동일하
게 적용되지 않는다는 사실은 거짓된 설명일 수

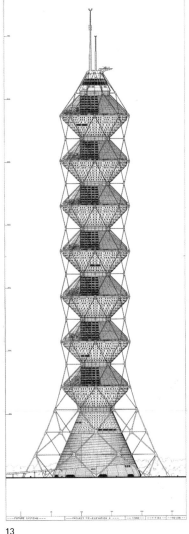

13

10. 대나무 줄기에 있는 규칙적
인 마디들은 칸막이 벽과 같
은 역할을 한다. 이것은 중공
관을 뻣뻣하게 만들어주어
일반적인 방법으로 중공관
구조가 실패하는 것을 막아
준다.

11. 이 다이어그램은 클라우스
매테크(Claus Mattheck)
의 디자인을 '소프트 킬 옵션
(SKO)'과 '컴퓨터 에이디드
옵티머제이션(CAO)' 소프트
웨어를 사용하여 개선하는
과정을 보여 준다.

12. 조리 라만 랩(Joris Larman
Lab)에서 3D 프린팅한 다리
는 SKO 소프트웨어로 디자
인한 결과물이 감각적이면서
도 자재 효용성이 있음을 입
증한다.

13. 퓨쳐 시스템즈(Future
Systems)에서 만든 코익시
스턴스 타워(Coexistence
Tower). 압축된 중심부와 가
장자리를 둘러싼 장력 요소
의 나선형 배치는 수관의 구
조와 유사하다.

14

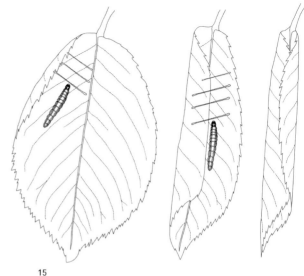

15

14. 우림의 얕은 토양에 있는 나무의 성장은 뒤집어지지 않기 위해 뿌리로 지지하도록 진화해 왔다.

15. 나뭇잎을 마는 애벌레는 평편한 나뭇잎에 표면을 가로지르는 실을 붙여서 관 형태로 만든다. 그리고 나서 래칫(역주: 한쪽 방향으로만 회전하게 되어 있는 톱니바퀴) 끈과 같은 방법으로 실을 짧게 한다.

16-17. PLY건축사무소의 섀도우 파빌리온은 어떻게 얇은 판 형태가 차별화된 건물 형태로 발전되는 요소가 되도록 말릴 수 있는지를 보여 준다.

도 있다. 대부분의 한 아름 나무는 죽은 자재인(단지 바깥쪽 껍질만 살아있다.) 반면에, 뼈들은 지속적으로 재구성되고 재활용되기 때문이다. 다른 가능성 있는 설명은, 나무 가장자리 나선형 패턴으로 자라는 바깥쪽 속껍질에 의해 형성되는 장력은 중심 압력에 대항하기 때문에 나무의 속이 찬 형태를 유지시켜 준다는 것이다. 이런 구조적 형태는 퓨처 시스템즈Future Systems'의 공존탑Coexistence Tower에서 유사성을 찾을 수 있다(그림 13).

나무 뿌리의 형태에서도 건물의 기초를 형성하는 새로운 접근법에 대해 영감을 받을 수 있다. 넓고 뻣뻣한 기초 형태는 효과적으로 움직인다. 폭이 넓고 단단한 기초를 형성하면 나무 둥치에서 어느 정도 거리를 두고 중심축을 효과적으로 움직일 수 있으며, 반대쪽에서는 네트워크로 갈라진 뿌리가 뒤집어지는 것에 저항하기 위

해 엄청난 양의 흙을 동원한다.[23] 토양이 상대적으로 얕은 열대우림에서는 온대기후와 같은 저항력이 나오지 않기 때문에, 나무(뿌리)는 그야말로 뒤집어지지 않도록 장력이 작동하는 단단한 지지대로(그림 14) 진화해 왔다.[24]

평면의 변형

평면을 보호하는 어떤 형태로 바꾸는 가장 간단한 방법은 그것을 돌돌 마는 것이다. 나뭇잎을 마는 애벌레(Aenea속)는 나뭇잎을 튜브 형태로 감싸고 실크로 그것을 고정해서 그 안에서 변태 과정을 지날 수 있도록 구조물을 만든다(그림 15). 애벌레는 이 튜브 구조물을 일주일간 사용한다. 그러나 최근 연구에 의하면 이것은 다른

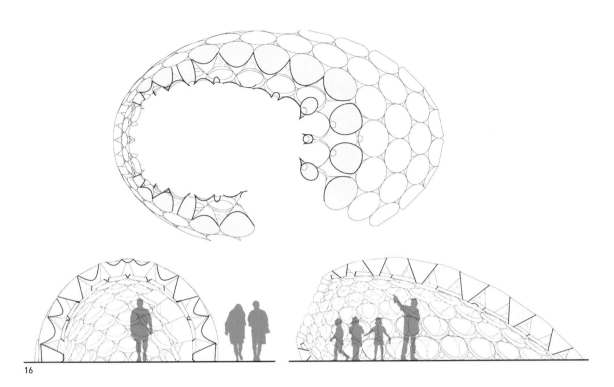

16

17

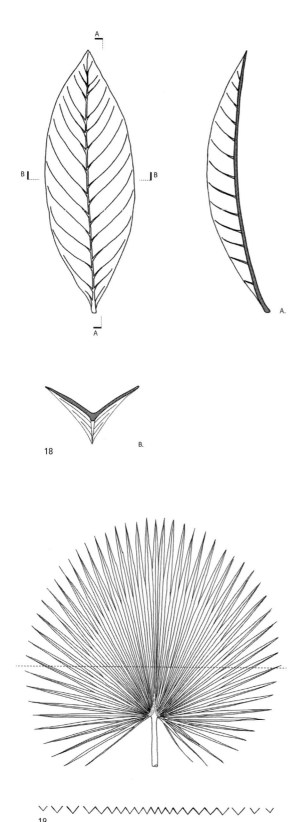

유기체도 사용하며, 절지동물의 밀도와 다양성을 높이는 데 중요한 역할을 한다. 비슷한 독창성은 미시간 마테이 식물원Matthaei Botanical Gardens, Michigan 에 있는 PLY건축사무소의 우아한 파빌리온에서 나타난다(그림 16, 17). 이것은 레이저 커팅한 알루미늄 시트를 고깔 형태로 말고 잎 모양의 기하 패턴에 맞추어 조립한 것이다.

식물은 빛을 흡수하기 위해 더 넓은 광합성 표면을 드러내는 방법으로 진화해야 했다. 그러나 더 넓은 표면적은 더 많은 구조물을 필요로 하므로 두께가 증가함에 따라 점점 더 커진 나뭇잎은 중대한 결점을 갖는다. 그래서 얇은 소재로 뻣뻣한 요소를 만들 수 있도록 구부리고 접는 방법으로 진화했다. 남부 매그놀리아의 경우, 주맥을 따라 접히고 잎의 절반은 각각 휘어져 있다(그림 18). 접기와 구부리기는 모두 나뭇잎을 더 단단하게 해준다. 우림에서는 숲 바닥 면까지 햇빛이 거의 들지 않아서 많은 식물은 커다란 잎사귀들을 부챗살 형태로 접어서 부응하고 있다(그림 19).

얇은 표면을 단단하게 한 멋진 사례는 거대한 아마존의 수련에서 발견할 수 있다(빅토리아 큰가시연꽃). 부드러운 윗면과 직경이 3m에 달하는 이 잎은 방사형이면서, 작은 아이의 무게를 감당할 수 있을 만큼 갈라져 뻗은 형태로 아랫부분에 단단히 고정되어 있다. 이렇게 얇은 표면을 단단하게 만들 수 있도록 갈빗대를 사용하는 원리는 엔지니어들이 유사하고 효과적인 구조물을 설계하는데 영감을 줄 수 있고 이러한 콘셉트가 널리 적용될 수 있게 한다.

구조 회사 에이럽Arup의 구조 엔지니어인 에드 클라크 Ed Clark와 함께 작업한 건축가 톤킨 리우Tonkin Liu 는 평면

18. 남부 매그놀리아 잎은 구부리고 접는 방법의 조합으로 뻣뻣해진다.
19. 부채형 야자잎 – 크고 얇은 표면을 접기를 통해 한 곳의 지지점으로부터 생성되는 캔틸레버 구조로 어떻게 변형할 수 있는지 보여 주는 멋진 사례이다.
20. 톤킨 리우의 다이어그램은 껍데기에서 온 구조적 원리가 어떻게 분석되는지를 보여 준다.
21. 건축가 톤킨 리우(Tonkin Liu)와 에이럽(Arup)의 구조 엔지니어인 에드 클라크(Ed Clark)가 디자인 한 시 링 브릿지(Shi Ling Bridge) – 껍데기를 아치형으로 만들고 접고 비트는 방법으로 자재의 효용성을 끌어낸 '셸 레이스 구조'의 사례이다.

20

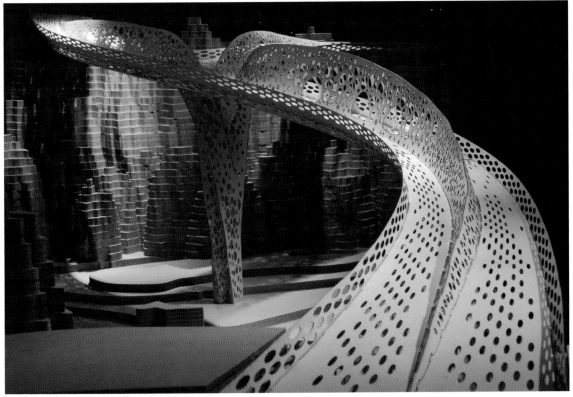

21

적인 표면에서 파생되어 새로운 형태의 구조물로 발전시키는 해양 연체동물의 마름질 기술과 형태에서 영감을 받았다. 그들은 이것을 '셸 레이스 구조'라고 했다(그림 20, 21). 연체동물들은 얇은 표면 구조물의 다양한 표현을 통해서 견고함을 가지게 된다. 접는 방법으로 실질적인 구조적 깊이를 증가시키거나 구부리는 방법으로 견고함을 배가시키거나 비트는 방법으로 삼각 측량을 가능하게 한다. 그 결과물은 아주 우아한 구조물이고 최소한의 재료를 사용하여 덩어리일 때보다 이러한 형태에서 더 견고해진다.

셸과 돔

자연은 셸과 돔을 만드는 뛰어난 건축가이다.[25] 자연의 설명서를 철저하게 훑어보아 온 한 건축가가 있는데 그가 바로 전복이다(그림 22). 전복은 진화된 껍데기를 가지고 있으며 현미경을 통해 보면 다각형의 탄산칼슘의 판으로 형성되어 있는 것을 볼 수 있다. 그리고 그것은 유동적인 폴리머 모르타르로 한데 붙어 있다. 그 결과는

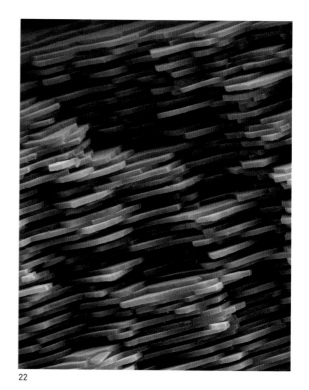

22

체적의 95%가 초크로 이루어진 것보다 3,000배 더 강한 물질이 되었다. 우리는 한번 시작되면 쉽게 퍼지는 균열

24

22. 셸은 아마도 생태모방에서 가장
초기의 자원일 것이다. 그러나
이제는 디자이너들이 셸의 초미세
구조가 그들의 경이적인 인성에
어떻게 공헌하는지를 나타내는
과학적 지식에서 이익을 얻을 수
있다.
23. 구아스타비노(Guastavino)아치를
이용하여 피터 리치 아키텍트
(Peter Rich Architects)가
디자인한 매핑뷰 인터프리테이션
센터-전복 껍데기와 유사하며,
태양에 구운 토기와 같이 기본적인
자재로 만들어졌다.
24. 글렌 하웰스 아키텍트(glenn
howells architects)의 사빌
빌딩. 고효용 형태로 목재의
작은 부분을 이용함으로써 자원
측면에서 그리드셸은 15분의 1만을
사용하였다.

을 통해 동종 물질을 만드는 반면에 자연은 경이적인 내균열성으로 혈소판의 매트릭스를 진화시켜 왔다. 각각의 혈소판은 균열을 멈추게 하는 요소로 만들어졌고, 만약 그 재료에서 균열이 계속되려면 새 혈소판에서 새롭게 시작해야 한다. 중합체에서 유연성의 정도는 셸의 더 넓은 영역을 넘어서 집중 하중을 분산시키는 것을 돕는다.

구아스타비노 아치 형태로 불리는 토속적인 건설 방법이 있다(그림 23). 그는 전복의 유사한 형태에 관심이 있었고, 최근에는 그 관심에 대한 멋진 보상을 받았다. 발렌시안 건축가인 라파엘 구아스타비노Lafael Guastavino(1842~1908)의 이름을 딴 이 기술은 아주 단순한 것으로, 둥근 콘크리트 원형 보에 테라코타 타일로 마감한 낮은 층의 건물을 이른다. 이러한 방법은 파리에서 모르타르로 사용되던 회반죽 없이도 작업이 가능하였고, 타일이 습기를 재빨리 빨아들여 30초면 훌륭한 접착 상태가 되기에 충분했다. 대각선으로 놓인 두 번째 레이어는 더 강한 시멘트 모르타르와 함께 지붕에 부착되었다. 그리고 반대쪽 대각선에 세 번째 레이어를 만들었다. 그 결과 장 스판이 가능하고 풍부하고 다양한 형태를 만들 수 있는 아주 튼튼한 셸 구조를 만들 수 있었다. 이런 건축 형태는 전복의 미세 구조에 대한 우리의 현재 지식에 앞서는 동시에, 생물학적 영감을 받는 방향으로 생각이 발전할 수 있게 한다. 이것이 우리가 지금 사용하는 의미의 근본적인 생체모방인가? 흥미로운 질문이다. 토속적 건축 해결책은 순수하게 생태모방으로 적용될 수 있다. 저차원의 기술에서 최첨단의 동시대 기술에 이르기까지 적용되는 다양한 범주의 입증으로 생태모방이라고 허용할 수도 있다. 전복의 기능적인 이점에서 영감을 받아서 우리는 잠재적으로 구조물의 내균열성과 거리의 수용성을 증가시키는 유연한 모르타르를 사용할 수 있다. 우리는 또한 물결 모양을 만들고 심지어는 최소한의 재료를 사용하여 거리의 한계를 늘리는 방법을 연체동물에게서 배울 수 있다. 흙으로 타일을 만들고 태양으로 굽는 방법을 일반적으로 사용하는 나라들은 이런 접근법을 통해 아름답고 효과적인 구조물을 만드는데, 현지 재료와 노동력을 효과적으로 극대화시키는 엄청난 잠재력을 가지고 있다.

목재 그리드셸은(그림 24) 평면의 변형 작업으로 볼

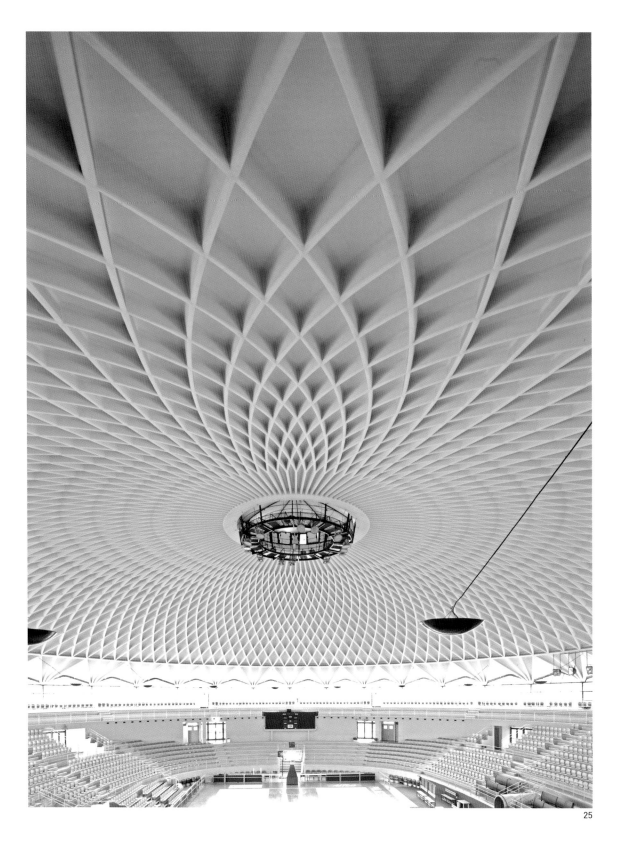

25. 천재 기술자 피어 루이기 네르비(Pier Luigi nervi)는 아마존의 거대 수련잎과 닮은 팔라제토 델로 스포츠(Palazzetto dello Sport)의 사례에서처럼 더 효과적인 구조에 영감을 주는 자연에서 온 사례들을 자주 차용한다.
26. 빔의 정렬이 주 응력의 선을 따라가는, 네르비의 개티 울 팩토리(Gstti Wool Factory) 구조 배치

26

수 있다. 실제로, 이 모양은 평면의 격자에서 시작하여 이런 모양으로 변형된 다음 건물로 지어졌다. 구조적으로는 뻣뻣한 평면 형태가 아니라 보통은 목재로, 껍데기들처럼 선형적인 요소들을 이어붙여 만든다. 돔과 셸은 의심의 여지 없이 거의 최초로 영감을 준 자연 사례 연구였다. 어떤 그리드셸은 전통적인 구조 대비 1/15만의 재료를 사용했다. 뷰로 해폴드^{buro Happold}와 그린 오크 카펜트리^{Green Oak Carpentry}가 작업한 테드 클리난 아키텍츠^{Ted Cullinan Architects}의 월드 앤 다운랜드 그리드셸^{Weald and Downland Gridshell}의 무게는 단지 6톤에 불과하다. 동일한 크기의 전통적인 헛간이 100톤으로 추정되는 것에 비견된다. 그리드셸의 우아함은 무차별적인 힘보다는 독창성을 사용하여 얻을 수 있는 것을 보여 준다. [26]

마리오 살바토리^{Mario Salvadori}에 따르면, 돔은 연속된 아치 형태가 원형의 단일 형태로 이어진 것으로 간주될 수도 있다. [27] 기술적인 장점은 반경에 대한 두께의 비율을 볼 때 명확해졌다. 아치에서는 이 비율이 보통 1:20에서 1:30 사이인 반면에, 돔에서는 이 비율이 1:200에서 1:300 사이이다. 놀라운 것은 구조물의 이러한 형태는 미생물, 씨앗, 갑각류, 두개골처럼 다양한 생물학적 사례들에서 찾아볼 수 있다.

구아스타비노의 둥근 천장에서 알 수 있듯이, 단일 프로젝트에서 생물학적으로 영감 받은 많은 접근법을 조합할 수 있는 잠재력은 항상 있다. 뛰어난 구조 기술자인 피어 루이기 네르비^{Pier Luigi nervi}는 생물학에 있어서 구조에 대한 부분을 밀착 연구했다. 그리고 더 많은 효용성을 향하여 셸을 개발하기 위한 전략을 찾았다. 1957년에 완공된 팔라제토 델로 스포츠^{Palazzetto dello Sport}(그림25)에서, 그가 실질적으로 구조적 깊이를 주기 위해 사용한 갈빗대는 얇고 평편한 것으로 돔과 셸의 장점을 결합한 방법이었다. 방사형 방향 두 갈래로 갈라진 갈빗대는 전체 천장이 가져야 하는 스판을 잘게 나누고, 천장은 갈빗대를 서로 연결하는 방법으로 하중을 더 균등하게 분산시킨다.

자연의 형태를 따라가려고 노력하는 건축가와 엔지니어들의 도전은 과도한 비용을 추가하지 않은 복잡한 형태를 통해 그 효용성을 획득해 왔다. 자연의 구조들은 분자 단위로 조합된 분자인 반면, 인공물은 실용적이고 경제적인 구조 기술의 한계에 얽매인다. 네르비에게 있어서, 그의 목적을 달성하게 해준 놀라운 재료는 철근 콘크리트이다. 그는 그것에 대하여, "그 자체로 원래의 형태를 가지고 있지 않다는 것은… 어떤 형태로도 그것을 적용할 수 있고 저항력을 가진 유기체로 여겨진다는 것이다."라고 말했다. [28] 그는 철근 콘크리트를 '그 자체로 어떤 형태나 요구, 강도에도 적용할 수 있는 살아 있는 창조물'이라고 여겼다. [29] 그리고 그의 구조물에는 근육과 골격을 본 뜬 사례들이 있다. 철근 콘크리트는 1853

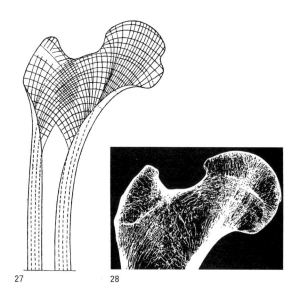

27. 뼈를 따라 지나가는 응력의 선을 보여 주는 다이어그램
28. 뼈의 엑스레이를 통해서 뼈의 섬유성 구조 배열을 볼 수 있다
29. 가벼움을 위한 선택적 압력 강도의 결과로, 워렌 트러스 (Warren truss)와 동일한 효과를 가지는 독수리 손바닥 뼈와 같이, 어떤 새들은 놀랄 만큼 효과적인 구조 형태로 진화되어 왔다.

27   28   29

년 건물 구조로 처음 사용되었고, 네르비의 깊이있는 이해도로 완성되었다. 그의 재료에 대한 경지는 이를 테면, 그의 많은 디자인 중에, 우리가 보기에 힘의 문제를 해결한 구조 형태를 만든 것이 있다. 예를 들면 그의 개티 울 팩토리Gatti Wool Factory(1953)의 갈빗대와 아래를 받치는 보는 강도의 선형을 정확히 따라간다(그림 26). 이것은 우리가 생태모방 구조 해결책을 고려할 때 추천하는 방법이고, 동시에 생태모방의 사용 또는 대안을 모색하고 재료를 이용해야 하는 것이다. 구조와 재료의 해결책이 함께 진화하는 것은 자연이 작동되는 방법의 특징이며, 또한 인간의 디자인에서 성취할 수 있는 과정이다.

네르비의 많은 프로젝트가 공모에 당선되었다. 그의 성공 비결은 대량 생산이 가능하고 동시에 형태적으로 주목할 만하며 또한 비용에 있어서 효용이 높은 계획을 하는 것이다. 진화의 정제 과정과 만족스러운 유사성을 이루는데, 그의 독창적인 조합과 생태모방은 주목할만한 자원의 효용성을 이끌어냈다.

뼈대

대나무는 비교적 단순한 한 통의 관구조 기술이었다면, 뼈는 훨씬 더 복잡하다. 뼈는 종종 비대칭적 힘을 해결하는 방법으로 나타난다. 27번 그림은 대퇴골에서 힘의 선형을 보여주고, 28번 그림은 같은 뼈의 엑스레이 이미지를 보여 준다. 뼈 미세섬유 밀도와 힘이 집중되는 곳이 정확히 일치되는 것을 볼 수 있다. 많은 힘이 필요한 곳에는 재료가 급증하고 그렇지 않은 곳은 비어 있다. 1917년 생물학적 수학자 달시 웬트워드 톰슨D'Arcy Went-worth Thompson's seminal의 중대한 책,《성장과 형태On Growth and Form》[30]에 보면, 독수리의 손바닥뼈(그림 29)는 워렌 트러스Warren truss와 동일하다. 독수리는 극단적인 경우로, 최소한의 무게로 긴 길이를 얻기 위해 부분적으로 압력을 강화하여 감동적인 결과를 만들어 낸다.

일반적인 새들은 무게에 있어서 부분적 압력을 강화하는 방향으로 진화해 왔다. 그리고 다른 종들은 '재료는 비싸고 형태는 싸다'라는 격언의 다양한 표현을 보여 준다. 까마귀나 까치와 같은 조류의 두개골(그림 30)은 기술적 기적이 약간 부족하다. 무게가 감소하는 반면, 두개골의 유효 두께는 증가한다. 이 구조는 스트럿 타이struts and ties로 연결된 두 개 층의 구조물인 스페이스 프레임과 유사하다. 새의 두개골은 돔의 형태를 만드는 것을 넘어서서 구조적 효율까지 얻었다. 이것은 스페이스 프레임 기술과 껍데기 작용의 놀라운 조합으로 그 흔한 까치에게 있는 일이다.

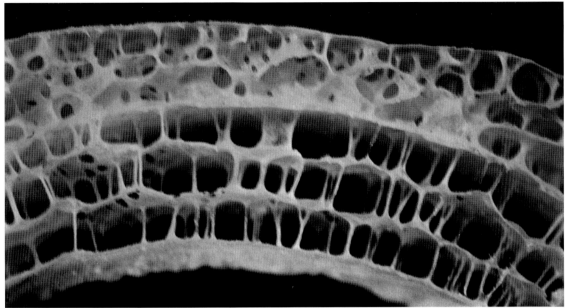

30

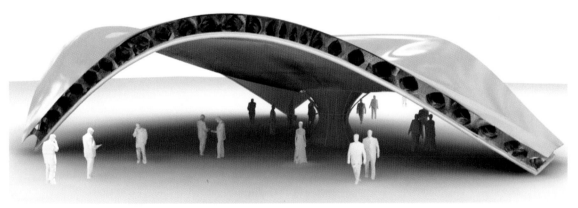

31

30. 까치 두개골의 단면은 스트럿 타이로
    연결된 얇은 돔형의 뼈이다.
31. 건축가 안드레 해리스(Andres Harris)
    가 디자인한 캐노피 구조물은 새의
    두개골에서 볼 수 있는 동일한 구조
    원리를 사용하였다.
32. 산티아고 칼라트라바(Santiago
    Calatrava) 밀워키 아트 뮤지엄
    (Milwaukee Art Museum)의 생물
    형태를 모방한 화려함.

32

이 원리는 건축가 안드레 해리스Andres Harris가 디자인한 캐노피 구조물(그림 31)에 영감을 주었다. 이 디자인은 압력을 받는 세포 주변의 뼈 조직 형태를 이해하는 방법을 구체화시킨 것에서 비롯된 것으로 단단한 표면 사이에 빈 곳을 만들었다. 부풀려진 공간에 그물을 사용하고 주변을 적절한 재료로 성형하는 이러한 방법은 자연과 매우 유사한 방법으로, 캐노피로 만들만 한 잠재력이 있다.

뼈대는 톰슨Thompson이 포스 로드 브릿지Forth Road Bridge 같은 구조와 말의 배추골背椎骨이 형성된 형태 사이의 유사성을 입증한 이래, 건축가들에게는 영감의 원천이 되어 왔다.

건축가 산티아고 칼라트라바Santiago Calatrava는 구조체에 대한 사랑으로 유명해졌다. 그는 세상에서 가장 멋진

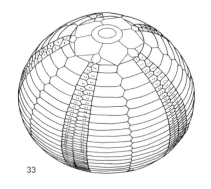

33

다리들을 만들어 냈다. 그는 왕성한 활동을 하고 있는데(그림 32), 때때로 생물 형태 모방의 화려함은 합리적인 계획의 기본 구조를 가로막는 경우도 있다. 자연에 근거한 아름다움은 자연의 경제성에서 나왔고, 우리가 인지하는 엄격성의 부분에서 불필요한 것이 없다는 것에 대한 논쟁이 있을 수 있다. 이것은 선택적인 시각이다. 왜냐하면, 생물학에 근거한 화려함은 아주 많이 있고 종종 성적인 부분을 나타내는 다양한 형태로 연관되기 때문이다. 그러나 재미있는 질문 하나는 '더 많은 장식적인 측면을 더하는 것이 건물에 있어서 적절하고 필요한 것인가? 라는 것'이다. 만약 사람들이 즐길 수 있는 아름답고 자원 효용적 건축물을 만들어 내는 것이 목적이라면, 생물학적 기반을 둔 디자인으로 접근하는 것이 효과가 있을 수 있다. 내가 서론에서 제안한 것처럼, 생체모방 디자인은 중요한 혁신을 이끌 수 있고 생물 형태의 디자인은 그 의미를 전달할 수 있다.

성게는 단순한 생물 형태와 철저한 생체모방 건축에서 영감을 받았다. 성게의 골격은(테스트라고 부른다) 결합판(소골小骨이라고 부른다)으로 구성되어 있다(그림 33). 그 각각은 단일 방해석方解石의 구조와 같다.[31] 만약 방해석이 단단하다면 무거웠을 것이다. 그러나 방해석은 다공성인 스펀지와 같은 구조(그림 34)를 가지고 있어 유효 두께가 증가함에 따라 가볍고 딱딱하다.[32] 성게의 골

34

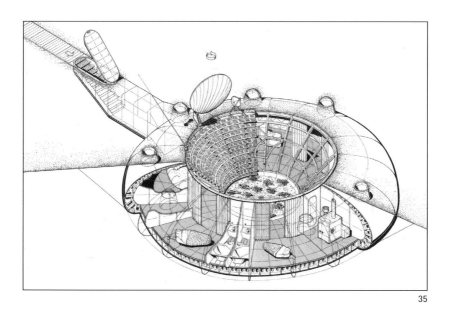

33. 성게의 골격이 방해석의 결합판들로 구성된 구조를 보여 주는 다이어그램

34. 성게의 골격 확대 사진을 보면 기공들로 된 가벼운 구조물로 되어 있다.

35. 퓨처 시스템(Future System)의 도넛 하우스 (Doughnut House) – 생체모방이라기보다는 생물 형태 모방형이다.

36. 유니버시티 오브 슈투트가르트(University of Stutt-gart)의 랜드가르텐쇼 전시홀(Landesgartenschau Exhibition Hall) – 성게 골격 구조에 근거, 합판을 결합하여 만들었다.

36

37

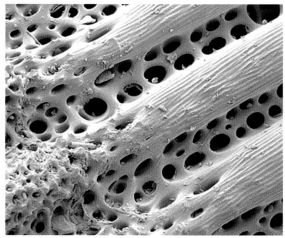

38

격은, 비록 기능적인 층에서의 구조는 해양 유기체에 비하여 상식적이지 않지만 퓨처 시스템 Future System 의 도넛 하우스 Doughnut House 에 대한 시각적 참고 자료가 된다(그림 35). 성게의 구조와 의도적으로 매우 가깝게 다가간 건물인, 독일 유니버시티 오브 슈투트가르트 University of Stuttgart 의 랜드가르텐쇼 전시홀 Landesgartenschau Exhibition Hall은 가장 흥미롭고 빈틈없는 생체모방 건축의 연구가 현재도 진행 중인 곳이다(그림 36). 이 프로젝트는 컴퓨터 디자인 교육기관[ICD, 멘지스 교수 Prof. Menges (PI)], 건물 구조와 구조 디자인 교육기관(ITKE, 니퍼 교수 Prof. Knippers), 측지학 기술 교육기관(IIGS, 슈바이거 교수 Prof. Schwieger)의 협업의 결과물이었다. 성게 방해석과 그것들이 맞물리는 방법은 건물에 대한 영감의 원천이었다. 그 건물은 50mm 두께의 합판으로 만들어지고 정밀한 빗살 이음으로 연결되었다. 멘지스는 "사람이 만든 구조물과 비교할 때, 자연 생물학적 구조물은 상당히 높은 수준의 기하학적 복잡성을 보여준다."고 관찰했다.[33] 컴퓨터 디자인은 최적의 형태를 발견하여 이런 복잡성을 해결했다. 각각의 패널은 로봇으로 조립되었다. 이 구조물은 250m²를 덮었고 상대적으로 비교하면 달걀껍데기보다도 얇다.

성게의 다른 주목할 만한 점은 가시털들이다(그림 37, 38). 이것들은 방어뿐만 아니라, 이동과 감각 작용에 도움을 준다. 가시털 끝에서 외부 충격에 대한 저항력은 방어를 위해 필요한 힘이다. −기술자들이 설명하는 '축 하중'이다. 만약 가시털이 중공 초석이었다면, 아주 잘 부서졌을 것이다. 그 대신에 단백질과 함께 혼합된 방해석의 다공성 형태로 진화되어 왔다. 이 두 물질의 합성 효과로 힘과 유연성이 강화되었다. 이것을 건물에 적용하여 축 하중에 대한 높은 저항성뿐만 아니라 유연성까지 얻을 수 있지 않을까? 성게의 가시털은 적절한 디자인의 기회를 기다린 하나의 해결책이다.

만약 버크 민스터 풀러가 물고기를 디자인했다면, 거북복(아마도 뿔복이나 허니콤 카우피시)과 같은 형태로 디자인되지 않았을까 생각한다(그림 39). 이들의 껍질은 주로 오각형이나 육각형으로 형성되어 있고 놀랄 만큼 기하학적인 구성 또는 '등딱지'를 가지고 있다.[34] 이들은 각각 보강 버팀대의 융기된 패턴이 거친 광물질 콜라젠 바깥층에 있고 부드럽고 비광물화 된 콜라젠층이 그 아래에 있다.[35] 버팀대는 날카로운 충격을 분산하기 위해 더 넓은 영역을 감당한다(그림 40). 결국, 맞물림은 극도로 강한 뼈대가 되어 연합된 것처럼 보인다. −이것은 외골격인 것처럼 보이지만 사실은 내골격이다. 왜냐하면, 이것은 표피 아래층에 있기 때문이다. 어떤 물고기들은 천적으로부터 피하기 위해 더 빨리 수영할 수 있도록 진화되어 왔다. 거북복은 어마어마한 방어 구조로 발전되었다(그리고 또 하나 괜찮은 방법으로 독성이 있다). 한 발 더 나아가 방어는 두 쌍의 뿔로 가능하다. −한쌍은 앞

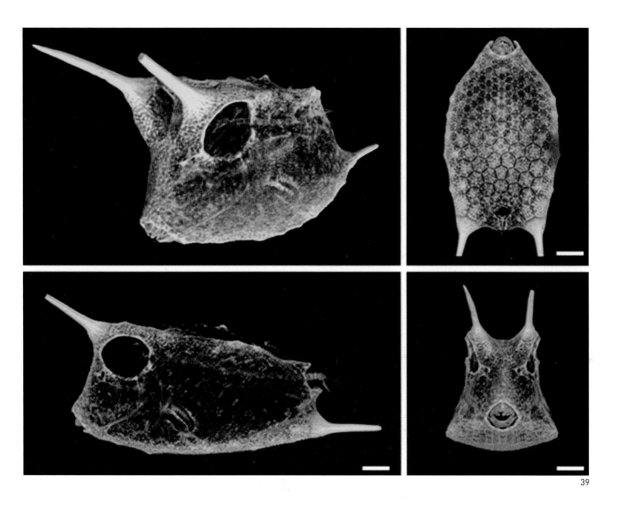

39

37-38. 성게 가시털의 놀라운 구조를 확대한 사진
  39. 거북복 허니콤 카우피시의 껍질은 등딱지에서
      놀라운 기하학 배열을 보여 준다.
  40. 거북복의 껍데기를 만들고 있는 등딱지
      다이어그램은 테두리 지지의 배열을 보여 준다.

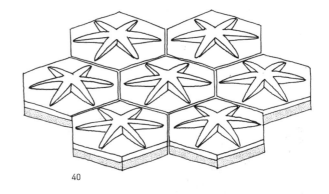

40

41

에 있고 하나는 뒤에 있다. —이것 때문에 천적이 삼키기에 불편하다. 이 뿔은 그들에게 있어서 아주 흥미로운 구조를 가지고 있는데, 앞뒤로 솟은 이 뿔은 강도를 높여주는 버팀대이다. 일반적으로 21세기 건물들이 공격에 고려하는 디자인을 할 필요가 없었지만, 거북복의 껍데기는 최소한의 자원을 이용하여 어떻게 강성을 가지면서도 얇은 외피를 만드는지 실마리를 제공하고 있다.

21세기에 접어들면서 인류학자들은 원주민 사회에 널리 퍼져 있는 인종차별에 대한 생각을 바꾸게 되었는데 단세포나 다세포 형태의 생물들은 다른 유기체보다 더 하등하게 살아간다는 생각을 버리게 하는 생물학적 유기체가 있다. 그 예로 유리해면동물Euplectella aspergillum(그림 41)이 있는데, 재료와 빛에 대한 장에서 다시 만날 예정이다.[36] 이 해양 유기체의 구조는 침골針骨이 복잡하게 집합되어 있고(이산화규소로 만들어진 네 점의 별 모양 요소) 관이 격자형으로 짜여져 점점 가늘어지는 형태를 가지고 있다(그림 42).[37] 이 사각형의 격자는 체크판과 같이 대체 세포 위에 사선 지주를 사용하여 강성을 갖게 된다. 그래서 모든 점이 힘을 받고 개방형 세포들은 먹이를

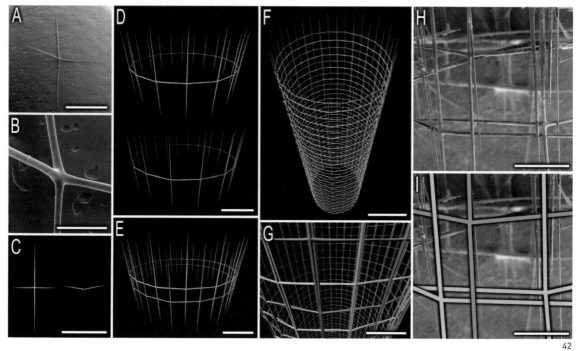

42

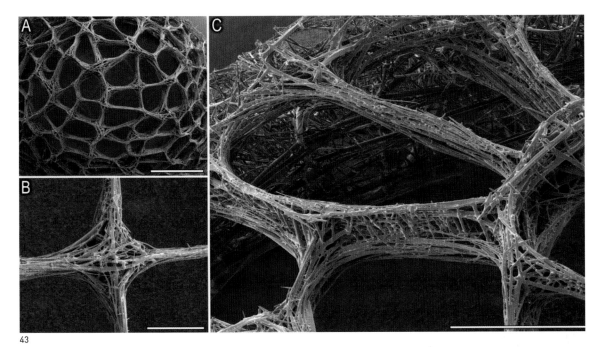

43

거를 수 있게 한다. 이 유기체에 대한 과학자들의 연구는 '전단 응력을 받
는 유사한 2차원 구조에서 재료 사용을 최적화하기 위한 이론적 디자인 기
준과 기능을 공유한다.'[38]고 관찰했다. 침골 언저리의 개수와 크기는 가장
긴 길이를 따라서 지속적으로 정체되어 있다(단지 상부 몇 센티미터만 증
가한다[39]). 그래서 침골이 겹쳐지는 차이에 의해서 점점 가늘어지게 된다.
실제로 우리는 이런 방법으로 건물을 지을 수 있을까? 또는 격자와 사선의
구성을 따라서 계속되는 요소들을 사용할 수 있을까? 아마도 나중엔 가능
하겠지만 효과적이고 아름다운 구조로 구성될 수 있는 침골과 같이 이상
적인 요소의 대량 생산 가능성을 배제해서는 안된다. 포스터 앤 파트너스
사Foster+Partners의 30 세인트 메리 엑스30 St Mary Axe ('the gherkin') 건물이 유
리해면에 근거한다고 주장하지만 그것은 근거가 없다.[40] 여태까지 해면동
물의 교훈은 아직 건물로 현실화되지 않은 듯하다.

유리해면은 나선형의 능선을 여러 개 가지고 있고 우리가 앞에서 설명
한[41] 실패의 한 종류에 반하여, 관을 효과적으로 빳빳하게 하는 '거름 판'

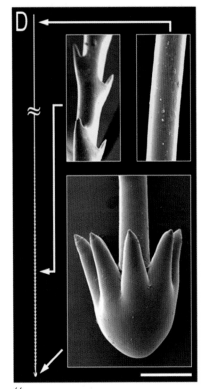

44

41. 유리해면(Euplectella aspergillum)은 일반적인 온도와 다섯 단계 이상 위계의
    압력에서 이산화규소로 만들어진다.

42. 이 그림은 유리해면이 교차하면서 침상체로 형성되어 이 복잡한 배열에서 어떻게
    결합되는지를 보여 준다.

43. 유리해면의 경질 꼭지 거름 판을 확대한 이미지

44. 전자현미경으로 스캔해서 보면 부드러운 퇴적층 속에 유리해면이 닻을 내릴 수
    있도록 갈고리 모양으로 된 것을 볼 수 있다. 해저 표면 위로는 부드럽지만 그
    아래는 가시들이 있고 끝자락에는 복합적인 걸쇠를 가지고 있다.

(그림 43)인 경질 꼭지를 가진다. 해면이 해저에 부착하는 방법 또한 아주 흥미롭다. 재료과학자인 헬가 리히트네거 교수Professor Helga Lichtenegger는, 모든 구조가 모든 측면 하중에 견고하게 저항하는 것보다 유연성을 허용한다면(재료에 있어서) 장착은 훨씬 더 효과적인 결과를 얻을 수 있다는 것을 관찰했다.[42] 표준보다 더 큰 어린 유리해면은 이런 현상을 입증하는데, 유리해면의 아랫부분은 상당한 유연성을 가지고 있다(상당히 많은 힘을 받는 바로 그 지점에 더 단단한 구조적 부착이 집중된다). 해면의 아랫부분에는 더 길고 많은 섬유 형태의 침골이 대략 200개 정도 있는데, 해저 침전물 속에 강하게 꽉 붙들어 매는 형태로 연장되어 있다. 전자현미경으로 스캔해서 보면 이 섬유 형태들이 나타나는데, 해저 표면 위로는 부드러운 표면을 가졌고, 아래는 가시가 있는 까칠한 표면과 갈고리 형태로 마무리된다(그림 44). 이것이 부드러운 퇴적물 속에 해안가 풍력 발전 터빈을 고정시키는 해결책이 될 수 있을까? 최근 산업은 맛조개 무리에서 교훈을 얻었는데 아마도 다음번은 유리해면 동물이 될 수 있지 않을까?

외골격

외부에 있는 골격들은 곤충류, 거미류, 다족류, 갑각류를 포함하는 절지동물로 알려진 분류의 확장된 문(생물분류 단위)이 정의하는 특성 중 하나이다. 지구상에 있는 곤충류는 너무나 다양하며 모든 동물 종의 80% 이상이 절지동물이다. 외골격은 현미경으로 봐야 보이는 규조와 방산충에서도 발견된다. 거북류는 보호와 이동성의 장점을 가지고 있는 외골격과 내골격 모두를 가지고 있다. 이런 골격들은 다음과 같은 것을 우리에게 가르쳐 줄 수 있다. 어떤 상황에서 하이브리드 구조는 추가적인 유연성을 제공할 수 있다.

절지동물 외골격의 복합적인 이중 곡선 형태는 모노코크monocoque 구조(역주: 뼈대와 외피의 일체형 구조)의 효용성과 표현적인 잠재력에 매료되는 건축가와 기술자들에게 영감

의 원천이 될 수 있다. 절지동물의 경우, 그들의 외골격은 세 가지 자재로 만들어진다. 대부분 키틴질(글루코스로 만들어지는 중합체)이고, 변형되고 보강된 단백질과 바이오광 물질이다.[43] 섬유질은 마치 합성 목재처럼 각각의 방향이 교차되어 층층이 배열되어 있는데 그것은 밀도와 파손 저항 관련하여 훌륭한 강도를 가진다. ICD는 절지동물의 외골격 이해를 기반으로 파빌리온을 지어왔고 엄청난 비약(그리고 어떤 것은 똑똑한 로봇으로)으로 건축적 형태로 변형시켰다. 형태는 주로 재료의 미세구조에 대한 심오한 이해를 통해 드러났기 때문에, 이 프로젝트는 2장에서 설명한다.

짜고 묶고 보완하는 구조

자연에는 짜는 형태의 사례가 많이 있으며, 대부분은 새의 경우이다. 이름도 적절한 검은머리베짜는새(그림 45)(Ploceus cucullatus)는 짜는 것뿐만 아니라 고리를 만들고 반 매듭짓고, 매듭짓고 묶고 풀 매듭짓고 외벌 매듭짓는 것을 포함해서 무려 6개의 다른 매듭을 만든다. 알아둘 만한 가치가 있는 다른 조류 무리는, 스윈호오목눈이(Remizidae)로 가방처럼 생긴 매달린 둥지를 만들기 위해 거미줄과 양모, 동물의 털과 식물섬유를 사용한다.

45

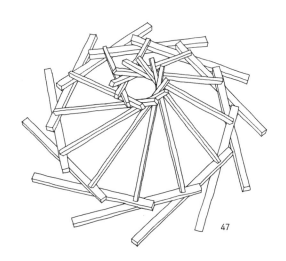

47

그래서 심지어는 유인원이 잡아 당겨도 부서지지 않을 정도로 단단하게 짜여 있다. 동유럽의 어느 곳에는 아이들의 슬리퍼로 사용하기도 한다.

제주오목눈이새(*Aegithalos caudatus*)는 잔가지를 모아서 만든 새둥지를 붙들어 두기 위해 자연 발생적인 벨크로 형태로 거미줄 알 고치와 좋은 잎이 있는 이끼를 조합하여 사용한다.[44] 칼새(*Chaetura pelagica*)가 둥지를 만들기 위해서 사용하는 점액을 포함하여 인체 분비물로 만든 접착제와 같은 사례는 무수히 많다. 그리고 거미잡이새(*Arachnothera longirosta*)는 큰 나뭇잎들로 둥지를 붙이기 위한 실크를 만드는데, 팝 리벳pop rivets(역주: 공조냉동 건축설비)을 사용한다.[45]

보완하는 구조라는 것은 개별 보가 지지하는 하나하나의 요소보다도 전체적으로 더 긴 스팬이, 구조적으로 다른 보에 의해서 지지되는 것을 말한다. 많은 새둥지가 이런 접근법의 사례가 되며, 이것은 일반적으로 스팬 사이에 공간이 있을 때 사용된다. 이 말은, 대부분 유효한 잔가지의 길이를 넘는, 한 나무의 가지들 사이를 뜻한다. 막대기의 짧은 길이는 서로서로 각도를 주어 두 개의 인접

45. 검은머리베짜는새가 지은 두이 구조는 6개나 되는 서로 다른 매듭을 사용한다.

46. 아틀리에 원(Atelier One)과 제이미 맥클로치(Jamie McCulloch)가 디자인한 이튼 컬리지(eton college)의 럭스모어 브리지(Luxmore Bridge) - 짧은 구조재들이 모여서 만들어진 상반 구조는 개별 자재들 길이보다 더 긴 스팬이 되도록 조립된다.

47. 카즈히로 이시(Kazuhiro Ishii)가 디자인한 세이와 번라쿠 퍼펫 극장(Seiwa Bunraku Puppet Theatre)의 회전형 상반 지붕 구조. 우리는 나중에라도 새둥지에서 배운 것으로 아이디어를 낼 수 있을까?

한 요소 사이의 거리에 훌륭한 다리로 사용될 수 있다. 결국, 원하는 장소에 가로질러 놓아서 둥지의 기초로 사용한다. 어떤 둥지들은 막대기들을 대강 쌓아서 중력과 마찰이 그것들을 함께 잡아주도록 하는 반면, 다른 새들은 요소를 한데 묶어서 고정하는 기술을 사용하기도 한다.

제이미 맥클로치 Jamie McCulloch와 아틀리에 원 Atelier One 의 럭스모어 브리지 Luxmore Bridge(그림 46), 카즈히로 이시 Kazuhiro Ishii의 세이와 번라쿠 퍼펫 극장 Seiwa Bunraku Puppet Theatre(그림 47)과 같이 유사한 기술을 사용하여 사람이 만든 구조물로 정말 우아한 사례들이 있다. 자연 구조물에서부터 사람이 만든 구조물에 이르기까지 이런 구조물 방법으로 더 많은 직접적인 적용이 확인되고 있다. 아마도 설계와 관계있는 교훈으로 짜고 묶고 보완하는 자연의 구조는 원천적인 커다란 보나 트러스 없이 어떻게 작은 구조 요소로 우아한 스팬 구조를 만들어 내는지에 대한 더 많은 실마리를 제공할 수 있게 될 것이다.

그물망 / 인장 구조

거미가 만드는 그물은 수많은 현대 건축가와 기술자들에게 영감을 주었다. 그 형태는 집에서 보이는 거미가

48

49

48. 들풀거미가 만든 거미줄 -
풀이라는 '지주기둥' 위에 인장 표면이 펼쳐져 있다.
49. 접시거미의 거미줄
50. 브루스 고프(Bruce Goff)가 영향을 받은 보블거미의 집
51. 1967년 몬트리올 엑스포, 프레이 오토(Frei Otto)의 서독 파빌리온 - 아마도 우리가 구현한 거미줄 모습에 가장 근접했을 것이다.
52. 단게 겐조(Kenzo Tange)의 도쿄 올림픽경기장 - 단지 두 개의 지주로 만들어진 독특한 형태이며 인장 케이블이 된 기본 구조재가 모두 남아 있다.

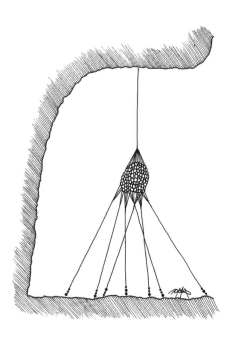

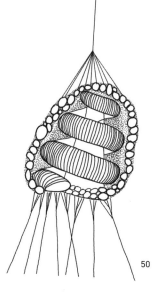
50

51

만드는 아주 흔한 거미줄에서 들풀거미(*Agelenopsis*)의 주목할 만한 건축적 인장 구조와 접시거미(*Frontinella communis*) 및 보블거미(*Achaearanea globispira*) 암컷의 기이한 구조물에 이르기까지 다양하다(그림 48~50).

틀림없이, 인장 구조에서는, 독일의 건축가이자 기술 자인 프레이 오토^{Frei Otto}(1925~2015)보다 더 대단한 우승자는 없다. 그는 케이블망 건물을 개척했고(그림 51), 그가 설립한 인스티튜트 포 라이트웨이트 스트럭처^{Insti-}tute for Lightweight Structures를 통해 자연에서 온 구조 디자인 원리에 대해 32권의 책을 출판을 하였다.⁴⁶ 거미줄과 케이블망 구조를 비교해 보면, 언뜻 보기엔 아주 유사하나 생물학적으로 만들어진 것과 우리 기술 사이에는 차이점이 있다는 것이 드러난다. 케이블의 사이즈가 비교적 크고 연결 부분이 두드러지는 것이 명백한 차이점이다. 그러나 이런 차이는 시간이 지나면서 좁혀지고, 우리가 더 세련된 재료를 만들어 내서 구조에 적용함(이 장의 마지

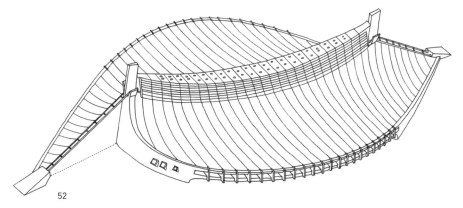

52

53

막 부분 '통합적 접근'을 보기 바란다)에 따라 우아한 거미류 사례들에 가까이 갈 수 있을 것이다.

인장 구조의 가장 평범한 형태는 케이블망으로, 일반적으로 그물이 걸려 있는, 지선이 있는 지주의 범주에 속한다. 비록 단게 겐조Kenzo Tange의 눈부신 도쿄올림픽경기장과 같이 텐트형으로 계획된 것보다 더 견고한 수직 요소를 사용하고 있더라도, 본질적으로는 동일하다(그림 52). 에덴 프로젝트Eden Project에서 세 개의 기후조건 영역을 추구하려던 그림쇼Grimshaw팀은 다른 접근법을 추구하였다. 이 영역을 만들 때 꼭 필요한 디자인 지침은 가능한 한 빛이 가장 많이 유입되어야 한다는 것이었다. 이 요구 때문에 디자인팀은 대형 압축 부재를 건물 외곽부에 배치하고, 상부 막 구조는 최소한의 인장 부재의 배치만으로 펼쳐지게 했다. 건조 열대 생물관(그림 53)은 곡률을 가진 형태의 비틀린 격자 고리형 보를 사용하였다. 표면 위 어떤 지점에서도 케이블은 그것들이 지지하는 멤브레인과 함께 최대 풍하중 저항을 위해 양방향에서 인장력이 적용될 것이다.

압축 공기 구조

일반적으로 나뭇잎은 그 안에 아주 작은 나무 조직을 가지고 있고 나뭇잎 자체의 강성 대신에 압력을 받는 세포벽에 의존한다. 식물들은 세포에 물을 순환시켜서 내압을 촉진하는 당을 축적하기 위해 에너지를 사용한다. 서로서로 압력을 가하는 모든 세포의 힘은 나뭇잎을 튼튼하게 하고 물이 모자랄 때 왜 식물이 시드는지를 알 수 있게 해준다. 이 효과는 위로 똑바로 설만큼 충분히 튼튼하며 잔뜩 부풀어 오른 에어 매트나 캔틸레버의 스팬과 유사하다. 그러나 이 아이디어를 건물에 적용할 만큼 크기를 조정하는 것은 어려울 것 같다. 물의 무게를 감당할 수 없기 때문이다. 하지만 아주 유사한 효과들이 공기에 의해 압축된 멤브레인으로 재현될 수 있다.

건축가 쥬디 킴피안Judit Kimpian이 그녀의 논문〈뉴매트릭스Pneumatrix – 디지털 세계의 압축 공기 구조 건축〉에서 설명한 바와 같이 공기가 지지하는 구조물은 다소 파란만장한 역사를 가지고 있다. 1, 2차 세계대전을 겪는 동안 이 분야가 상당히 진행된 이후, 압축 공기에 열광하는 분위기를 따라 1970년 오사카 엑스포의 부풀려서 만든 파빌리온으로 그 확산이 절정에 달했다. 불행하게도 여러 가지 기술적인 문제로 인기는 시들었고 취약한 기술과 불충분한 디자인 도구들로 인해 이것은 퇴색된 이미지가 되어 버렸다. 이런 모든 단점에도 불구하고, 압축 공기 구조는 생태모방 측면에서 지속적인 매력을 가지고 있다. 레이너 반햄 Reyner Banham은 "부풀릴 수 있는 것은 다른 건축 자재들이 알지 못하는 방법으로 건재한다."라고 말하였다.[47] 최초의 공기 주입식 형태는 자연에서 영감을 받은 것과 아주 유사했다. 이를 테면 물고기의 부레와 같은 것이다. 스테픈 보겔 Stephen Vogel은 《고양이의 발바닥과 새총 Cats' Paws and Catapults》이라는 책을 통해 압축 구조의 기초 원리에 대해서 다음과 같이 설명했다.

> 액체로 가득 찬 버팀대를 만드는 것은 간단하다. 인장에 저항하는 피복은 구조를 세우기 위한 압축 저항 액체의 몸통 주변을 감싸주는 것만 하면 된다. 그래서 그 구조는 독립된 형태와 충분한 강성, 강도 등을 가지게 된다.[48]

그는 스위스계 이탈리안 기술 회사 에어라이트 구조사 Airlight Structures에서의 다년간 경험으로 상당한 스팬을 구현하는 에어빔을 발전시켰다(그림 54). 보는 위쪽의 압축 철판과 케이블 인장재로 강화되었다. 그 케이블은 판의 끝부분에서부터 공기 보의 양쪽 면을 감싸서 보 중앙

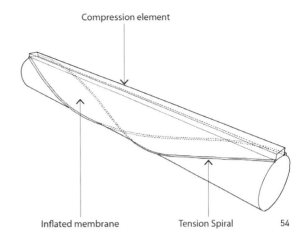

Compression element

Inflated membrane   Tension Spiral   54

53. 그림쇼(Grimshaw)가 디자인한 에덴 프로젝트(Eden Project)의 건조 열대생물관. 이 설계는 내부에 빛 유입 극대화를 목표로 하여 생장 공간 상부 케이블을 최소화하기 위해 고리형 보를 사용하였다.
54. 에어라이트 구조(사 Airlight Structures)의 공기 압축 빔은 구조적 깊이를 만들고 상부 압축재를 안정시키려고 부풀린 튜브를 사용하였다.
55. 익스플로레이션(Exploration)의 더글라스 리버 브리지(Douglas River Bridge)-경량 교량을 만들기 위해 구조적으로 공기를 사용

55

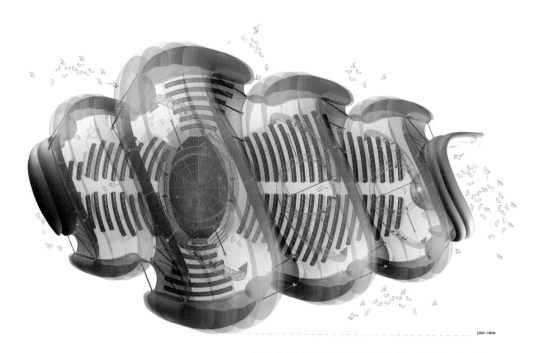

INFLATABLE AUDITORIUM PLAN Thesis Project

SECTION Thesis Project - Inflatable Auditorium

56

56. 쥬디 킴피안(Judit Kimpian)의 부풀릴 수 있는 음악당의 평면과
     단면 - 비대칭적인 곡선 공간, 일시적인 용적, 역동적인 구조
     등으로 건물 외피가 살아 있는 것 같은 느낌을 준다.

아래쪽 면을 향하고 판의 반대쪽 끝으로 올라오도록 하여 이를 대칭되게 작업하였다. 부풀려진 튜브는 좌굴을 최소화하여 압축재를 안정되게 하고 보 역할을 하기 위해 구조적 두께(보춤)를 확보한다. 이것은 전통적인 철골 트러스와 정확하게 일치하지만 상부의 상당한 압축재 및 강재를 필요로 하지 않는다. 이 어려운 작업은 보통의 압력 공기에 의해 수행되었다. 의심의 여지 없이 이 기술을 적용하는 데는 크기의 한계가 있을 것이다. 그러나 몇 번의 시험을 거치고 같은 결과를 얻기 위해 부분적인 재료만 사용하여 아주 우아한 해결책을 입증했다. 에어라이트 구조사와 함께 한 익스플로레이션Exploration 의 수상작, 더글라스 리버 브리지Douglas River Bridge(그림 55)는 생물 다양성을 위해 가치 있는 두 지역을 연결하는 용도로 초경량 스팬을 만들어 사용한 기술을 보여 준다.

주디 킴피안Judit Kimpian 의 부풀릴 수 있는 음악당이 만약 지어졌다면 압축 공기 건축의 역작이 되었을 것이다(그림 56). 그녀의 기획 음악당은 많은 방법에 있어서 압축 공기 기술의 완전 압축판이다. 이 극장 디자인은 예술가들이 좀 더 모험적인 작업을 창조하도록 도전과 영감의 공간에 대한 끊임없는 탐구를 하게 한다. 부풀릴 수 있는 음악당은 '비대칭적인 곡선 공간, 일시적인 용적, 역동적인 구조 등으로 건물 외피가 살아 있는 것 같은 느낌을 줌으로써 구경을 하면서 극적이고 긴장이 증가하는' 것에 초점을 두었다.[49]

이 디자인은 어떤 수직형 지지대 없이도 넓고 부풀려진 아치 형태의 연속물로 발전되었다. 이 아치는 비록 단단하지는 않지만 안정된 형태로 구조를 한데 연결한다. 부풀릴 수 있는 것들의 강도는 많은 자연적 구조가 특징이 되고 20세기 기술의 엄격함과 함께 극명한 대조를 이루는 굴절된 무언가를 통해 하중을 전달하는 능력에 있다. 자연에서 강도는 완벽하게 고정된 구조의 형태에서가 아니라 움직임에 부응하는 방향으로 진화되어 왔다.

공기 주입식 음악당의 아치는 움직일 수 있고 압축 공기로 '근육'처럼 모양을 바꿀 수도 있다. 그래서 이 건물은 그 자체로 극적인 볼거리가 되고 어떤 종류의 행사에

도 적절하게 대응할 수 있다. 극장들은 그동안 기계적인 언어로만 설명되어 왔다면, 킴피안은 극장이 다양한 기능에 적응할 수 있는 살아 있는 듯한 유기체가 될 수 있음을 보여 주었다.

킴피안의 작업은 정확한 모델과 부풀려진 요소를 계산하는 컴퓨터 소프트웨어의 발전으로 가능했고 압축 공기 건축 기술은 이제 그 시대를 맞이했다. 생체모방 멤브레인이 상용화에 근접해 가는 것과 더불어 필요한 자재도 발전했다. 비누 거품과 세포막은 그 표면을 따라 긴장하는 상태로, 작은 변화를 위한 적용도 가능한 반면, 지금까지 우리가 만든 멤브레인은 탄성과 부분적 감압에 의해서 아주 투박한 규모에만 적용할 수 있었다. 새로운 '똑똑한' 막 구조는 실제 조절 가능한 형태 변형을 할 수 있다. 그리고 압축 공기 구조의 성능을 변형할 수 있다.

킴피안은 압축 공기 분야에서 디자인이 발전하리라 믿었고 공기는 다음과 같이 재정의될 것이라고 했다. "효율적으로 사용할 수 있는 구조물을 지탱하는 의미뿐만 아니라, 공간의 극적인 변형을 가능하게 하고 주요 건축물의 규모로도 만들 수 있는 똑똑한 건축 자재"이다. 그리고 "부풀려질 수 있는 것들은 일시적으로 그리고 끊임없이 진화하는 디지털 영역에서 나오는 공간적 가능성 중 일부가 실현 가능하다는 의미를 줄 수 있다."[50] 압축 공기와 생태모방의 결합이 중요한 돌파구를 가져다준다는 것은 명백하다. 환경에 반응하는 멤브레인은 하중에 적응하는 유연성과 전통적인 접근법에서 사용하는 자원의 일부만으로 닫힌 형태를 만든다.

효율적으로 적용할 수 있는 구조

적응하는 구조의 전체적인 개념은 생체모방에 있어서 흥미롭다. 왜냐하면, 대부분의 생명 유기체들이 하는 것들-자신의 형태를 변형하거나 상태 변화에 반응하는 행동을 건물이 할 수 있게 하기 때문이다. 효율적으로 활용할 수 있는 구조는 움직이고, 기하학이 변경될 때 확장, 수축하고, 재료나 기계 작동의 속성을 가진다.[51] 생물학

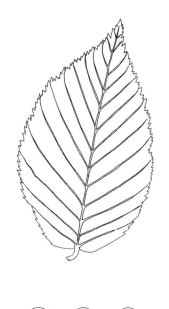

57. 서어나무잎 - 중심선을 향해
     밀어서 간단하게 만들 수 있는
     접는 표면

58. 토마스 헤더윅(Thomas
     Heatherwick)의 '롤링 브릿지
     Rolling Bridge'는 근육처럼
     유압식으로 움직이고 척추와
     같은 스틸 단면을 가졌다.

57

58

적 유기체에 있어서 재빠른 전개는 수많은 장점을 가지고 있다. 잎이나 꽃은 활짝 펼쳐서 특정 날씨 상황을 활용하고 곤충들의 날개는 비행 후 접고 집어 넣는다. 긴 혀는 말린 형태로 되돌아가기 전에 먹잇감을 잡아 챌 수 있다. 사지와 골격을 움직이는 것은 또 다른 유비쿼터스의 사례이다. 우리는 뜨거운 태양으로부터 우리를 보호

하기 위해 펼치는 구조를 만들고 건물에서 더 많은 빛을 원하면 초점 거울을 배치하거나 엄청난 폭우를 저장하려면 멤브레인을 펼치는 방법 등으로, 이런 장점들을 건물에서 구현하기를 원할 수 있다. 지붕이 열리고 벽이 접히고 건물이 통째로 움직일 수 있어서 눈을 뗄 수 없는 사례가 있다면 그리고 기술이 따라잡을 수 있다면 이런 건

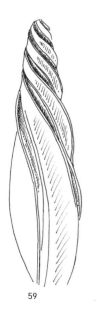
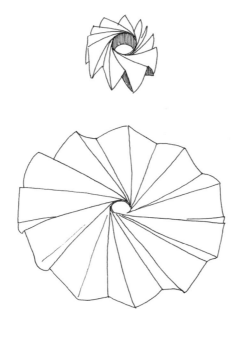

59

59. 왼쪽은 메꽃. 오른쪽은 메꽃과
동일한 기하학에 근거한 패턴.
어떤 식물들의 꽃잎은 모아진
형태에서 환경 조건이 적절할 때
재빨리 활짝 펴지도록 진화했다.
효율적으로 적용할 수 있는
구조는 게스트 앤 펠레그리노
(Guest & Pellegrino)가 디자인
했다.
60. 카이로(Cairo) 후세인 모스크
(Al Hussein Mosque)의 앞마당
우산

60

물이 생길 수 있다.

이런 사례는 이미 서어나무잎(그림 57)의 간단한 펴기 패턴을 모델로 한 위성 태양 전지에서 발견할 수 있다. 그리고 토마스 헤더윅 Thomas Heatherwick의 '롤링 브릿지 Rolling Bridge'(그림 58)와 같이 구조화되었다. 근육처럼 유압식으로 연결된 이 다리의 돌출 척추들은 효율적인 면

에서 등뼈와 동일하다. 그리고 압축 공기를 효율적으로 적용할 수 있는 영감은 말미잘이 바닷물을 끌어올리는 것에서 나왔다.[52]

효율적으로 적용할 수 있는 구조의 디자이너이자 선구자인 척 호버만 Chuck Hoberman은 이제 생체모방 기술공학 위즈 인스티튜트 Wyss Institute의 일원이 되어서, 인간을 위

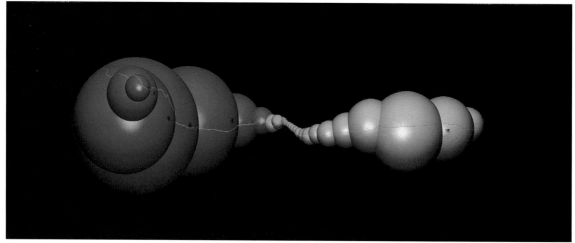

61

해 더 효과적인 해결책을 발전 시켜 온 자연을 따라서 효과적으로 적용할 수 있는 더 많은 사례를 볼 수 있길 기대해 본다. 상상컨대 메꽃(그림 59)과 같은 우아한 사례나[53] 접어지는 딱정벌레의 날개는 아주 작은 것에서부터 충분히 효율적으로 적용할 수 있는 데까지, 그러니까 재빨리 변형할 수 있는 그늘막 시스템으로 이어질 수 있다. 효율적으로 적용할 수 있는 생태모방 건축은 아주 흥미로운 변화에 대해서 인간적인 면을 가지고 있을 뿐만 아니라 형태와 에너지 효용에 있어서 촉망되는 개선점을 줄 것이다(그림 60).

통합적 접근

그림쇼에 의한 에덴 프로젝트는－초기에 부지를 선정하고 분석하는 것에서부터 형태 생성 과정의 전략과 세부 해결책에 이르기까지, 생물학에서 해결책을 나열하여 그린 계획의 또 다른 사례이다.

이 보고서는 세계에서 가장 큰 온실이라고 불린다. 이 부지는 깊고 불안정한 고령토의 채석장이었다. 부지의 최종 형태에 대해 아무런 확신이 없을 때 담당 팀은 건물 디자인을 어떻게 했을까? 얼핏 봐도 이렇게 어려운 문제를 해결하기 위해, 디자인 과정 내내 생태모방을 이용하

였다. 일조 분석은 거주를 위한 부지의 가장 유용한 부분에 설정하였다. －낮 동안 태양열을 잘 흡수하는 채석장 남향 벽과 그다음 추가적인 열 유입이 필요할 때 꽤 여러 날이 소요되는 온실 안으로 그 열을 방사한다. 지형의 불규칙성과 최종 지면 높이를 넘는 불확실성이 결합하여 관례적이고 직선적인 해결책이 나왔으나 불가능하였다. 다비드 키르크랜드David Kirkland가 팀의 일원으로 오게 되었는데, 그는 비누 거품(그림 61)에 영감을 받아 근본적인 해결책을 제안했다. 그 아이디어는 거품을 엮는 것에서 창조되었다. 다양하게 만들어지는 거품의 지름은 다른 건물의 부분에 더 높은 천정을 만들고, 이것들은 대략 지형에 맞추어 배열된 목걸이 같은 선을 따라 연결된다. 팀은 이 거품 목걸이의 다양한 반복을 탐색했고 이것들을 부지의 3D 지형 모형에 넣었다. 지면 아래로 간 모든 것들을 잘라냄으로써 우리 팀은 최종 이미지와 닮은 최초의 이미지에 도달했다(그림 62).

61. 비정형 부지에 놓을 버블의 선으로, 에덴 프로젝트 때 그림쇼 팀이 발전시킨 초기 컴퓨터 모델
62. 컴퓨터 생성 이미지는 지면 위로 보이는 버블의 측지 구조 단면을 보여 준다.

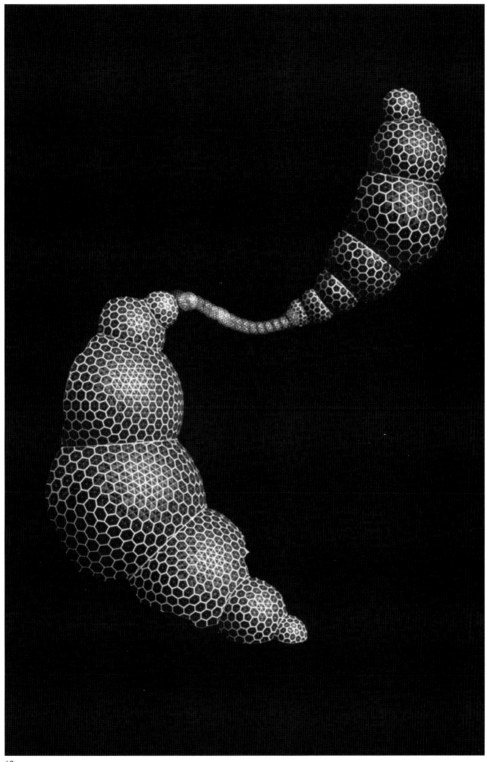

62

63

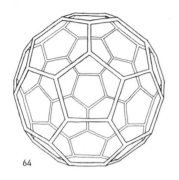

64

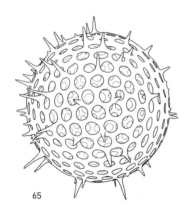

65

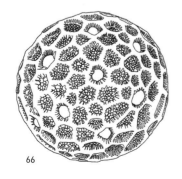

66

다음 도전은 아주 가벼운 구조를 찾는 것이었다. 자연 사례-탄소 분자와 방산충에서부터 꽃가루에 이르기까지(그림 63~66)-중 모든 분야를 망라하여 연구한 결과 구 형태에서 가장 효과적인 방법의 구조는 오각형과 육각형의 기하학적 배열이라는 것을 알아내었다. 리처드 버크 민스터 풀러는 그 기술을 개척했고 심지어 탄소 분자는 그의 이름을 따서 지어지기도 했다('버크민스터 풀러렌 Buckminster Fullerene'). 이 디자인은 보수적인 구조를 가정으로 시작한 다음 풍하중을 설정하는 바람길의 크기 단위를 조정하여 개선하였다. 이 과정에서 가장 중요한 변화는 육각형의 크기를 최대화하려고 노력하는 것이었다. 그래서 결과적으로 빛의 유입을 늘릴 수 있었다. 유리는 생산 단위별 크기와 무게의 조건에 있어서 심각한 제약을 가지고 있었다. 그래서 연구팀은 그때 당시 훨씬 작은 크기로만 사용되는 자재를 찾았다. 그래서 이 팀은 장력에 있어서 압착과 휨에 강한 것보다 잘 휘어지는 재료를 사용하는 거미줄의 세포막과 같이, 생물학에서 다양한 효과적인 해결책을 발견하였다. 에틸렌 테트라 플루오로 에틸렌(ETFE)은 고신축 중합체인데, 초경량 피복 요소로 세 겹의 가장자리를 용접하여 성형할 수 있고, 그런 다음 강도를 위해 부풀린다.[54] 이것은 버크 민스터 풀러와 또 다른 연결 고리를 보여 주는데, 자신의 학생(나중엔 동료가 된)인 제이 발드윈 Jay Baldwin이 처음에는 라미네이트 비닐로 만들고 나중에는 결국 ETFE로 만들게 된 '필로우 돔-부풀려진 베개로 둘러싸인 기하학 돔'을 고안하였다. ETFE의 최대 장점은 유리의 1% 무게라는 것(자원의 1/100 사용)과 안전 유리로 가장 크게 만들 수 있는 한 장의 유리보다 훨씬 더 큰 '베개'를 만들 수 있다는 것이다. 자재 시험을 통하여, 부지의 특별한 조건에 맞추어 에워싼 디자인이 가능하게 되었다.

63. 물잠자리가 만든 방어막
64. 버크민스터 풀러렌이라고 알려진 탄소 분자
65. 방산충 구조
66. 꽃가루는 돔 구조를 보여 준다.
67. 열대 다습 생물관 내부

디자인의 긍정적 순환이 또 다른 돌파구를 가능하게 했다. 이 대형 베개는 최소한의 강구조로 더 많은 태양광을 수용하여 겨울철에 필요한 열을 감소시킨다는 것을 의미했다. 최소한의 강구조는 하부 구조의 상당한 절약을 가져 왔다. 그 결과는 통념적인 접근의 일부 자원만 사용되었고 온실의 일반적인 비용 대비 세 배 절감되는 계획이었다. 열대 다습 생물군을 위한 거대 구조물(그림 67)의 무게는 그 안에 있는 공기의 무게보다도 가볍다. 이 팀이 더 진보한 자재 기술과 생물학에서 더 많은 교훈을 배워서 같은 도전을 다시 한다면 자원 효용에 있어서 더 근본적인 향상을 얻을 수 있을 것 같다. 예를 들면 요즘은 3D 프린팅이 가능해서 생물학적 접근에 더 가까워진 강관을 만들 수 있다. 그래서 정형화된 지름과 벽 두께를 가지는 것보다 하중이 집중되는 곳에 따라 적절하게 자재를 배치하는 것이다.

이렇게 많은 선례가 있는데, 생물학적 접근법이 조경 분야에서는 좀 더 적극적으로 접목되지 못했다. 평지의 아주 대칭적인 건물인 큐 지역의 팜 하우스the Palm House at kew 같은 경우는 인간이 지배한 결과물로써 그때 당시 자연에 대한 일반적인 시각의 표현을 읽을 수 있다. 반면에 에덴 프로젝트의 돔은 터파기를 최소화하고 인간과 자연의 조화를 더 존중하는 제안을 담아 부지의 형태를 수용하고 있다.

생물학적 구조와 인간이 만든 구조의 중요한 차이점 중 하나는 효율적으로 적용할 수 있는 것들을 제외하고 인간이 만든 것은 움직일 수 없다는 것이다. 많은 시간, 우리는 구조들이 움직이는 정도를 최소화하고 싶었다. 그래서 사람들이 안전함을 느끼고 또 점심을 먹으로 올

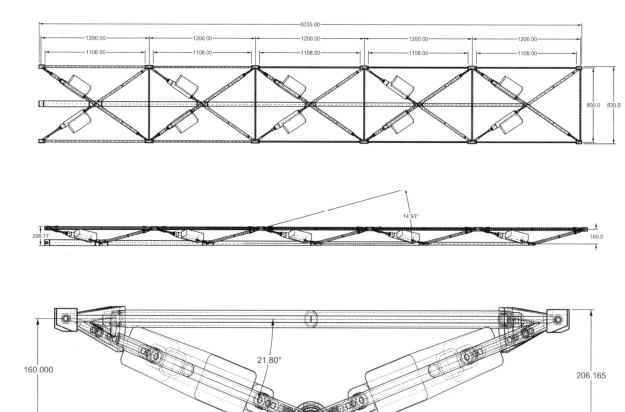

6035.00
1200.00 1200.00 1200.00 1200.00 1200.00
1108.00 1108.00 1108.00 1108.00 1108.00
800.0 830.0

14.93°
206.17 160.0

160.000 21.80° 206.165

68

수 있도록 했다. 이것은 우리 구조에서는 많은 자재를 사용하여 자연에서 발견되는 아주 유연한 형태와 비교했을 때 극도로 험오스러워 보일 수 있다는 것을 뜻한다. 유니버시티 칼리지 런던University College London과 익스페디션 엔지니어링Expedition Engineering의 최근 연구는, 어떻게 이런 접근이 그들의 '가변형 트러스Adaptive Truss' 발전과 함께 형태를 완전히 바꿔 놓을 수 있었는지 보여 준다(그림 68).[55] 이 중요함을 설명하자면, 견고함strength과 단단함 stiffness 사이의 명백한 구분을 해야 한다. 견고함은 부러짐 없이 하중에 저항하는 것을 말하고 단단함은 수용 한

계 내에서 어떤 휨에도 유지할 수 있는 것을 말한다. 많은 구조에서 구조의 대부분을 설명하는 휨 조절의 강도를 요구한다. 이 가변형 트러스는 근육에 의해서 움직이는 골격에 직접적으로 비유할 수 있다. 당신이 팔을 쫙 펴고 커다란 텀블러를 들고 있고 누군가가 거기에 물을 채운다고 상상해 보라. 무게가 증가할수록, 무슨 일이 벌어질지 깨닫고 당신의 근육에 더 힘을 주는 방법으로 반응할 것이다. 가변형 트러스도 이와 완전히 똑같은 방법으로 작동한다. 뼈들은 압력 요소로 대신한다. 근육은 작동기이고 신경계는 압력 전달계이다. 이 모든 것들은 중앙 컴퓨터로 작동된다. 작동기 인장량은 하중에 따라 증가하거나 감소할 수 있다. 압축재는 힘을 최소화할수록 줄일 수 있다. 그 결과는 단순한 지지보의 1/80(1/12－1/20이 패시브 구조에서 일반적이다)이라는 믿기 힘든

68. 유니버시티 칼리지 런던(University College London)과 익스페디션 엔지니어링(Expedition Engineering)의 가변형 트러스. 근본적인 자원 효용성은 생물학적 구조로서 동일한 적응 전략을 세워서 얻을 수 있었다.

축소 비율(구조 요소의 깊이는 그 스판에 의해서 나뉜다)로 나타난다. 또한, 80% 자재 절감을 달성했고 76%(자체적으로 소모하는 에너지와 작동을 위한 에너지 모두를 포함하였다)의 전 생애 에너지 절감을 하였다. 가변형 구조는 일주일에 두 시간만 붐비는 스포츠 경기장이나 강한 바람으로 일 년에 단지 몇 번만 문제가 되는 장스판 지붕처럼 한정된 시간에만 하중이 몰리는 구조에 적격이다.

가변형 트러스는 똑똑하게도 아주 적은 자재를 사용하면서도 필요한 강도를 주고 있다. 우리가 안전하게 더 대단한 움직임을 허용할 수 있는 많은 다른 상황에서도 적은 자재를 사용함으로써 더 많은 자원을 절약할 수 있다.[56] 가젤의 다리 뼈는 흥미로운 생물학적 사례이다. 가장 큰 힘을 내기 위해서 곧게 뻗는 대신에 그 뼈는 부드러운 곡선이다. 이것은 훨씬 큰 충격 하중을 흡수할 수 있고 천적으로부터 도망치기 위해서 엄청난 점프를 할 때 사용할 수 있다. 유연함을 위해서 굽은 형태로 자라는 독특한 나무로 지어지는 굽은 뼈대 헛간crook-frame barns과 같이 풍토적인 사례도 있다. 견고함을 얻기 위해 많은 재료를 사용하는 것은 21세기의 일탈 행동으로 설명할 수 있다. 이제 우리는 더 똑똑하고 자원 효용적인 형태로 대응하는 생물학과 풍토적인 디자인 둘 다가 하는 것을 따라할 수 있어야 한다.

결론

우리가 이 첫 번째 장을 시작하면서 함께 했던 자명한 이치는 이제 '더 나은 형태, 더 적은 자재, 더 훌륭한 반응성'으로 확장될 수 있다. 산업혁명이 시작할 때, 자원은 풍부했고 사람들은 부족했다. 그러나 지금은 반대 상황이다. 더 많은 인적 자원과 더 적은 물리적 자원을 사용하는 접근법의 사례가 오히려 더 강력하다. 생물학적 패러다임을 건축적으로 치환한다는 것은 사람을 중심에 둔다는 것을 의미한다. 디자인하는 동안 그들의 재능을 고용하고 그들을 포함하여 건물에서 일어나는 행위에 충분한 보상을 받고[57] 또 아름다움을 즐긴다. 생태모방 구조의 어떤 부분 – 우아한 구조에서 보이는, 아치형으로 휘거나 엮거나 반복하는 기본 자재 – 은 자원 부족에 대해 절실함을 느끼는 발전된 나라에 아주 적절하다고 말한다. 그러나 토속적인 구조로부터 배운 교훈도 자원 절약과 문화적 지속성에 대한 감각 둘 다를 재해석할 수 있었다.

우리는 생태모방을 기초-구조-피복-마감이라는 접근을 뛰어 넘어 더 나은 통합 디자인으로 나아가는 진화 단계로 사용할 수 있다. 생물학적 구조를 모델로 사용함으로써 자원 효용성이 근본적으로 증가 달성하는 잠재력을 입증한 많은 사례를 서술하였다. 얇고 평편한 표면의 매끈한 처리, 가벼움을 통해 두드러지는 네르비의 능력, 효용성에 있어서 돔과 셸의 10배 달성 그리고 자원 효용성에 있어서 심지어 100배 증가 달성한 얇은 압축 멤브레인 등이다. 지금까지 발전해 온 과학적 지식으로 접근하는 것과 함께 디자이너들은 자연에서 가차 없이 개선된 많은 사례를 그릴 수 있을 것이다. 그뿐만 아니라, 그 과정은 미와 효용성을 가진 구조물을 창조하기 위해 더 나은 수준으로 나아갔다. 심지어 생태모방이 건축에 제공한 단지 좀 더 쉽고 좀 더 접근 가능한 자원 절약 측면에서 우리의 노력을 집중할 때, 우리는 잠재적인 승리를 얻을 수 있다.

이것은 기술적인 흥미로 지나치는 것보다 훨씬 더 중요하다. 서론에서 설명한 바와 같이 인구 증가와 자원 부족의 복합적인 압박을 설명한다면, 더 적은 자원의 투입으로 우리가 할 수 있는 더 많은 것을 배울 필요를 느낄 것이다.

다음 장에서는 우리 자재와 자연 재료 사이의 몇 가지 차이점을 볼 수 있을 것이다. 그리고 자연에서 계속되는 분자 수준에 근접한 제조법으로부터 우리가 어떻게 이득을 얻을 수 있는지 알아본다.

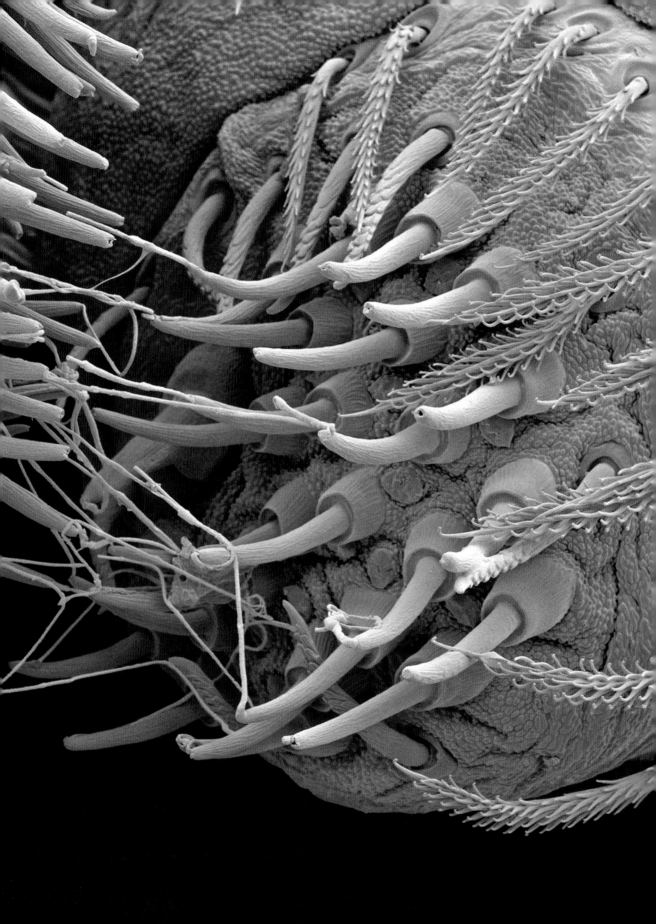

CHAPTER 02

우리는 어떻게 자재를 만들까?

이번 장은 조립에 관한 모든 것이다. 올바른 요소들과 그것들을 올바른 방법으로 한데 모아 사용하는 것을 말한다. 생물의 조립 방식과 재닌 베니어스가 설명한, 우리의 관습적 제조 방식인 '가열, 가격 加擊, 가공 heat, beat and treat' 중 어떤 것이 더 나은지, 둘 사이의 차이점을 먼저 살펴보자. [58]

튼튼한 섬유를 만들기 위해 거미는, 뒷다리와 함께 실을 품은 중합체의 정렬된 줄기를 생산하는 방적돌기 [59] 를 사용하여 실크를 만든다. 이것이 건조될 때, 실크는 케블러 Kevlar (미국 듀폰사에서 부르는 아라미드 섬유의 다른 이름, 그래핀보다 우수하고 우리가 만들 수 있는 합성섬유 중 가장 튼튼하다 [60])보다 더 튼튼해 진다. 인간이 아라미드 섬유를 만들 때 섭씨 750도 정도의 황산에서 끓는 석유가 필요하다. 이 혼합물은 고압에 노출되어 분자를 결합시켜 만들고, 이때 많은 양의 독성 폐기물이 생성된다. 그러나 거미들은 죽은 파리들과 물이라는 원자재를 가지고 주변의 온도와 압력으로 같은 일을 처리할 수 있다. 이렇게 대조적인 제조 방법 사이의 거리를 좁히기 위해 자연이 우리를 어떻게 가르칠 수 있을까?

아라미드 섬유는 자연과 기술자들의 정신세계 사이 대조점을 예시화한 것이다. 그 첫번 째 수업은 자재에 대한 우리의 기대를 시험하기 위한 것이다. 우리의 제조 방법은 전형적으로 에너지 집약적인 채굴, 파쇄, 제련, 정제, 성형에서 시작한다. 이 과정은 종종 가공, 보호막 코팅,

접착과 같은 다른 단계에서도 계속된다. 부정적이게도, 이 집약적인 처치는 자연이 해 나가고 있는 제조와는 차이가 있다. 자원 고갈, 인구 증가와 기후 변화에 대한 도전이 우리에게 주어졌다. 우리의 제조 과정에 있어서 자연의 효용성을 모방하려고 노력하는 것은 가치 있는 목표인 것 같다.

우리의 자원 사용은 선형적이고 낭비적이며 오염시키는 특성을 가진 반면에, 자연 자원은 닫힌 고리 내에서 순환이 지속된다. 우리의 과정에서는 환경을 끊임없이 괴롭히는 독성 배출물을 곧잘 생산한다. 생물 세계에서도 독성이 사용되는 몇몇 상황들이 있다. 그러나 그것들은 특별한 목적에 사용되고 나면 곧 자연 분해된다.

어떤 요소들이 사용되어야 하는가? 기술과 자연 사이의 차이점은 두 가지 접근법으로 사용된 주기율표의 요소를 볼 때 더 명백해진다. 대략 96%의 살아 있는 물질은 네 가지 요소로 만들어 졌다. 탄소, 산소, 수소, 질소이다. 나머지 4%의 대부분은 7가지 요소로 이루어져 있는데, 칼슘, 인, 칼륨, 황, 나트륨, 염소, 마그네슘이다. 그리고 극히 적은 양으로 사용되는 소수 미량원소가 있다. 그래서 자연은 주기율표의 아주 한정된 부분 집합을 사용하는 반면에, 우리는 연구실에 남겨 두는 것이 더 좋을 법한 것들을 포함하여 사실상 존재하는 모든 요소를 사용한다.

옳은 방법으로 옳은 자재를 조립하는 아이디어를 강조하는 줄리안 빈센트 교수는, 고분자에서 고강도 합성물을 이끌어내는 [61], 사람이 만든 것과 같은 성질을 가지는

---

69. 거미의 복부에 있는 방적돌기 분비샘에서 섬유가 회전되어 나오는데 이것은 철보다 강력하면서도 적은 양의 에너지로 만들어진다.

많은 자재를, 자연은 단백질과 다당류 그리고 약간의 소금(칼슘이 대부분인)만으로 만들어 온 방법을 설명하였다. 위에서 언급한 미량원소 내에 일부 금속들이 있는 반면에(많은 금속이 다양한 생물학적 과정에 중요하다) 살아 있는 유기체들은 사실 금속으로 아무것도 만들지 않는다.[62] 어떤 사람들은 지속가능한 물질들만 생분해를 통해 성장하고 재활용될 수 있는 것이라고 주장할지도 모른다. 나에게 있어서는 그것은 극단적인 입장이다. 왜냐하면, 자연은 알루미늄으로부터 무언가를 만들지 않는다는 것이 우리가 해서는 안 된다는 것을 의미하지 않기 때문이다. 그러나 우리가 할 수 있는 것은 사용하기에 안전한 일부 금속과 광물을 자연에서 발견되는 자원관리의 원리로 적용하는 것이다. 우리는 현재 금속을 사용하는 많은 응용 분야에서 생태모방에 영감받은 대안이 있음을 발견할 수 있고 이러한 대안들은 제조 에너지와 환경 영향의 일부가 포함될 것이다.

우리는 자연이 한 것과 같은 방법으로 제조 방법을 배울 수 있을까?

생태모방의 사고로 안내하는 일곱 가지 주요 차이점을 아래에 요약해 보았다.[63]

기술	생물학
주로 단일체 구조: 위계가 적거나 없음	위계 구조
접합 적음: 열악한 파괴 제어	접합: 강성과 파괴의 분리 제어
분말, 용융물 및 용액으로 제조	적응력에 의한 성장 증가
외부에서 부과된 형태	환경에서 영향받은 자가 조립
환경 반응 매우 적음	환경에 반응적
고도의 노후화	성장과 자가 치유 수용
주기율표의 모든 요소 사용	비독성 요소 중 한정된 부분 집합 사용

이런 원리들이 이번 장의 골자를 형성하고 있다. 이런 원리들은 생물학적 제조 방식을 모방하는데 무엇을 암시하는가?

자연이 건축하는 방법: 위계와 접합

구조와 자재가 더욱 쉽게 분리되며, 전통적인 제조 기술과 도면의 조합이 이러한 분리를 더 강화시키는 건축적 맥락에서 취하려고 하는 사고와는 완전히 다른 방법으로, 자연에서는 구조와 자재가 구분되지 않는다. 자연유기 구조와 자재는 위계를 통하여 함께 한다.

교량 디자인의 범주를 시각화하는 것은 아마도 위계 탐색을 시작하는 좋은 방법일 것이다. 보통의 거리 사이를 잇기 위해 양쪽 끝을 부두에 얹은 철골 보 두 개를 사용하였다고 하자. 이것은 위계가 없는 단순 접근법이다. 이 거리를 잇는 더 효과적인 방법은 스틸 트러스 쌍을 사용하는 것이다. 이것은 위계의 한 단계를 나타낸다. 한 단계 더 나아간다고 가정하면, 트러스에 있는 각각의 압축재들이 작은 박스 단면의 트러스가 되고 각각의 인장재들은 밧줄처럼 여러 가닥의 꼬임으로 만들어진 케이블이 된다. 이것은 위계의 두 단계를 나타낸다. 위계의 단계가 높아지면서, 주어진 형태에서 사용된 자재의 양 대비 훨씬 효과적인 구조가 된다(그림 70).

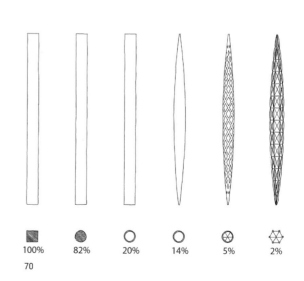

100%	82%	20%	14%	5%	2%

70

70. 구조재가 단계의 위계를 통해 단면의 자재를 2% 만큼 적게 사용하면서 어떻게 더 개선될 수 있는지 보여 주는 다이어그램. [아드리안 베케르스(Adriaan Beukers)와 에드 힌트(Ed van Hinte)의 책《가벼움(Lightness): 최소 에너지 구조의 필연적 르네상스》[64], 유체 구조를 넣은 이후 작업됨]
71. 에펠탑의 트러스 안의 트러스, 또 그 트러스의 안 - 3단계 위계를 보여 준다.
72. 전자현미경 사진은 오크(uercus robar)의 미세 구조를 보여 준다.
73. 해면 골조직의 전자현미경 사진

71

에펠 탑(그림 71)은 위계의 세 단계를 입증하였다. 하지만 인간 기술의 대다수는 단지 한 단계를 사용한다. 생물학에서 위계의 여섯 단계까지 더 높은 성능을 발견하는 것은 흔히 있는 일이다. 원자에서 분자, 세포, 유기체에 이르기까지 모든 단계에서 상향 접착되면 그 구조가 장점을 갖기 때문이다.[65]

교량의 사례는 양적인 면에 있어서 자재의 감소와 동시에 형태적인 변화를 보여 준다(속이 꽉 찬 강선 단면이 스틸 케이블이 된다). 이런 관점에서 어떤 독자들은 구조와 자재 사이의 차이점에 대해서 혼동을 느낄지도 모른다. 그리고 생물학에서는 그 둘 사이의 구분이 없기 때문에 그것은 아주 당연하다. 자연이 분자 하나하나마다 상향식으로 무언가를 만드는 방법은, 우리가 생물학적 자재로 생각할지도 모르는 것이 사실은 구조가 될 수도 있다는 것을 의미한다. 예를 들어 나무(그림 72)는 목질화된 세포벽의 미세 구조이고 뼈(그림 73)는 인산칼슘과 섬유, 얇은 층, 미립자, 다공형에 있는 콜라겐 분자의 위계 구조이다.

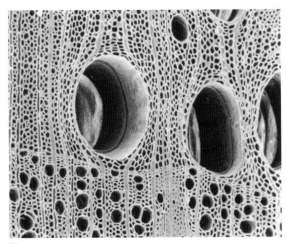

72

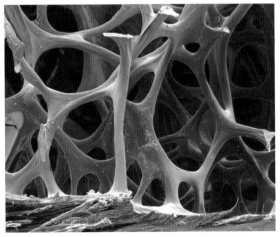

73

위계적 구조는 강성과 균열 제어에 대해 유용함을 줄 뿐만 아니라, 각 위계 안에서 그리고 그 위계 간에 접합을 통해서 이를 얻을 수 있다. 전복의 껍데기(1장에서 본)는 유동적인 폴리머 모르타르로 한데 붙여진 아라고나이트(선석–탄산칼슘의 형태)의 혈소판으로 만들어졌다. 폴리머는 접합을 만들고, 생물학에서는 전형적인 것과 같이, 이 지점에 사용된 자재는 주변의 것보다 더 약하다. 재료 과학자 고든J. E. Gordon은 다음과 같이 설명한다. "자연은 그것들을 한데 모아 적절하게 붙이기에 너무 무능해서가 아니라, 적절하게 작위적으로, 약한 접합이 자재를 더 강하게 하고 그것을 더 세게 만든다."[66] 기술적인 측면에서, 단단함은 균열에 대한 저항을 의미한다. 비록 전복 껍데기의 95%가 초크와 같은 원자재로 만들어졌지만, 그 강도는 위계적 구조와 접합을 통해 3,000배에 달한다. 도자기의 재료로 그리고 전통적으로 가능했던 것보다 훨씬 더 강한 합성물을 만들 목적의 연구로 인해 이미 인공 자개를 만들어 냈다.[67] 현재는 작은 규모(건축가의 기준에서 그렇고, 전복은 반대 의견일 것이다)로 이런 실험들을 하지만, 구스타비노의 천장 및 건설의 형태와 관계 있는 거리 수용성에 대해서 잠재적인 증가를 이끌어낼 수 있을 것이다.

앞 장에서는 해면의 미세 구조에 대해서 설명했다. 해면의 미세 구조도 연구할 만한 가치가 있다. 왜냐하면, 각각의 침상체는 그 자체로 위계 구조이기 때문이다. 침상체가 관의 중심을 향할수록 점점 두꺼워지는 규석층을

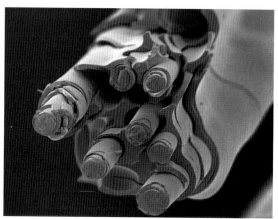

74

만드는 방법을 요나 아이젠 교수Professor Joanna Aizenberg가 발견하였다(그림 74). 각각의 층은 자개와 유사한 견고함을 갖게 하는 단백질의 얇은 접합으로 엮어 있다. 아이젠 버그는 그것을 다음과 같이 설명했다. "기계적 하중이 있으면 바깥쪽 얇은 층에 먼저 균열이 가고, 규석층의 박리를 통해서 균열이 분산되어서 많은 양의 에너지가 근본적으로 소실된다."[68] 유리해면류는 이 주목할 만한 구조를 상시 온도와 압력에서 성장시키는 방향으로 진화해 왔다. 아이젠버그의 연구는 고도의 합성 수행을 낮은 에너지 제조법으로 제시했다.

적응 부착과 첨삭 가공에 의한 성장

자연이 작동되는 방법 측면에서 나노 크기의 자가 조합은 아주 중요하다. 자연에서 분자의 자가 조합이라는 것은, 분자가 외부의 지시나 관리 없이 배열을 정리하고 고분자 조합들로 접히는 과정이다. 이것은 모방을 위한 중요한 기회로, 자연적 과정을 모방한 부착물이나 자가 조합에 의해 건물에 적용할 만한 자재로 발전할 수 있는 가능성이 있다. 요즘은 일반적으로 '3D 프린팅'이나 '애디티브 매뉴팩쳐링–첨삭 가공' AM을 가리키는 '래피드 프로토타이핑'이나 '래피드 매뉴팩쳐링'을 RM이라고 부르는데, 디지털 혁명에 있어서 디자이너들에게는 중요한 돌파구이다. 왜냐하면, 삼차원 컴퓨터 모델을, 전통적인 방법으로 연구실에서 프로토타입을 만들지 않고도 고도의 정확성을 가진 물리적 모델로 즉각 변환시켜 주기 때문이다. 우연찮게도 AM이 허용하는 상향식 제조방법은 자연이 행하는 것에 근사치로, 자재들이 필요로 하는 곳에 정확하게 위치하게 할 수 있는 방법이다. 결과적으로 그것은 비용을 추가하지 않고 형태의 복합을 통해서 자재의 효용성을 성취할 수 있는 능력을 제공한다. 사실 그것은 더 적은 자재를 사용해서 더 낮은 비용으로 얻을 수 있다.[69]

AM에 있어서 디자이너이자 작가인 제프 홀링톤Geoff Hollington은, 기술은 이제 고대로부터 사용되어 온 물건을

만드는 세 가지 전통 방법에 도전한다고 주장해 왔다. 오래된 방법은 '깎아내는'(부싯돌을 만들거나 나무를 조각하거나 현대의 기계 가공과 같은), '성형하는'(점토 그릇이나 금속 캐스트나 성형 플라스틱 같은) 그리고 '가공하는'(구부리고 단조하고 타형하는) 것으로 요약될 수 있다.[70] 새로운 접근법은 생물학에서 일어나는 상향식 접근법과 같이 분자에 근접한 추가적인 접근법을 개척할 것이다.

기계는 이제, 잉크젯 프린터가 하는 것과 같이 사출물을 침착시키기 위해 나노 입자에서까지 가능할 만큼 재료를 혼합할 수 있다. 판데르발스의 힘과 같이, 아주 작은 크기의 재료는 입자들이 조합하는 것을 도와서 적은 에너지로 접착이 가능하다. 단단한 마감으로 경화되는 하나의 자재가 유연한 형태로 건조되는 다른 자재와 함께 조합되어 사용된다면, 아주 험난하거나(접합을 개발하는) 아주 유연하거나 심지어는 길이에 따라 이런 속성이 다양화될 수 있는('기능적으로 등급이 있는 자재'라고 함) 요소를 생산할 수 있다(그림 75). 우리는 생물학적 성장 과정에서 동등한 기술을 아직 얻지 못하고 있지만 조금씩 가까워지고 있다.

이 기계들은 무엇을 가지고 인쇄를 해야 할까? 우리가 이상적으로 원하는 것은 생물학적 원자재를 사용할 수 있어서 폴리머 체인에서 자가 조합을 하고 그 체인의 조합을 통제할 수 있게 하는 것이다. 아마도 여기에 가장 근접한 성과는 네리 옥스만과 MIT미디어 연구실 '메디에이티드 매터Mediated Matter' 동료들일 것이다. 이들은 키토산(키틴의 탈아세틸화 된 형태 – 곤충 캡갑, 새우 껍질, 게 껍데기를 만드는 물질 중에 하나)과 기능적으로 등급화된 놀라운 결과의 자재를 인쇄한 관리자들이다(그림 76). 모가스 솔드비아 등은 자연의 중합체와 다당류들이 거대한 재생산 자원으로 대표된다는 것을 목격했고 다음과 같이 말했다.

건축, 기술, 제품 디자인 분야에서 다기능을 가진
단일 물질의 물성 확장은 제품과 건물이 어떻게 기

75

74. 전자현미경 사진은 유리해면 침골의 위계
　　구조를 보여준다.
75. 네리 옥스만(Neri Oxman)의 프네우마
　　(Pneuma)는 복잡한 형태에서 기능적으로
　　나뉘어진 재료를 생산하는 데 있어서
　　3D프린팅의 잠재력을 입증한다.
76. 네리 옥스만과 MIT미디어 랩의 동료들이
　　생물학적 원자재로 3D 프린팅한 키토산 구조

76

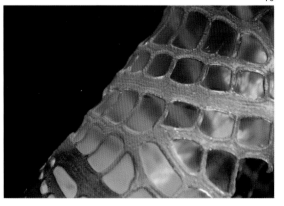

초가 형성되고, 설계되고, 조직되는지에 대한 혁신을 일으킬 잠재력을 가지고 있다. 궁극적으로 이러한 진보는, 동질의 속성과 별개의 기능을 가진 다양한 부분들을 복잡하게 조합할 필요를 줄여 준다. 그래서 가변적인 속성을 가진 다기능 재료 시스템을 디자인하는 방향으로 이끌 것이다.[71]

결과적으로 접합과 많은 등급의 위계를 포함하는 것이 가능할 것이다. 이것은 과학자들과 디자이너들의 협업에 의한 연구를 지속적으로 하여 많은 생물학적 소스에서 찾을 수 있는 것과 같이 자원 효용도와 탄력도를 달성할 수 있을 것이다. 모두가 아니더라도, 대부분 AM은 주변의 온도와 압력에서 수행되기 때문에 보통의 접근보다는 훨씬 적은 에너지로 제작할 수 있는 잠재력이 있다.

널리 사용되는 자연의 다른 자재는 셀룰로오스이다. 그것은 해조의 바이오 연료 생산물의, 잘 사용되지 않는 자원으로, 추출하는 것이 쉽지 않다. 왜냐하면, 해조는 목질화를 통한 해조의 세포벽 속에서 셀룰로오스와 교차 결합을 하지 않기 때문이다. 셀룰로오스는 아주 풍부한 생물학적 자재 중의 하나이다. 더군다나 셀룰로오스의

나노 결정은 종이와 섬유 속에서 자가 조합으로 만들어질 수 있다.[72] 버크민스터 풀러의 "오염은 아무것도 아니다. 우리가 수확하지 못하는 자원일 뿐이다."[73] 라는 주장으로부터 영감을 가져오자. 적층 가공을 위한 셀룰로오스의 다음 자원으로, 과용되어 온 농업 비료가 사용된, 세상에 셀 수 없이 널려 있는 호수와 강에 고여 있는 해조류(해캄)를 사용할 수 있다. 큰 규모에 있어서, 이것은 대기 중 탄소로부터(새우, 조류, 곤충과 같이 어떤 친절한 중개자와 함께) 실질적으로 성장하는 자재가 되는 다른 축소 기술이 될 수 있다.

AM은 기술적 자가 조합의 형태이면서 또한 다른 생물학적 조력자를 고용할 수 있다. 미생물학적으로 성장한 재료를 찾는 것은 이제 시장 배치에 성공적으로 도달했다. 생명공학 스타트업 바이오메종bioMASON 의 진저 크리그 도지에Ginger Krieg Dosier 에게 감사한다. 도지에의 콘셉트는 산호초에서 미생물을 연구했을 때 발전되었고 스포로사르시나 파스퇴르 박테리아를 탄산칼슘과 함께 모래를 뭉치는 데 사용하자는 아이디어를 이끌어냈다. 박테리아가 주입된 모래를 형틀에 놓고 칼슘 이온을 주면 이

78

79

틀에서 닷새 정도 걸려 벽돌로 경화된다. 이것은 가마에서 굽는 전통 벽돌과 같은 시간이 걸리는 대신 에너지 투입은 일부분만 된다.[74] 건축가 매그너스 라슨Magnus Larsson은 사막지역에서만 구조물을 형성할 의도로(그림 77) 미생물 침전의 유사한 형태를 추적해왔다. 더 리빙The Living의 실험적인 건축적 실행은 말 그대로 성장하는 재료의 다른 방법으로써 박테리아 성장을 탐색해 왔다. 다시 말해서 폐기하는 옥수수 줄기를 한데 묶는데 곰팡이 균사를 사용하여 벽돌 속에 두면, 건설하는데 사용될 만큼 충분한 압축 강도가 나온다. 기획 전시로 이것을 만든 회사는 구조물을 'Hy-Fi'(그림 78, 79)라고 불렀고 그 형태는 높은 배율로 확대한 균사의 단면을 연상시킨다. 해체된 다음, 이 벽돌들은 퇴비로 되었고 완전히 생물학적 순환에 흡수되었다. 유사한 형태들이 건축가 그라마지오 쾰러Gramazio Kohler의 '비행 조립 건축flight assembled architecture'과 같이 드론에 의해서 조립되기도 한다. 작은 부품을 정확하게 제자리를 찾아 놓는 극소 매개체를 사용한 이런 접근법이 생물학에서 발생하는 자가 조립에 점

77. '듄(Dune)' – 매그너스 라슨(Magnus Larsson)의 모래땅 사막화 방지 건축. 모래 둔덕 안에 거주 가능한 구조를 만들기 위해 미생물 퇴적을 사용했다.

78-79. 더 리빙(The Living)의 'Hy-Fi'. 곰팡이 균사로 자라나는 벽돌로 지어짐.

80. 체라푼지(Cherrapunji)의 살아 있는 다리 – 자라나는 구조의 사례이며 아직 살아있다. 좀 더 정확하게 말하자면, 이것은 생태모방이라기보다는 생물 활용이라고 할 수 있다.

80

점 가까워 진다는 것은 논쟁이 될 수 있다. 규모 면에서 큰 차이가 있음에도 불구하고, 커다란 인간 중개인에 의해서 커다란 부품이 조립되는 전통적인 접근법과 비교할 때 그것은 새롭고 극적인 방향을 보여 준다.

환경에 영향을 받는 자가 조립

자연은 현재 건물 실행에 영향을 주는 또 다른 무대를 보여 주는데 그것은 후성설後成說이다. 후성설은 환경에 많은 영향을 받는 성장 과정이다. 이것은 유전학에 있어서 성장의 추가적인 결정 요인이다. 간단한 예로 나무는 그들에게 가해지는 힘에 반응하며 부분적으로 성장하는 경향이 있다. 수관에 연결된 나뭇가지는 바람을 맞는 상황에서 스트레스를 받고 그 반응으로 영향을 받은 부분은 더 두껍게 성장할 것이다. (1장에서 언급한 클라우스 매테크Claus Mattheck의 균일한 스트레스 법칙의 일부분)

일반적으로 건물은 생물학과 비교할 수 있는 어떤 감각 기관도 아직 발달되지 않았기 때문에, 건축에 있어서 후성설의 사례는 아주 적다. 가장 근접한 사례 하나는 해양 생물학자 토마스 J. 고로Thomas J. Goreau와 건축가이자 엔지니어인 볼프 힐베르츠Wolf Hilbertz[75]가 개척한 기술에 바탕을 두고 있는 익스플로레이션Exploration의 바이오락 파빌리온Biorock Pavilion이다. 이것은 증식하는 광물 구조를 형성하기 위해 바닷물을 전해 석출電解析出한다. 해양 생물들에게 안전할 만큼 적은 양의 전기 해류는 바닷물 속에 수몰된 스틸 프레임을 통과한다. 그 결과 용해된 광물들이 구조물에 용착된다. 현재까지 이 기술은 산호가 건설하고 번창할 수 있는 광물 구조 성장에 의해서 산호초들을 회복시키기 위한 용도로만 사용되어 왔다.[76]

바이오락 파빌리온(그림 81)은 바닷물에서 자라나는 소규모 음악당으로 하려고 했다. 그리고는 물에 띄우고 소규모 공연을 위한 장소가 될 만한 곳으로 옮겨졌다. 디자인팀 일원인 줄리앙 빈센트Julian Vincent 교수는 후성설의 성장 과정을 만드는 각각의 요소들에 공급되는 해류의 양을 결정하는 압력 측정기를 만들자고 제안했다. 부

81

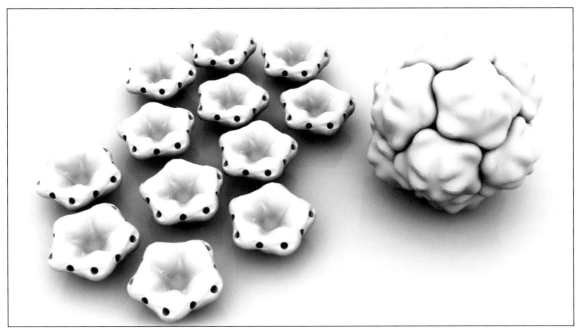

착물의 비율이 해류에 의해서 부분적으로 결정되었[77] 기 때문에, 더 큰 압력을 받은 요소들은 그에 반응하여 더 크게 성장할 것이다. 용착의 속도에 달려 있긴 하지만, 부착물의 비율이 일년에 50mm만큼 커질 수 있고, 압축 강도는 고강도 콘크리트보다 강해질 수 있다. 광물들이 프레임을 통과하는 해류만 있어 준다면, 지속적으로 용착될 수 있고 파손된 부분은 그들 스스로 고치게 될 것이다. 해풍 터빈은 바이오락의 기초를 강화하기 위해 공급 전기의 양을 적게 사용할 수 있도록 하거나 해양 생태계를 회복하도록 도움을 주는 산호초를 만들 수 있다.

MIT의 셀프 어셈블리 랩[MIT Self-Assembly Lab]의 업적은, 선천적으로 결정된 형태나 주변의 열, 진동, 자기장과 같이 패시브 에너지를 통한 특정 상황에서 자가 적응하는 경우에, 자가 조립을 위해 '프로그램'을 할 수 있는 요소

를 찾는 것이다. 그들은 자가 조립을 다음과 같이 정의한다. '무질서한 부분이 지엽적 상호작용을 통해서만 정돈된 구조를 만드는 과정'[78](그림 82) 이 연구실의 창시자인 스카일러 티비츠[Skylar Tibbits]는, 이런 접근법 중에 가장 유용한 응용 중 하나가 인간이 가기에는 안전하지 않고 실현 가능한 극한 환경에서 건설하는 것이라고 제안했다.

환경 대응성

감각을 가지고 있고 주변의 환경 변화에 반응하는 자재들을 우리는 '똑똑하다'고 한다. 우리는 분명히 이런 것들을 할 수 있는 많은 시스템을 건물 수준에서 만들어냈고 그것을 여기서 구별할 필요가 있다. 우리 시스템 기술의 대부분에는 감지기와 처리기, 작동기가 있다. 정말로 '똑똑한'자재는 감지기와 작동기가 동일하며 처리기는 없다.

원래 리딩 유니버시티의 생체모방 센터[Center for Biomimetics at Reading University]에서 연구한 한 사례는, 나무에 매

81. 후성설에 비견할 만한 방법으로 해수에 의해 성장하는 바이오락 파빌리온
82. 스카일러 티비츠(Skylar Tibbits)의 생물 분자 자가 조립-구조 속에서 자가 구성하는 개별 요소의 잠재력을 탐색했다.

달려 있을 때 꽉 닫혀진 솔방울이었다. 그 솔방울이 떨어질 때 건조되기 시작하여 벌어지고 결국 안에서 씨앗들이 나온다. 솔방울이 벌어지는 것은 습도에 대한 반응이 다른 두 물질이 겹쳐진 구조로 이루어져 있기 때문에 발생한다. 그중 하나는 다른 하나보다 더 많이 오그라들고 이 휨 현상은 바이메탈판과 유사하다. 이 흡습성의 작동은 옷 입은 사람이 땀을 흘리기 시작하면 열리고 피부가 식으면 다시 닫히는, 작은 펄럭거림을 많이 가진 여러 겹의 천으로 발전되었다.

역시 솔방울에서 영감을 받은 유사한 아이디어는, 습도의 단계에 따라 평평하거나 말리는 합판의 조합을 사용한 멋진 설치 작품으로 발전되었다(그림 83). 이것은 유니버시티 오브 슈트트가르트 인스티튜트의 컴퓨테이셔널 디자인 the University of Stuttgart's Institute for Computational De-

sign에 있는 아킴 멘지스 Achim Menges, 스티픈 리처드 steffen Richert와 그 동료들에 의해서 만들어졌다. 그들은 이것을 대기 조건 변화에 즉시 반응할 수 있는 감각을 가진 '기상 감지 건축'이라고 설명하였다. 그들은 "복잡한 전자 기계 시스템은 만들기에 복잡하고 유지하기에 어려운 단점이 있으며, 종종 고장이 난다. 내장형 작동 자재는 기후 조건에 본질적으로 관여함으로써 이러한 도전에 새로운 관점을 제공한다."[79] 라고 지적하였다. 추가적인 기계 조작부 없이 건물의 내부 환경을 통제할 수 있는 파사드의 잠재력은 아주 매력적이다. 건축가들은, 어떤 나뭇잎들이 나무 전체의 풍하중을 줄이기 위해 바람이 부는 상황에서 나뭇잎을 마는 방법과 같이 생물학에서 연구하는 사례들로 다른 환경 변화에 우아하게 반응하도록 발전시킬 수 있을 것이다.

자가 보수 자재

페트라 그루버 Petr Griber의 관찰에 따르면, 자가 보수는 부분적 실패가 시스템을 완전히 망치게 되는 곳에서 특

83. 스티픈 리처드(steffen Richert)와 협업한 아킴 멘지스 (Achim Menges)가 파리 퐁피두 센터에 전시한 '검습계 (Hygroscope) – 기상 감지 형태학' 센서나 동작 시스템과 분리되지 않고 습도의 변화에 반응하는 자재이다.

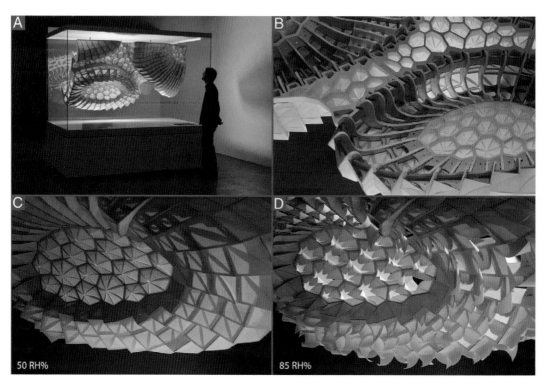

50 RH%

85 RH%

83

별히 유용하다. [80] 보수의 속도는 이런 시스템에서 중요하다. 프라이브루크대학의 플랜트 바이오메틱 그룹the University of Freiburg Plant Biometrics Group의 올가 스펙Olga Speck 및 그녀의 팀은, 쥐방울덩굴속이라고 불리는 덩굴식물에 근거한 공기 구조의 기발한 자가 보수 해결책을 발전 시켜 왔다. 그들은 식물이 상처 부위를 그 주변의 얇은 벽으로 된 유세포의 확장을 통해서 우선 재빨리 봉합하는 형태로 치유하는 것을 관찰했다. 그리고 세포벽의 목질화를 통해서 조직이 점차 서서히 치유되었다. 그 팀은 이것을 아랫부분에 압력을 가한 세포들을 여러 층으로 만든 고분자로 치환하였다(공간을 가진 버블랩뽁뽁이과 아주 유사하다). 구멍이 생겼을 때 압력을 받은 세포들은 덩굴식물과 아주 똑같이 심지어 훨씬 더 빠른 속도로 반응한다. 고분자는 1초도 걸리지 않고 자가 보수할 수 있다.

자가 보수는 여전히 생물학과 기술 사이에 많은 거리가 있는 분야이다. 간단히 말해, 살아 있는 유기체와 비교할 수 있는 감각이 '살아 있는' 건물은 없기 때문이다. 전도유망하게도 앞서가는 어떤 자재들은 생물학과 유사한 자가 보수의 사례를 보여 준다(자가 보수의 특별한 생물학적 형태에 영감을 받은 것과는 대조적이다). 일리노이대학의 캐롤린 드라이 박사Dr Carolyn Dry of the University of Illinois는 혼합할 때 접착제가 충진된 유공섬유를 넣는 콘크리트를 개발했다. 그래서 균열이 발생하면 섬유가 터지면서 균열을 따라 접착이 된다. [81] 델프트공대의 행크 존커 박사Dr Henk Jonkers at the Technical University of Delft는 균열이 발생하면 활성화되어 석회석을 만들어 내는 박테리아를 주입한 '바이오 콘크리트'를 만들어 냈다. 그래서 균열이 메워지고 표면 도장이 복구된다. [82] 생물학에서 많은 자가 보수 시스템은 관 형태의 망에 의존하고 그것은 기술적인 구조가 산소나 빛이 있는 곳에서 치유되는 '보수용 액체'를 날라주는 유사한 시스템으로 설계될 수도 있다는 상상을 할 수 있다.

넓은 의미에서 '자가 보수'는 자가 세정 자재를 포함하고 이것은 이미 생태모방의 아이디어에 근거한 몇 개의 사례들이 있다. 스토라는 회사의 페인트 로투산Lotusan은 연잎에서 영감을 받았고 이후 그 유기체의 이름을 따서 명명되었다. 그것은 짙은 진흙을 없앨 수 있는 방법으로 오랫동안 주목받았고 가장 깨끗한 흰 꽃과 잎에서 생산한다. 식물과 페인트 모두 그 효과는 표면에 떨어진 물의 부착 각도가 변화하여 요철의 나노 텍스처를 수단으로 운반된다. 그뿐만 아니라 먼지 입자들이 접착되는 것을 줄여 주어서 먼지들은 비를 맞으면 그 물에 간단히 씻겨 나간다. [83]

하버드대학 생물공학 영재학회Wyss Institute for Biologically Inspired Engineering팀은 벌레잡이풀(Nepenthes)을 연구하면서 새로운 차원의 도약을 가져 왔고 그 결과는 미끌미끌한 액체가 주입된 다공 표면의 약어인 SLIPSSlippery Liquid-Infused Porous Surfaces를 만들어 냈다. 이 표면은 연잎효과를 근간으로 한 것보다 더 낮은 각도에서 작동하고 방오 파이프의 코팅이나 태양광 패널 표면의 자가 세정과 같이, 그 활용의 범위가 아주 다양하다. [84] SLIPS는 벌레잡이풀처럼 윤활액으로 결합하는데 테플론 나노 섬유의 매트릭스를 사용한다. 이것은 표면의 자가 보수이다. 자연의 본질적 원리는 '마감재가 아니라 재료'이다. 디자인에서 일반적으로 페인트를 칠하거나 필름을 붙여 한 겹의 레이어를 추가하는 대신, 자연은 속성이 요구하는 것만 만든다.

새로운 재료 순환에서 무독성 요소: 요람에서 요람 건축 [85]

주기율표에서 비독성 원소의 더 작은 팔레트를 사용하면서 자연을 따른다는 것은 재료의 순환을 고려해야 한다는 것을 의미한다. 재료와 제조의 전체적인 수수께끼를 다시 생각한다는 것은 윌리암 맥도너William McDonough와 미첼 브라운가르트Michael Braungart의 명저 《요람에서 요람까지Cradle to Cradle(C2C)》 [86] 라는 책을 근간으로 한다.

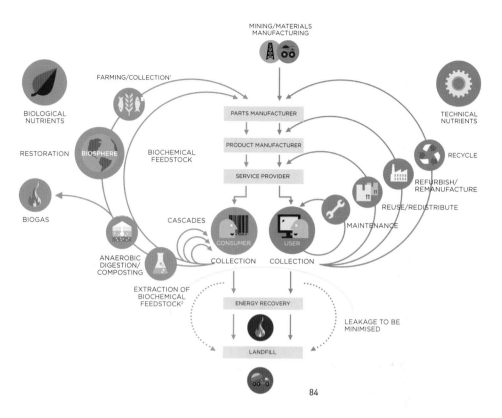

그들은 핵심 물질 순환 문제와 세 가지 본질적인 원리를 디자이너들에게 입증해 보였다.

'요람에서 무덤까지'를 피하라

대부분 제품들은 '요람에서 무덤까지'의 방법으로 제조되고, 일반적으로 땅을 덮거나 소각하여 처분되기 전, 다양한 사용 기간을 가진다. '리사이클링'이라고 불리는 대부분의 것은 실제로 '다운사이클링'이고, 그것들이 궁극적으로 쓰레기가 될 때까지 꾸준히 성능이 하락한다. 다운사이클링은 이 자원들이 쓰레기로 버려지는 시점을 단지 늦출 뿐이다.

올바른 재료를 사용하라

요람에서 요람까지가 유창하게 설명하는, 얼마나 '덜 나쁜' 것인가는 '좋은' 것과 동일한 것이 아니다. 예를 들면 플라스틱은 포름알데히드가 적게 포함되거나 재활용 가능성이 높은 물질을 포함하여 제조되는 것들이 늘어나

지만, 그 목표는 어떤 독성도 없고 완전히 재활용이 가능하도록 디자인되어야 한다. 바다에 있는 플라스틱은 오염 물질을 흡수할 수 있는 미세한 잔해로 성능이 하락한다. 이것은 물고기의 먹이가 될 수 있고, 먹이사슬로 이어져서 사람 몸속으로 들어온 후 내분비계를 방해하는 것으로 나타난다. 왜냐하면, 그것들은 인간의 호르몬과 화학적으로 유사하기 때문이다. 유럽 남성들은 이제 그들의 할아버지보다 거의 반 정도의 정자 수를 가지고 있다. [87] 긍정적인 미래를 위한 디자인은 건물 자체에 대해 생각하는 것뿐만 아니라, 그것을 사용할 사람들의 건강에 대해서도 생각해야 한다.

84. 엘렌 맥아더 파운데이션(Ellen MacArthur Foundation)의 생물학적, 기술적 영양분의 흐름에 대한 다이어그램은 맥킨지 앤 컴퍼니(McKinsey & Company)의 지원으로 만들어 졌고 맥도너(McDonough)와 브라운가르트(Braungart)의 요람에서 요람까지 디자인 프로토콜을 적용하였다.

85. 산호와 다른 해양 유기체들이 한 것과 같이 생광물화의 과정을 우리가 숙지할 수 있을까? 만약 그렇다면, 콘크리트 산업은 많은 양의 탄소를 격리시킬 수 있을 것이다.

자재를 옳은 방법으로 조합하라

맥도너 McDonough와 브라운가르트 Braungart는 '말도 안 되는 하이브리드'로 어떤 제품들을 설명했다. 이것은 재활용을 위해 경제적으로 불가능한 또는 현재 사용 후 원자재를 구할 수 없는 재료의 혼합이거나 부품의 조합이다. 건설산업에서 아주 흔한 예로, 성형된 철판에 콘크리트를 붓는 합성 바닥재인데, 이것은 아주 복잡한 요철이 있어서 두 가지의 재료로 분리될 수 없는 것이다. 두 번째는 이중 유리이다. 이 유리는(만약 재활용이 된다면 유리 생산 공정을 오염시킬지도 모르는) 저방출 코팅을 하고 부틸, 실리콘, 알루미늄, 방수제를 붙인다. 미래에도 이 자원의 복구 시도는 경제적인 면에서 어렵다. 목표는 제품의 주기가 다되고 쉽게 분리되는 방법으로 재료를 조합해야 한다는 것이다.

'요람에서 요람까지'로 디자인하라

맥도너와 브라운가르트는 '100% 좋은' 것을 성취하기 위해 시작하였다. 그들의 비전은 자연계의 원리를 따라서 쓰레기를 완전히 없애고 '생물학적'이거나 '기술적'인 두 가지 순환 중 하나에 모든 물질을 포함시키는 것이다(그림 84). 자연 섬유소, 나무 등을 포함한 생물학적 순환에 있어서, 모든 재료는 제품으로써 그들의 역할이 끝났을 때 완전히 생물 분해가 될 수 있어야 하고 자연으로 재흡수되어 다른 재료를 성장하게 하는 양분이 되는 방법으로 성장하고 사용되어야 한다. 한 번 채굴되고 정제된 모든 금속과 광물을 포함한 기술적인 순환은 영원히 시스템 속에 남아야 한다.

맥도너와 브라운가르트는 산업디자인과 제품디자인 분야에서 중요한 사례들을 설명했다. 우리는 이제 요람에서 요람까지 원리를 어떻게 설명했는지 보고 건설 자재로 연장하여 '100% 좋은' 해결책을 가져다 주는 생태 모방과 함께 엮을 수 있다. 3장에서는 이 두 가지 순환이 정보 순환에 의해서 어떻게 뒷받침이 필요한지 논의할 것이다.

기술적 순환 해결책

콘크리트

콘크리트는 지금 이 시대의 일반적인 자재이다. 세계적으로 150억 톤을 해마다 쏟아붓고 있으며 이것은 삶의 질이 더 나아지는데 필요한 건물과 기반시설을 짓는 개발도상국에서 계속해서 사용된다. 시멘트는 기술적인 순환에 완전히 재포함시키는 데 문제가 있다. 그 결과 골재는 끊임없이 다운사이클이 된다. 암석권에 안전하게 재흡수될 수 있는 콘크리트의 형태를 만들기 위한 토지 중합물 시멘트로 기회를 얻을 수 있을지도 모른다. 유사하게, 포졸란 시멘트와 자연적으로 발생하여 덩어리진 바위를 한데 묶는 시멘트 복합체는 좋은 해결책을 줄 수 있다.

최근 브렌트 콘스탄츠 Brent Constantz가 이끌어낸 발전은, 산호와 다른 해양 유기체들이 이온으로 해왔던 것을 성취하기 직전이라고 말한다. 그것은 생산 과정에서 탄소를 배출하는 대신 흡수하여 광물 구조를 만들어 내는 것이다. 콘스탄츠는 생물학과 지질학의 광화작용에 있어서 정통하고, 칼레라 Calera에 있는 동안 생물학 버전과 동등한 시멘트 제조 과정을 개발했다. 생물학적 광물 생성작용은 탄산 칼슘의 형성 과정에서 모든 칼슘 원자와 함께 탄소 원자를 분리시킨다(그림 85). 반대로 시멘트 생성물은 칼슘의 모든 원자에서 이산화탄소 분자를 배출

85

한다. 칼레라를 떠난 이후, 콘스탄츠는 탄소를 분리할 때 더 빨리 배치하고 더 많이 얻을 수 있는 잠재력을 가진 저탄소 발생[88] 집합체를 만들어 내는 데 집중해 왔다. 중국이나 인도와 같은 개발도상국에서 여전히 사용되고 있는 콘크리트의 양을 생각할 때, 대기 중에 탄소를 더하는 대신[89] 제거할 수 있는 콘크리트가 있다면 이것이 얼마나 중요한 일인지 명백해진다. 이것은 대기 중 이산화탄소를 감소시키고 궁극적으로는 역전하여[90] 기후 변화 요인에 중요한 역할을 하는 '축소 기술'이라는 새로운 분야의 사례 중 하나이다.

유리

유리는 현시대 건설에서 또 다른 유비쿼터스 자재이다. 에이럽Arup의 그레이엄 도드Graham Dodd는 생태모방에 근거하여 스펙트럼을 선택적으로 차단하는 유리를 생산하는 이중 유리창 유닛을 C2C로 제작하는 방법을 제안했다. 파랑 모르포나비(그림 86)의 무지갯빛 날개처럼 자연에서는 많은 색채 효과가 염료나 코팅이 아닌, 빛의 반사 대신 굴절과 산란으로 이루어지는 미세 구조의 '빛의 색'으로 나타난다. 그래서 광물을 분리해서 현재 저공해 코팅을 적용하고 있는 것과 유사한 방법으로 하면, 유리에서도 그 자체로 나노 구조를 만들어 낼 수 있을 것이다.

유리창 공정에 있어서 '가공할 만한 하이브리드'의 다른 형태는, 쉽게 제거하고 재활용할 수 있는 열가소성 실seal로 해결할 수 있다. 아주 중요하게 우리가 해결해야 할 유일한 문제가 아니긴 하지만, 이 유닛의 열 성능은 기존과 다를 수 있어 에너지 사용과 관련된 탄소 배출을 줄일 수 있다는 것을 기억하는 것은 중요하다. 아주 철저한 지속 가능 해결책 중에는 아주 적은 탄소도 필요 없다는 것을 알아야 한다.

금속과 마감재

건설 환경에서 많은 표준 자재들은 그 자재들의 재사용 또는 재활용 가능성을 감소시키는 페인트, 실, 다른 코팅 재료들로 마감된다. 그런 코팅들은 본질적으로 문제가 있다. 왜냐하면, 그것들은 대부분 오염으로 종결될 것이기 때문이다. 이 장의 앞에서 몇 가지 예외가 논의된 것과 더불어 우리의 건설 자재들은 비활성인 반면에 생물학적 자재들은 자가 치유가 가능하며 그 방법은 근미래에도 남아 있을 것 같다. 현재로서는 알루미늄이나 스테인레스 스틸, 코르텐 강과 같이 본질적으로 기후에 대한 저항력이 있는 금속 사용 증가 촉진이 가장 좋은 방법이다. 성형 금속과 벌집의 형태처럼 자원의 효용성에 있어서 놀랄만한 증가를 성취하는 획기적인 기술을 활용할 수 있다. 우리가 현재 사용하는 페인트 코팅이 된 생산품

86. 파랑 모르포나비의 무지갯빛 색은 빛의 파장 일부를 반사시키는 염료라기보다는 굴절을 통해 색채 효과를 만들어 내는 미세 구조의 결과이다.

87. 플라스티키 탐험(Plastiki Expedition) 보트의 콘셉트 스케치로, 커다란 물통의 묶음 다발로 만들어진 보트의 선체를 보여 준다.

을 위해서라도 생물학적 색채 창조물의 더 많은 사례를 알아야 한다.

합성물과 합성물의 결과물

　C2C 관점에서 가장 문제가 되는 금속 중의 하나는 재활용이 불가능한 방법으로 레진과 섬유를 결합하여 만드는 섬유 유리 같은 인공 합성물이다. 섬유 유리 대체재를 찾는 한 프로젝트는 다비드 드 로스칠드 david de Rothschild 가 착수한 플라스티키 탐험 Plastiki Expedition 이었다. 그 목적은 바다에 직면한 문제뿐만 아니라 우리가 해야하는 몇 가지 해결책을 조명하는 탐험을, 태평양을 횡단할 수 있도록 플라스틱 병으로 만든 보트로 계획하는 것이었다. 그는 해류에 의해 형성된 소용돌이에 위치해 태평양 쓰레기 섬으로 알려진 떠다니는 쓰레기들이 있는 거대한 두 지역에 특별히 집중하였다. 각 섬은 텍사스 크기만 하였고, 플라스틱이 가장 많았으며(바닷새와 해양 동물에 영향을 주는), 벌크 형태 또는 다른 오염 물질을 흡수하고 해양 먹이사슬로 흡수되는 자외선 분해된 미세한 크기의 중합체로 구성되어 있다. 독성의 수준을 갖는 위험

한 쓰레기로 구분될 정도의 그들의 젖으로 충분하기 때문에 자식들에게 젖을 먹이지 말라고 충고하는 이누이트 Inuit 엄마들을 포함하여 먹이사슬의 가장 위에 있는 그들은 특히 나쁜 영향을 준다. 정자 수 감소의 경고 문제와 유사하게 우리 삶의 질이 얼마나 크게 자재와의 관계에 영향을 받는지 보여 준다. [91]

　건축회사 익스플로레이션 Exploration 의 건축가 작업 그 첫번 째 도전은 플라스틱 병과 같이 아주 약한 자재를 태평양 항해가 가능하도록 견딜 수 있는 힘 있는 구조로 바꾸는 것이었다(그림 87). 이 팀은 자연의 수많은 사례 중 닫힌 구조와 유체학적 가압 세포에서 영감을 받았다. 이것은 수많은 낱개로 구성된 석류와 같이 단단한 기하학적 방법으로 한데 엮어졌다. 이것은 디자인 과정에서 중요한 돌파구를 찾았다. 공기를 채워 압력이 가해진 각각의 병에 대한 아이디어였다. 단순한 움직임에도 이 병은 놀라울 정도로 단단한 물체로 변하였다. 단지 공기 압력을 추가하는 시험으로 그것을 증명하였고, 결국 두 개의 플라스틱 병이 차 한 대의 무게를 지지하는 것이 가능해 졌다.

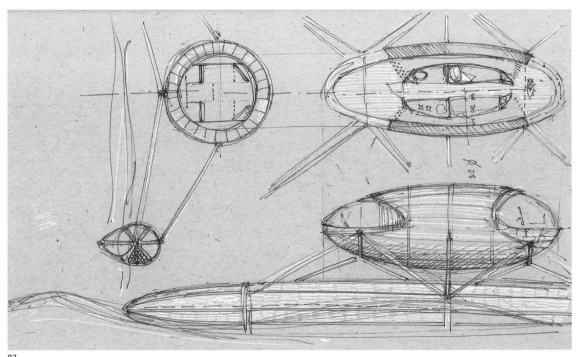

87

병 꾸러미가 유용한 부력을 가져다 주었다면, 프레임 역할을 할 핵심 자재가 있어야 했다. 이 팀은 SrPET^{self-reinforced polyethylene terephthalate}라고 부르는 낱장의 자재를 발견했는데 그것은 최근에 버려지는 플라스틱 병에서 추출하는 것이다. 이 제품의 혁신적인 면은, 이것이 완전히 하나의 물질 PET- polyethylene terephthalate로 이루어져 있으나, 나타나는 형태는 두 가지라는 것이다. 그것은 섬유 형태와 천의 형태이다. 분자의 단계일 때 섬유는 정렬된 중합체의 사슬이고, 천은 스파게티처럼 중합체가 헝클어진 형태이다. 구조 효과 면에서 유리섬유의 경이로운 강도와 아주 유사하나, 유리섬유와 같지는 않다. SrPET는 원자재의 손실이나 자재의 질적 변화 없이 무기한 재활용될 수 있다. C2C 디자인의 성배聖杯인 것이다. 사실, 간직하고 싶어서 경매에 붙여질 수 있는 플리스 스웨터처럼 병과 SrPET가 더 가치 있는 제품으로 재활용될 수 있는 가능성을 보았고, 더 나아가 환경 문제에 대한 해결책을 제공하면서 그 관심도 끌어 올렸다. 플라스티키 보트는 2010년 7월에 태평양 횡단을 완주했고, 환경 문제를 자재로 해결하는 실례를 보여 준 더 큰 임무는 다큐멘터리 영화로 묘사되었다.[92]

생물학적 순환 해결책

목재

현재의 페인트와 보존 마감들을 금속에 적용하는 것처럼 목재에 적용하는 코팅에 관하여 유사한 도전들은 예외 없이 오염으로 끝나게 될 것이다. 3D 프린팅에서 셀룰로오스를 사용하는 것은 아마도 목재에 대해 재고하는 가장 혁신적인 방법일 것이다. 그러나 목재는 타고난 내후성(오크, 낙엽송, 미국삼나무 같은 나무들) 또는 나무의 수명을 연장시키기 위해 무독성 처리한 서모우드Thermowood나 아코야Accoya 같은 특별한 제품이 있기 때문에 관습적인 형태 면에서 선택하기 가장 좋은 자재이다. 목재의 최초 사용 기간은 짧으나 수명 연장 기간 동안 미

생물들이 소화할 수 없는 목재를 만들기 위해서 집중 열처리를 했다. 아코야는 아세틸 처리 과정을 거쳐 이같은 결과를 얻는 동안 자연적으로 발생하고 수분 함유를 안정적이게 하는 양성 화학(아세트산)을 사용한다. 이러한 선택은 목재가 그 수명을 마치고 생물학적 순환계로 되돌아 갈 수 있게 해준다.

다져서 굳힌 흙

다져서 굳힌 흙은 수세기 동안 건축 지제로 사용 되어 왔고, 환경에 미치는 악영향이 극히 적기 때문에 회자되고 있다. 관습적으로 그것은 형틀 속에서 굳혀지는데, 전원이 필요한 도구들 없이 만들어 내는 다양한 동물 건축가들이 흙을 사용하는 방법은 연구할 만한 가치가 있다. 나나니벌(Trogonopsis)은 적당한 농도와 수분의 진흙을 선택한다. 건물의 벽에 기대어 알갱이들을 붙들고 복부의 진동으로 진흙의 틱소트로피Thixotropy(역주: 요변성·흔들리면 겔에서 졸로 변화하지만, 정지하면 다시 겔로 돌아가는 성질)를 활용한다.[93] 틱소트로피는 흔들릴 때 점성의 감소를 보여 주는 속성이 있다. 말벌은 최소한의 힘으로 아주 효과적인 다짐작용을 한다.[94] 어떤 새들은 인장뿐만 아니라 압축 강도에도 이점이 되는 식물 섬유를 결합하여 진흙에서 합성 물질을 만들어 낸다. 철근 콘크리트에서 철근과 유사한 기능을 수행해 내는 것이다. 나나니벌에 영감을 받은 이탈리아 회사 WASP는 원자재로 점토를 사용할 수 있는 3D 프린터를 시장에 선보였다. 2015년에 그들은 집을 프린트해 낼 수 있을 만큼 커다란 점토 프린터 빅 델타Big Delta를 완성하였다.[95] 이것은 투박한 자재로 여겨졌지만, 그 결과는 놀라웠다(그림 88). 이런 접근은 선뜻 사용할 수 있는 자재로 얻을 수 있는 우아함이 무엇인가를 입증하는 새나 포유류, 곤충들과 같이 우리를 훌륭한 건축가 정신에 좀 더 가까워지게 하는 다른 매력적인 측면이 있다. 우리도 똑같이 할 수 있다. 부지로 자재를 가져오는 대신에, 전통적인 접근의 내재된 에너지의 일부분과 더불어 독창성과 창의적인 구조를 가져올 수 있다. 이것의

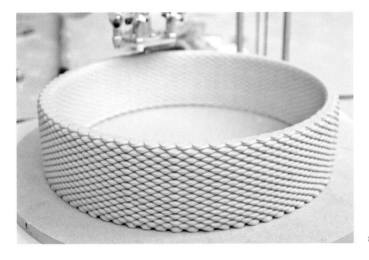

88. 올리비에 반 허프트(Olivier van Herpt)의 3D 프린팅 도자기는 진흙이나 점토가 만들어 내는 비교적 투박한 자재에 비하여 아름다움과 정밀함을 보여 준다.

88

연장선상인 '생태모방 기술 더하기 그 지역 자재'의 철학은 지방에 살고 있는 사람들에게는 혁명이 될 수 있다.

플라스틱

플라스틱은 플랜트 수지로 만들어진다. 만약 독성 첨가물이나 코팅을 피한다면 그 자재는 생물학적 자양분이 되도록 흙으로 되돌아 갈 수 있다.[96] 아주 재미있는 사례 중 하나는 플라스틱이 자비에르 페르난데츠 Javier Fernandez와 도날드 인그베르 Donald Ingber 에 의해 발전되었다는 것이다. 그들이 '실크shilk'라고 부른 것은 튼튼하고 오래가고 생분해되는[97] 구성물을 만들어 내는 새우의 껍질과 거미 실크의 어떤 특성을 결합한 것이다. 대체 선택은 플라스틱을 농업 쓰레기로 만들고 그 이후 끝없이 재활용하는 것이다. 이것은 C2C 모델에서 생물학적 순환계 자재 발명 사례가 될 것이며, 그 이후 기술적인 순환계의 일부로 다루어질 것이다. 이것은 또 다른 축소 기술이 될 수 있다고 생각하게 만들지만, 이런 열망은 대부분의 농작물이 상당한 양의 석유 기반 연료와 농약을 포함한다는 현실에 부딪히게 된다. 따라서 플라스틱 제품을 목적으로 분명히, 플랜트를 성장시키는 것은 적절하지 않다(플라스틱을 만들기 위해 직접 석유를 사용하는게 더 낫다). 하지만 농업 쓰레기를 사용하는 것은 확실히 해볼 만한 일이다. 오염을 엄청나게 감소시킬 잠재력을 가진

또 다른 가능성은, 생플라스틱을 위해 비료와 원자재 모두를 생산할 수 있는 거대한 규모의 해조류 농장 일지도 모른다.

접착제

자연은 아주 흥미롭게도 아무런 독성을 포함하지 않고 접착력을 해결하는 방향으로 진화해 왔다. 도마뱀붙이 발의 건식 접착력 특성 연구와 홍합이 스스로 바위에 붙어 있는 방법은 '게켈(Geckel)'이라고 부르는 접착 물질을 탄생시켰다. 이 혁신적인 접착제는 젖은 표면과 마른 표면 모두에 가능하고 또한 양면 모두 이용할 수 있다. 쉽게 뜯어낼 수도 있다. 모래성 벌레(*Phragmatopoma california*)는 물속에서 30초 만에 붙을 수 있는 2액형 에폭시 접착제와 아주 유사하게 발전되어 왔다. 이 벌레는 이것을 이용하여 부딪히는 파도로 인한 껍데기 파편들과 모래 알갱이들로부터 보호하고 집을 지켜낼 수 있을 만큼 튼튼하게 짓는다. 캘리포니아대학의 과학자 산타 바바라 Scientists at University of California, Santa Barbara는 모래성 벌레의 접착제에 근거하여 순간 접착제인 시아노아크릴레이트cyanoacrylate의 의료 등급 대체품을 연구 중이다.

생물학적 접착제의 생분해성은 C2C의 관점에서 엄청난 이점이 있다. 왜냐하면, 다수의 작은 요소들을 커다란 패널이 되도록 조립할 수 있게 해주고, 그 모든 물질

이 생물학적 순환계 안에 여전히 남아 있을 수 있게 해주기 때문이다. 우리는 모래성 벌레와 같이 우아함을 잃지 않으면서도 모든 요소들을 접착만으로 건물을 만드는(비록 상업적인 건설자들이 그 아이디어를 얻는데 시간이 좀 걸리더라도) 상상을 할 수 있다.

통합적 접근

최근 몇 년간의 생태모방 건축을 찾아보면, 슈트트가르트 유니버시티University of Stuttgart 의 빌딩 스트럭처 인스티튜트 앤 스트럭처럴 디자인Institute of Building Structures and Structural Design(ITKE)과 협업을 한 컴퓨테이셔널 디자인 인스티튜트Institute for Computational Design(ICD)에서 많은 작업을 수행해 왔다.[98] 그들 작업의 대부분은 생물학에 있어서 거의 모든 구조가 섬유성 복합체이고 그 복합체의 성능은 실질적으로 섬유들이 배열되는 방법에 의해서 결정된

다는 것을 깨달으면서 나타났다. 갑각류나 곤충과 같이 외골격을 가진 절지동물에서 찾을 수 있는 재미있는 사례는 합판과 비슷한 배열이며 여러 겹의 다발 섬유로 구성되어 있다.(그림 89).

멘지스의 팀Menges' team은 2013~14년에 경량 리서치 파빌리온Research Pavilion을 지었다. 그들은 넓은 범주에서 다른 생물학적 섬유성 복합체 구조에 대해서 연구했고 경량과 강도의 최고 조합을 보여 주는 것으로써 딱정벌레 날개 덮개(다르게는 '겉날개'로 알려짐—더 많이 나치기 쉬운 날개들을 보호하는 수백 개의 앞날개)를 지정했다(그림 90). 이 팀의 연구에는 섬유 구조와 디자인을 이끈 겉날개 내부 배열의 삼차원 모델을 상세히 만들기 위해 전자현미경 기술 스캔이 포함되었다.

섬유의 복잡한 생물학적 배열을 모방하려면 컴퓨터 디자인과 제작의 이점으로 최근에 와서야 가능해진 기술이

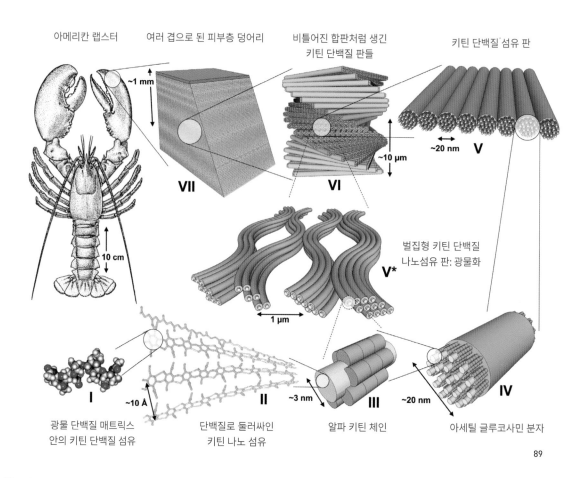

아메리칸 랩스터

여러 겹으로 된 피부층 덩어리

비틀어진 합판처럼 생긴 키틴 단백질 판들

키틴 단백질 섬유 판

벌집형 키틴 단백질 나노섬유 판: 광물화

광물 단백질 매트릭스 안의 키틴 단백질 섬유

단백질로 둘러싸인 키틴 나노 섬유

알파 키틴 체인

아세틸 글루코사민 분자

89

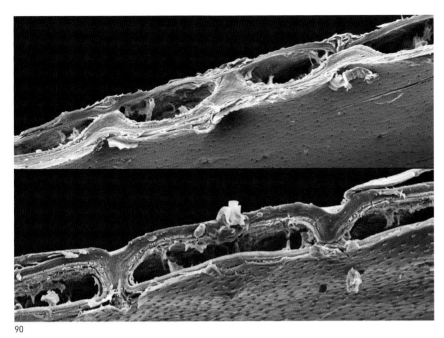

89. 합판과 같은 조립의
    복잡함을 보여 주는
    바닷가재 외골격의
    다이어그램
90. ICD/ITKE 리서치
    파빌리온을 디자인하는
    동한 아킴 멘지스 교수
    팀(Professor Achim
    Menges' team)이 연구한
    딱정벌레 겉날개
91. 유니버시티 오브
    슈트트가르트(University of
    Stuttgart)에 있는 ICD/ITKE
    리서치 파빌리온. 이것은
    로봇이 짠 섬유로 만들어
    졌고 딱정벌레 껍데기
    형태학의 구체적인 이해를
    기반으로 한다.

90

91

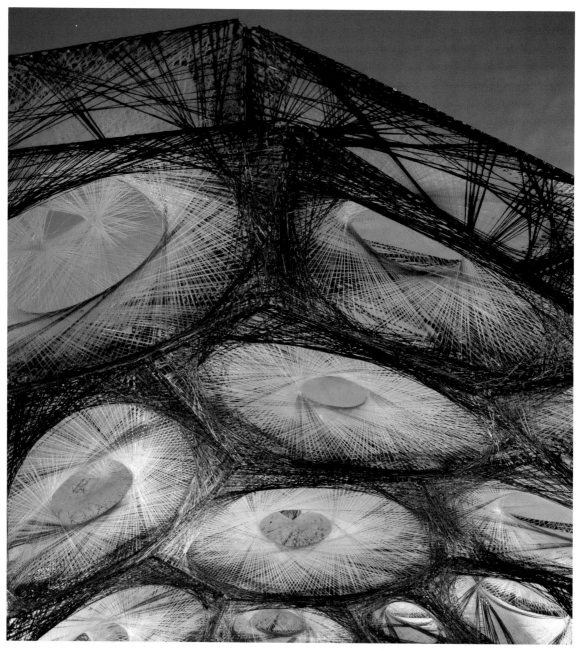

필요하다. 시스템은 발전되었고 형틀 없이 큰 규모의 두
겹 부품을 레진이 입혀진 섬유 유리로 감는데 두 대의 로
봇이 사용되었다. 전반적인 구조의 포괄적인 분석은 어느
부분에 섬유를 정확하게 배치해야 하는지 알려주었다.

　그 결과는 생체모방에 깊이 뛰어들어 얻을 수 있는 것

이 무엇인지를 보여 주는 어마무시한 파빌리온이다(그
림 91, 92). 생물학적 자재의 형태학에 대한 상세한 이해
는 발생적인 디자인 접근, 혁신적인 건설 방법과 꽤 독특
한 건축 작업을 야기해 왔다. 그 파빌리온은 6kg/m²보다
적게 나갔으며−관례적인 방법보다 10배 절약함−이것

은 미래에 적용할 생태모방이 가져다 줄 수 있는 자원 효용의 진보된 사례를 보여 준다. 명백히 이 프로젝트는 레진이 입혀진 섬유 유리 대신에 생물학적 섬유나 C2C 원리에 따른 자재로 만들어졌다면 이번 장에서 좀 더 만족할 만한 결과물로 형성되었을 것이다. 그러나 이러한 발전은 연구소의 계속되는 작업을 통해서 희망적으로 나타날 것이다.

결론

만약 우리가 생물학적 원자재 사용을 꾸준히 늘리고 기술적으로 제작되는 자재가 이산화탄소를 내뿜는 대신 흡수한다면, 오염을 저감하는 기술과 함께 건설산업은 긍정적인 것들을 통해 부정적인 것들을 줄이고 재생 접근법을 넘어서는 새로운 환경 패러다임으로 옮겨갈 수 있다. 건축 분야가 어떤 자재를 사용할 수 있을 것인가 하는 한계에 직면한 반면에, 과학과 생명공학은 연구와 발전을 통해 앞으로 전진하고 있다. 그들의 변화는 계속된다. 컴퓨터 디자인과 조직화는 생물학에서 만드는 정확한 구조적 자재에 꾸준히 근접할 수 있게 해준다. '더 나은 디자인, 더 적은 자재'라는 접근법을 적용하는 것이 점점 그럴듯해지고 있다.

이제 관례적인 접근법과 비교하여 에너지 측면에서 100배 절감을 달성할 수 있는 급속 제조 방법으로 생물학적 중합체를 사용하여 건설에 필요한 요소를 만드는 것을 쉽게 상상할 수 있다.[99]

자원 효용성에 있어서 이런 급진적인 증가가 흔한 일이 된다면 미래의 90억 인구에게 질 좋은 삶을 제공하는 것은 훨씬 수월할 것이다.

생태모방이 항상 고차원의 기술에 의존할 필요는 없을 것 같다. 3D 점토 프린터에서 우리가 본 바와 같이 생체 모방 접근은 저차원의 기술 - 인간의 독창성이라는 자원과 함께 지역적으로 사용 가능한 자재를 변형시키기 위해 사람들에게 도구와 해결책을 주는 것 - 이 될 수도 있다. 유사하게 구아스타비노 Guastavino 의 둥근 천장은 기본적인 자재(그리고 더 적은 자재)를 사용하여 더 긴 스판을 만들기 위해 복잡하지 않은 생체모방 접근법으로 발전될 수 있었다.

생태모방이 특별히 더 힘 있는 디자인 도구가 될 수 있는 곳은 우리가 매진할 수 있는 방향으로 그 이상을 확인하는 곳이다. 적응할 수 있는 부착물, 자가 조합, 무독성, 자가 치유, 생물학적 자재의 다른 많은 특성에 의한 성장 목표는 현재로서 모두 성취될 수는 없을 것이다. 하지만 그것들은 다양한 이익을 가져다 주게 될 가치 있는 목표이다.

자재의 생체모방 접근법은 진정한 지속 가능 건축에 도달하기 위한 본질적인 변화가 필요한 닫힌 고리 모델에서 자원을 사용하여 선형적이고 낭비적이고 오염을 일으키는 방법으로부터 벗어나게 할 수 있고, 세상에 살고 있는 모든 사람이 질 좋은 삶을 누리는 한 방법이다.

줄리안 빈센트 Julian Vincent 의 정돈된 요약에 따르면, 닫힌 고리의 자원관리 개념과 생태모방 제작은 불가분의 관계이다.

> 우리의 자재는 고에너지 결합의 도입으로 생물학적으로 비활성화되었다.(필요에 따라 고열을 사용한다). 생물학적 자재는 재활용이 되도록 발전해왔고 그들의 분자는 단지 필요한 온도 조건 및 기계적 기능만큼 만의 강도를 갖는 결합에 의해서 안정화되었다.[100]

우리가 고민하는 시스템을 자연은 어떻게 만들어 냈고 인간이 만든 시스템이 어떻게 생태계의 놀라운 효율성을 모방할 수 있는지 우리가 더 많은 고찰을 해야 한다.

92. 유니버시티 오브 슈트트가르트(University of Stuttgart)에 있는 ICD/ITKE 리서치 파빌리온. 이것은 로봇이 짠 섬유로 만들어 졌고 딱정벌레 껍질 형태학의 구체적인 이해를 기반으로 한다.

CHAPTER 03

폐기물 제로 시스템을 어떻게 만들까?

생물학적 시스템은 폐기물을 만들지 않는 개념, 즉 모든 것이 영양분인, 닫힌 고리 내에서 번성하는 방향으로 진화해 왔다. 생태계는 재생성, 복원력이 뛰어나고, 전적으로 태양 에너지에 좌우된다. 우리도 건물과 도시에 있어서 똑같이 할 수 있다. 이번 장에서는 자연계가 어떻게 작동되며, 우리의 시스템에 대해서 재고하여 자연계에서 배울 수 있는 것이 무엇인지 탐색해 본다. 자연을 사용할 때 선형적이고 오염시키는 방법에서, 닫힌 고리 모델로의 이동은 우리가 추구하고자 하는 가장 중요한 변화 중의 하나이다.

1장과 2장에서 살펴본 바와 같이 자연이 불가분하게 구조와 자재를 통합하는 방법은 결합 시스템으로 보여주는 건물의 외피와 구조, 자재에 대한 전망을 밝혀 준다. 그러나 건물 작업은 생태계보다 규모가 크다. 일반적인 관행에서 간단한 질문을 하는 것은 표준 운영 절차인데, 프로젝트의 가치를 극대화하고 모든 종류의 폐기물을 최소화하는 시스템 영역 또한 추궁할 수 있는가?

건물의 환경에서 닫힌 고리 시스템을 만들어 내기 위한 기회를 잡기 위해 생태모방은 이미 밝혀진 전략을 보여준다. 생태계의 생각은 시스템 속에서 인간의 가치를 극대화시키고 인간 능력의 낭비를 방지하여 사회, 경제적 이익을 재생시키는 맥락을 만들어 낼 수 있다. 전망은 폐기물 제로 방법을 작동하는 방향으로 움직이는 한편, 같은 자원에서 더 많은 가치를 끌어내기 위해 존재한다.

폐기물?

폐기물의 모든 주제는 모순으로 특징지어진다. 폐기물은 매력적이지 않지만 아주 바람직한 닫힌 고리 시스템을 성취하기 위한 엄청난 잠재력을 가지고 있다. 폐기물은 디자이너들에게 아주 무시되었지만, 폐기물의 영역을 탐색하는 프로젝트는 대단한 독창성을 입증한다. '폐기물'이라는 단어는 가치 없는 물질로 일축되어 버리기도 하지만, 달리 해석하면 잃어버린 기회를 포함하는 가능성을 나타낸다.

하수관의 역사를 보면 중요 문제를 알 수 있다. 1859년 조셉 바잘게트 Joseph Bazalgette 에 의해 고안된 오수 처리 시스템은 공공의 건강과 위생시설에 있어서 엄청난 돌파구였다. 그러나 그의 동년배인 화학자 유스투스 폰 리비히 Justus von Liebig 는 로마의 하수관과 토양에서 오는 엄청난 양의 광물을 로마 제국의 집단 소화 시스템을 통하여 지중해 밖으로 옮기는 하수관의 효용성을 연구해 왔다. 리비히는 영국 총리에게 영국 땅에 영양분을 되돌리는 시스템을 채택하도록 설득하려고 했다. 그리고 토양의 비옥함에 대한 균형은 끊임없는 인산염의 제거로 파괴된다고 발언했다. [102] 이런 옳은 예견에도 불구하고 그 시스템으로 인하여 문명화의 역사에서 가장 큰 영양분의 손실이 촉발되었고, 오늘날의 처리 모델로 우세해졌다. 같은 양상에 대해 두 가지 다른 견해 - 하나는 하수관은 미래의 영양분이라는 것과 다른 하나는 공공 건강에 위험 요소라는 것 - 는 광범위한 결과로 나타났다. 우리의 소비 습관은 동일한 효과를 나타낸다. 애모리 로빈스 Amory

---

93. 치마버섯(*schizophyllum commune*) 곰팡이류. 균류학자로 유명한 폴 스테이메츠(Paul Stamets)는 곰팡이류를 '자연의 거대한 분자 분해자' [101] 라고 설명했다.

Lovins는 미국에서, 어떻게 매일 경제적으로 동원되는 인당 자재의 양이 시민들의 평균 몸무게의 20배에 달하는지 설명했다. 그리고 그중의 1%만이 6개월 후에 재사용된다.[103]

어떤 관점에서 이것은 우스꽝스럽다 못해 끔찍하기까지 하지만, 생태계 측면에서 그것은 엄청난 기회를 나타내기도 한다. 폐기물 제로를 향해 나아가면 더 많은 가치가 같은 자원에서 만들어질 수 있다. 생물학적 시스템은 쓰레기를 기회로 보라고 가르쳐 준다. 살아 있는 수업이다. 이것은 우리 도시에 흐르는 자원뿐만 아니라 우리가 만들어 낸 자재에도 동등하게 적용된다.

생태계: 생체모방에 기초한

자연에서 생태계는 무엇인가? 그리고 이것을 어떻게 건설 환경에 대응할 것인가? 생명의 근본적인 구성은 원칙적으로 탄소, 질소, 물의 순환을 통해 이루어진다. 당에 들어가는 대기 중 이산화탄소와 식물의 뿌리에서 빨아올리는 다른 요소들이 더해져서 이루어지는 식물의 광합성은 성장을 가능하게 하고 대부분의 먹거리망 기초를 형성한다. 질소는 리조븀이라고 불리는 박테리아와 함께 공생 관계로 진화해 온 특정 식물에 의해 토양 속에 고정되어 있다. 식물이 죽거나 잎이 떨어질 때 동물들과 초소형 유기체들에 의해서 소화되고 분비되며 탄소, 질소와 다른 요소들은 토양으로 되돌아간다. 모든 생물학적 반응에 거의 용해되는 물도 이 과정을 통해 순환되고 궁극적으로 공기 중으로 증발하여 빗물로 되돌아온다. 복잡한 설명처럼 보이지만, 이 시스템은 기능이나 목적에 이용되는 단순한 요소와 상호 연결일 뿐이다.

인간이 만든 전통적인 시스템과 생물학적 시스템 사이의 주요 차이점을 나열하는 것은 우리가 어떻게 생각해야 하는지를 안내해 줄 수 있다.

생태계의 모든 원리는 분명히 건축과 도시에 적용할 수 있다.

인간이 만든 전통 시스템	생물학적 시스템
자원의 선형적 흐름	닫힌 고리 / 주고받는 풍부한 자원의 흐름[104]
단절과 단기능	밀접한 상호 연결과 상징적
변화에 저항	지속적인 변화에 적응
낭비적	모든 것이 영양분
자주사용되는 독소에 저항	독소 저항 없음[105]
주로 집중적이고 단문화적인	분배하고 다문화적인
위계적으로 통제	자유롭게 자가 동제[106]
화석 연료 의존	태양에서 얻어지는 것으로 운영
극대화된 하나의 목표로 조직됨	전체적인 시스템으로 최적화됨
추출하는	재생시키는
전 세계적 자원을 사용	지역 자원을 사용

생태계 사고와 건축을 어떻게 연결할까?

주어진 상황에서 생체모방을 적용할 때, 어떤 생물학적 모델은 다시 상상하려는 다른 기능이나 시스템보다 더 적절하다. 최근 '도시의 신진대사'를 사용하는 중에 잘못된 규모나 시스템의 적용 문제를 예로 들 수 있다. 조지아 인스티튜트 오브 테크놀로지Georgia Institute of Technology의 환경과학과 기술 교수Professor of Environmental Science and Technology인 마크 바이스버그Marc Weissburg는 이것은 옳은 모델이 아니라고 주장했다. 왜냐하면, 단일 유기체 측면에서 설명한 도시는 그 사례로 적절하지 않을 만큼 아주 높은 수준의 중앙 통제를 내포하기 때문이다.[107] 우리가 지금 탐색할 것처럼 생태계 원리는 아주 다양한 규모로 적용될 수 있다.

도시

도시나 도시의 일부에 생태계 모델을 적용하는 것은 단일 유기체의 신진대사보다 훨씬 더 적절한 시작점이다. 왜냐하면, 자원은 역동적인 평형 상태에서 작동하고 높은 수준의 상호 의존과 함께 다른 수행자의 폭넓은 다양성으로 구성되어 있기 때문이다. 생태계는 다른 곳으로부터 가져와야 하는 에너지와 자원의 양을 최소화하고 또 그 손실을 최소화하는 방향으로 진화되어 온, 더 많은 이점을 가지고 있다. 명백하게, 인간의 시스템과 생물학적 시스템을 비교하여 그 특성을 설명하면 예외는 있지만, 일반적인 특성은 많은 경우에 진실을 가지고 있다. 그리고 종종 그 차이는 인간이 만든 시스템이 성숙해져 가는 것이 점점 더 뚜렷해진다. 생물학적 시스템에서는 수많은 공헌자가 있고 실업자는 없으며 자연에서 모험적인 기업가 정신과 같은 수많은 기회는 없다. 이를 테면 생물학적 틈새의 넓은 영역의 다양성을 채우기 위해 진화하는 종이다. 사람이 만든 시스템에서 힘은 몇몇 개인에 속해 있다. 어느 정도의 실업자는 필요한 것으로 간주되고 창의적인 기업가 정신은 한정되어 있다.

도시는 광대한 자원의 흐름을 가지며 선형적인 시스템에서 이것들은 폐기물이 되거나 좋은 디자인에 대한 고려 없이 재고를 만들어서 결국 이 또한 폐기물이 될 것이다. 다른 패러다임을 위한 생태계의 요점은 모든 흐름은 도시나 도시 간, 내륙 지역을 포함하여 끝없이 순환될 수 있는 영양분이라는 것이다. 또한, 생태계 모델은 앞으로 논의할 강력한 회복력의 장점을 가져다 줄 것이다.

아마도 인간이 만든 시스템과 생태계 간의 가장 중요한 차이점의 하나, 우리의 것은 추출하는 반면에 생태계는 재생시킨다는 것이다. 재닌 베니어스Janine Benyus는 이것을 깔끔하게 요약했다. "생명은 삶에 도움이 되는 상태를 창조한다."[108] 생태계가 더 성숙해질수록 그들의 환경은 더 강화되고 더 나은 다양성을 따른다. 우리 또한 생체모방 모델의 한계에 유념해야 한다. 물론 도시들은 수행자들과 자원 흐름의 네트워크를 뛰어넘는다. 도시는 심오한 사회문화적인 차원을 가지고 있다. 도전은 이런 영역을 동시에 어떻게 다룰 것인가이다. —수잔나 헤이건Susannah Hagan이 '생물학적 도시화'라고 설명한 접근 방법이 있다.

어떤 면에 있어서 생태학적 도시화는 말 그대로 또는 비유적으로, 건설된 환경과 관련된 생태학적 하위 분야에 대한 후기 항목일 뿐이다. 또 다른 면에 있어서, 그것은 도시화와 생태학 사이의 새로운 교두보가 될 수 있는 잠재력이 있다. 그 하나는 우리 도시의 필요한 변혁에 핵심 요소로서 디자인을 투입하고 디자인으로 방어하는 것이다.[109]

우리는 8장에서 도시에 적용된 생태모방의 주제로 되돌아갈 것이다.

사회 기반시설과 산업

이 책의 시작에 큰 변혁으로 실질적인 진전을 만드는 것을 확인하였고, 생태모방적 사회 기반시설의 더 넓은 시스템으로 통합되기 위해서는 건물과 산업이 있어야 한다. 이 본질적인 부분은 널리 퍼져 있는 생태계 모델—로는 '산업적 생태학'으로 추측되기도 하고 또는 '생태 산업 부품EIPs'이라는 징후로 나타나기도 하는—에서 채택하게 될 것이다. 생태 산업 부품EIPs은 산업적 과정의 네크워크로, 방법적인 면에 있어서 생태계와 같은 기능이다. 그것은 자원을 공유하고 그 공유를 통해 동량의 투입으로 유용한 생상품의 양을 급진적으로 증가시키는 방법이다. 이것의 전례로, 덴마크의 복합 산업인 칼룬보그 생태 산업 공원kalunborg Eco-Industrial Park이 있는데, 이것은 연간 다른 자원들을 절약하면서도 이산화탄소 배출을 24만 톤, 물을 2억 6천 4백만 갤런을 절약한 것으로 추산된다. 모든 핵심 요소들이 자연계와 호환될 수 있는 수많은 계획을 가지고 있었기 때문에 칼룬보그는 발전소, 화학 관련 작업 그리고 다른 과정들을 한 장소에 한데 모아두었다.

현실화한 두 프로젝트는 개별 프로젝트와 사업의 규모에 있어서 전력과 생태계 사고의 약속으로 압축된다. 토목기사 조지 찬George Chan은 나미비아Namibia의 추메브Tsumeb에 있는 수수 맥주 공장의 발전에 생태계적 접근 방법을 개척하였다(그림 94). 그는 '좋은 맥주, 오염 물

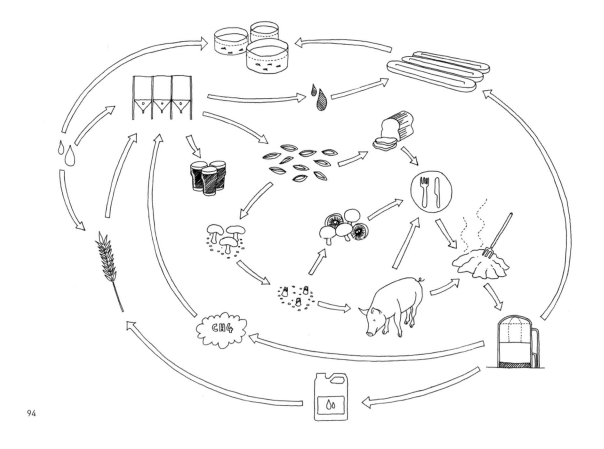

94

질 제로, 판매 증가, 일자리 창출'을 약속하였다. [110] 맥주 공장은 전통적으로 많은 양의 물과 곡물을 사용하여 최종 생산물에서는 단지 일부만 남는다. 생물학적 오염이 낮은 수준으로 포함된 알칼리성의 버려지는 물은 종종 버려지기 전에 값비싼 화학 처리를 치뤄야 하고, 사용된 곡물은 소의 여물로 던져진다. 곡물들에는 섬유소가 너무 많아 효과적인 소의 먹이가 되고 이것은 소들이 더 많은 메탄을 생산하는 결과를 낳는다(메탄은 가장 강한 온실가스의 하나이다). 찬은 완전히 동일한 투입으로 더 큰 가치를 창조하는 시스템을 위해 첨가 요소의 기회로 이 문제들에 접근했다.

버려지는 물은 단백질과 미세 영양분이 풍부한 스피루리나[Spirulina] 해조를 경작하는 데 사용하였고, 그래서 영양부족을 방지하는 데 효과적이었다. 그래서 그 물은 단백질을 생산하기 위한 차기 자원으로 양식장에 사용되었다. 수생 생물의 다양성이 있는 엄청난 양의 물이 보장되

었고 재충전된 지표수를 확보하는 이차적인 이익이 있었다. 사용된 곡물은 버섯을 재배하기 위한 이상적인 기질이었으며, 4톤의 곡물로 1톤의 곰팡이가 생산될 수 있었다. 버섯 재배 후에 기질은 동물의 먹이나 지렁이의 퇴비화에 훨씬 더 적절해졌다. 지렁이는 닭들의 먹이가 되고, 거름은 맥주 공장을 위해 가스를 생산하는 혐기성 소화제가 되었다.

결과적으로 단지 한 가지가 아닌 12가지 부산품을 생산했고 전통적인 접근법에 비해, 7배의 먹이, 연료, 비료, 4배의 일자리와 약간의 폐기물을 만들어 냈다.

골판지를 이용한 캐비어 프로젝트[The Cardboard to Caviar Project](에이블 프로젝트[ABLE Project]라고도 알려짐)는 선형적이고 낭비하는 시스템이 어떻게 쓰레기를 만들지 않고 훨씬 더 많은 생산품을 산출하는 닫힌 고리 시스템으로 바뀔 수 있는지에 대한 영감을 받은 사례이다(그림 95). 영국 북부 키르크리와 칼데달[Kirklees and Calderdale, northern England]에 있는 그린 비즈니스 네트워크[the Green Business

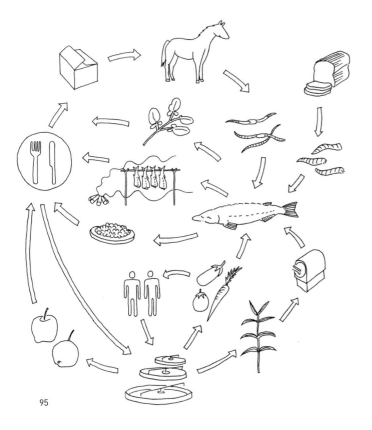

95

94. 산업 시스템이 생태계 조건에서 어떻게 상상될 수 있는지, 시스템의 어떤 부분 결과물이 다른 어떤 부분에서는 투입이 되는 먹거리망으로 어떻게 나타나는지를 보여 주는 툰웨니 (Tunweni) 맥주공장.
95. 골판지를 이용한 캐비어 프로젝트 (The Cardboard to Caviar Project) 의 먹거리망 다이어그램. 생태계 사고의 거의 모든 주요 원리를 따라 오랜 시간 진화했다.

Network(GBN) 의 그레이엄 와일즈 Graham Wiles 가 구상한 계획은 재활용 계획에 불가능한 사람들을 포함하는 방법으로 시작되었다. 상점과 식당에서 버려지는 골판지를 모으고 마구간에 까는 용도로 팔기 위해 분쇄되었다. 그다음 단계에서 마구간에 사용된 골판지는 퇴비화되어 지렁이의 먹이가 되었다. 처음에 이 아이디어는 낚시 미끼 공급자에게 과잉의 지렁이를 팔기 위한 것이었다. 열한번 째에 공급업자는 이 일에서 빠지기로 했으나 그레이엄 와일즈는 쉽게 포기 하지 않았고 중간업자를 배제하기로 결정, 스스로 양식 어장을 만들었다.

현재 헤로인 중독자 회복을 위해 일하고 있는 와일즈는 시베리아 철갑상어를 기르기 위한 양식 어장을 세웠다. 그는 이곳에 오는 젊은 친구들이 대부분 매일 정크 푸드를 가지고 오는 것에 주목하여 그들에게 채소를 가꾸게 하고 건강한 먹거리에 대해 배우도록 했다. 시민 농장이 인근에 마련되었고 채소 쓰레기는 지렁이의 먹이로 공급되어 상업적인 물고기 먹이의 의존도가 감소되었다. 겨울철에는 물이 너무 차갑기 때문에 물고기의 성장 속도가 더뎌지는 것이 명백해졌다. 하수도 계통 업종에 종사하는 요크서 워터 Yorkshire Water 는 그 프로젝트에 산업용지였던 땅 10헥타르를 주는 데 동의했을 뿐만 아니라 하수도 펠렛 비료를 처리하였다. 이 팀은 짧게 순환하는 버드나무를 재배하여 바이오 매스 보일러를 가동하기 위해 구성되었다. 이 프로젝트에서 감독관 한 명이 개발도상국가들의 양식 어장을 경험했고, 재생된 물 저장 탱크를 사용하는 등록된 여과 장치를 재고안하였다. 과도한 질산염과 인산염은 제거되었으며 탱크를 거쳐 걸러진 물은 물냉이를 길렀고 다른 식품들을 만들어 냈을 뿐만 아니라 물고기 탱크에 깨끗한 물을 주었다. 새로운 시스템에서 나온 폐기물은 퇴비를 만들어 주는 벌레들의 먹이가 되고 일부는 물 바가지 속에 들어가서 모기를 꾀고 모기의 유충은 갓 부화한 물고기 새끼들의 먹이로 공급된다.

먹거리의 생산은 과실수가 자랄 수 있는 땅에 더 많이

재배하는 것으로 확장될 수 있다. 클로버는 땅을 덮어주고 토양에 질소를 유지시켜 주며 꿀벌 서식지에 꽃가루를 제공했다. 이 부지는 산업화로 망가진 땅에서 생물의 다양성을 위한 천국으로 탈바꿈했다. 철갑상어의 캐비어 생산품은 버려지는 재료를 사회적, 경제적, 환경적 이익에 양보하여 고가치 생산물로 바꿀 수 있는 잠재력을 입증하는 사례이다. 캐비어는 아주 만족스러웠고 화학적 순환이 닫힌 형태가 되도록 골판지를 공급하는 식당에 되팔 수 있었다.

이 프로젝트는 진화한 형태로 지속되었다. 새로운 유형의 물고기, 틸라피아(역주: 열대지역에서 사는 물고기)와 잉어는 동남아시아와 폴란드 공동체의 예측된 수요를 공급하기 위해서 양식되었다. 또 다른 폐기물의 흐름을 이용하는 구더기 농장과 곰팡이 핀 빵(고기의 곰팡이에서 나는 냄새가 나지 않는)은 물고기들의 소화를 돕기 위해 마련되었고 물고기 먹이 공급업자는 필요 없게 되었다. 양식장의 헤로인 중독자들은 이제 고부가가치 생산물을 만들기 위해 있으며, 이번에 와일즈는 퇴역 군인들과 함께 일을

했다. 군인들은 심각한 부상을 입고 분쟁 지역에서 되돌아 오면 전후 증후군에 시달리고 도심의 삶에 적응하는 것을 어려워하여 종종 노숙자나 범죄자가 되기도 한다.

만약 위의 내용들을 인간이 만든 시스템과 생물학적 시스템에 비교한다면 캐비어 프로젝트의 골판지는 후자와 명백히 맞아떨어진다는 것을 알 수 있다. 그것은 상호 의존적인 활동의 복합 시스템으로 발전되어 왔고, 생물학적 성공일 뿐만 아니라 프로젝트가 성장하면 할수록 가능성이 확장된다는 것을 알 수 있다. 많은 폐기물 흐름이 가치 있는 생산품으로 바뀌었고 틀림없이 폐기물의 가장 개탄스러운 형태－훌륭한 기술을 가지고 있으며 참여 욕구도 있지만 취업 되지 않는 인적 자원－를 재취업시켰다.[111]

건물

익스플로레이션Expolation 건축사무소의 뫼비우스 프로젝트The Mobiou Project는 서로 상승 효과를 주는 순환 속에서 음식, 에너지, 물, 폐기물이 한데 모여 통합되어 있

96

다(그림 96). [112] 부분적으로 툰웨니 Tunweni 맥주공장과 캐비어 프로젝트의 골판지에 영향을 받은 이 계획은 식당과 먹거리 생산자(물고기, 채소, 버섯) 그리고 폐기물 처리(혐기 소화) 및 수처리, 에너지 생산을 포함한다. 이 순환체계를 한데 모아 가져 오면 다른 곳에 투입하게 되는 시스템의 한 부분 추출이 가능해진다. 이 건물은 혐기 소화와 메탄을 사용하여 현 도심 지역에서 발생하는 생분해성 폐기물의 양을 조절할 수 있고 일반 전력과 온실의 열을 사용할 수 있게 된다. 먹거리 원산지 거리를 줄인 온실로부터 과일, 야채, 물고기를 공급받을 수 있는 식당은 폐기물 제로에 가깝게 운영될 수 있고, 음식물 쓰레기는 물고기 먹이가 되거나 퇴비가 될 수 있다. 다양한 형태의 쓰레기 처리로 생긴 비료는 온실에 사용될 수 있고, 과잉 생산된 것들은 교외의 오염되고 버려진 산업 부지를 비옥하게 하는데 쓸 수 있다. 그레이엄 와일즈는 캐비어 프로젝트의 골판지에서 취약한 부분을 변형하고 사용성이 낮은 자원이나 시스템의 헛점(시스템에서 놓친 것을 사는데 돈을 쓰는 것과 같은)을 꾸준히 향상시켰고 뫼비우스 프로젝트에서 개선점을 적용하여 이득을 얻을 수 있었다. 예를 들어 메탄 연소에서 나오는 연도 가스는 가속화된 탄산염화 작용을 통해서 잡을 수 있고 이것은 건물의 자재로 바뀔 수 있다.

뫼비우스 프로젝트는 도심 지역에서 지속 가능한 생활을 하기 위해 필요한 많은 사회 기반시설을 해결하면서, 공동체 의식을 일으키고 사람들을 먹거리로 소통하게 하는데 중요한 역할을 할 수 있다. 이런 이득을 현실적으로 수반하는 것은 경제적이면서 기능적인 제약에 관해 각개 요소의 규모에 의존한다. [113] 그러나 이것은 일반적으로 '외부 효과'라는 경제적인 계산과 오염을 포함, 영양분 손실, 도시 결핍을 제외한 명백히 측정 가능한 양상을 만드는 것, 그리고 프로젝트와 그들의 성공을 판단하는 새로운 지표를 통해서 가장 효과적으로 해낼 수 있다. 뫼비우스 프로젝트와 같은 계획으로 지금의 패러다임을 바꿀 수 있는 잠재력이 존재한다. 지속 가능한 도시화의 먹거리, 에너지, 물, 쓰레기에 대한 도전을 해결하면서 우리의 문제점들을 바꿀 수 있고 선형 시스템을 닫힌 고리의 해결책으로 돌릴 수 있다.

인적 자원의 가치와 사회 자본에 대한 시스템

선순환이 되기 위해 이런 프로젝트들이 가져다준 잠재력은 두 가지 거대한 우려 사항을 해결해 줄 것을 약속한다. 인간과 사회의 가치이다. 이것이 의미하는 것은 무엇인가? 실행 가능한 생체모방 원리로써 그것들을 충분히 사용하기 위해 어떻게 특성화시킬 수 있는가? 인간의 가치는 개인적인 단계(형평성, 기술, 지식, 여행 능력, 안전, 건강, 행복)로 여겨지며 사회적 가치(참여, 화합, 규범, 발전, 문화유산, 범죄)는 공동의 관심사이다. 인간과 사회 가치의 다른 양상은 다른 맥락임이 마땅하지만, 정의된 방법으로 생각하면 둘 다 생태계의 구성물로서 간주되기 쉽다.

캐비어 프로젝트의 골판지는 마약 중독자를 모아서 좀 더 건설적인 추구를 하는 데 아주 성공적이었다. 지방청 재활 프로그램이 1년에 한 명의 중독자에게 10만 파운드의 비용을 들여서(범죄나 치안 유지 활동과 같은 제반비용 제외) 95%의 실패율을 경험한 반면 캐비어 프로젝트의 골판지는 80%의 성공률을 거두었다. 또한, 이 계획은 하찮은 존재 같은 기분이 들게 하는 중독자와 퇴역 군인들이라는 서로 다른 두 그룹을 재통합시켰다.

물리적 쓰레기를 변형시키고 사회적 가치를 가져다 주면서 충분히 활용하지 않은 사람의 기술을 동원한 감동적인 사례는, 알라바마의 헤일주 Hale County, Alabama 에 있는 루랄 스튜디오 Rural Studio 의 작업에서 나타난다. 건축가들과 학생들은, 집을 짓는 것이 그들에게 불리하게 작용하고 그래서 그들의 공평함을 빼앗아 간다고 생각하는 지역 주민들과 함께 작업을 하여 어떤 특별한 건물을 만

96. 뫼비우스 프로젝트(The Mobiou Project)- 서로 상승
효과를 주는 순환 속에서 음식, 에너지, 물, 폐기물을 한데
모아 두는 계획이다.

97

들어 냈다. 그들은 엄청난 독창성으로 버려지는 자원을 이용하였다. 카펫 타일과 자동차 번호판, 트럭의 앞유리 (그림 97) 그리고 현지에서 적용 가능한 모든 분야의 자원들이 건물로 변신하였다. 그들의 방법은 알라바마의 가난한 공동체의 적극적인 개입을 포함하며 그 과정을 통해 자존감을 주고 참여라는 모든 사회 결속의 혜택을 가져왔다.

도시화 사회가 되면서 먹거리로부터 점점 멀어졌다. 캐롤린 스틸 Carolyn Steele 은 《 배고픈 도시 Hungry City 》라는 책에서 먹거리는 마을이나 도시 안의 풍부하고 활기찬 공공의 공간에 있어야 하는 이유를 명백하게 설명한다.[114] 먹거리는 사회적 가치를 가진다. 먹거리를 재배하는 시스템을 만들기 위해 상호 교류하고, 건물 자재를 생산하고, 버려지는 것들을 창의적으로 다루는 것은 우리

가 살아가는 곳을 활기차고 생동감 넘치는 곳으로 만들어 먹거리와의 연결성을 재설정할 것이다.

지속 가능한 건설 환경을 설계하는 것은 단일 건물의 디자인이나 경제성에 대한 것만 해당되는 것이 아니다. 그것은 전략적인 계획과 먹거리와 교통수단, 에너지뿐만 아니라 건강과 웰빙을 포괄하는 사회 기반 시설이다. 생태 지역주의 옹호자인 푸란 데사이 Pooran Desai 의 원 플래닛 커뮤니티 One Planet Communities 요점은 생태계적 사고는 경제적인 모델에서 한 단계 더 나아갈 수 있게 하는 것이라고 했다. 경제적인 모델이란 '쓰레기가 새로운 과정에 투입되는 닫힌 고리 과정을 위해, 경제를 통해 흐르는 자원, 에너지, 자본 투자는 다시 쓰레기가 된다'는 것이다.[115] 에른스트 프리드리히 슈마허 E.F. Schumacher 와 리차드 다우스웨이트 Richard Douthwaite 와 같은 경제학자들은 지

역 경제 발전의 이익과 지역 경제를 떠나기 전 많은 양의 돈이 소비되는 '상승 효과^multiplier effect'에 대해 설득력 있는 논쟁을 해왔다. 영국 서스테인어블 디벨로프먼트 커미션^The UK Sustainable Development Commission은, 지역 유기농 먹거리에 10파운드를 사용할 때, 동일한 10파운드가 슈퍼마켓에서 사용되면 단지 14파운드의 가치가 발생하는 반면에 지역 경제에서는 25파운드의 가치가 창조된다고 추산했다. [116]

회복력

먹거리망은 주로 같은 기능을 수행할 수 있는 서로 다른 네 가지의 종을 가지고 있다. ─그 특성은 '다중성'과 관계 있다. 도넬라 메도우^Donella Meadows는 '복합적인 방법을 가진 다양한 시스템과 다중성은 다양성이 적은 단일 시스템보다 훨씬 안정적이고 외부 충격으로부터 훨씬 덜 취약하다'는 것을 알았다. [117]

이것은 최근 많은 흥미로 관심을 끌어온 회복력의 전반적인 주제를 다룬다. ─로커펠러 파운데이션^Rockerfeller Foundation과 그들의 '100 리실리언트 시티^100 Resilient cities' 계획을 볼 때 이것은 작은 부분이 아니다. 유디스 로딘^Judith Rodin은 회복력을 다음과 같이 정의했다. '어떤 독립체─개인, 공동체, 조직 또는 자연계─의 수용성으로, 분열을 준비하고 충격과 스트레스에서 회복하고 분열의 경험에 대해 적응하고 성장하는 것이다.' [118] 로딘은 회복 시스템의 다섯 가지 특성을 '자각, 다양성, 통합, 자가 조절, 적응'으로 정의해 왔다. [119] 우리는 이 모든 것이 생물학적 시스템에서 작동되는 것을 보았다. 복합적이고 밀집된 상호 연결 시스템은 일반적으로 단순하게 연결되어 있지 않은 것들보다 훨씬 회복력이 있다. 앞서 말한 바와 같이, 독립체들의 다양성(그래서 건전한 다중성)과 흐름이 있기 때문이다. 흐름은 시스템의 한 부분이 방해가 되더라도 작동을 이어나가고 느슨한 부분을 바로 잡을 수 있게 한다. 유사하게, 자가 조절 시스템은 위계적인 것보다 더 회복력이 있고, 생태계의 적응 능력은 덜 유연한 시스템보다 변화에 얼마나 더 잘 적응하는가를 의미한다. 다른 사람들은 회복력의 정의에, 방해에서 오는 기회의 이점을 활용할 수 있는 수용성을 포함시켰다. 다른 독립체들의 넓은 다양성을 가진 생태계를 모델로 한 도시는 동등한 성과를 이룰 수 있을 것이다.

생체모방 원리의 확장

위에서 언급된 사례들은 잠재적 자원 절약과 인적 자원을 포함한 물리적 환경을 재생시키는 모델로 생태계를 이용한다. 이제 EIPs^생태산업 부품와 도시의 향상을 분석하고 확인하기 위해서 생태계의 더 심오한 원리를 적용하는 것으로써 이 모델을 확장할 수 있는 기회가 있다. 에코로지컬 네트워크 어낼러시스^Ecological Network Analysis - ENA는 레이턴^Layton 등이 산업 생태학에 적용하여 온 것으로 보통은 먹거리망에 적용되는 방법이다. [120] 위에서 언급한 툰웨니 맥주 공장의 다이어그램과 유사하게 먹거리망은 EIP로 설명될 수 있다. 각각의 산업 요소들은 각종들과 유사하고 그들 간의 자원 교환은 포식자/먹이 관계와 동등하다. 다음의 표는 레이턴이 먹거리망과 EIP를 분석한 핵심 측정 항목을 설명한다.

아니나 다를까, EIPs가 생물학적 먹거리망보다 훨씬 덜 복잡하다는 것을 발견하였고, 차이점이 있는 곳을 이해하는 것은 중요하다. EIPs는 더 작은 네트워크이다. 순환의 정도가 낮은 편이고, 포식자는 더 적은 먹이를 착취하며 먹잇감은 더 적은 포식자에게 소비된다. 일반적으로 EIPs에서는 자원을 공급하는(먹잇감) 회사보다는 자원을 사용하는(포식자) 회사가 더 많다. 생체모방과 사업 전망 모두를 착취하기 위한 중요한 영역은, EIPs에서 그들의 생물학적 조력자와 비교해 볼 때, '테트리터스 식자(역주: 주로 유기 쇄설물을 먹고 사는 생물)'가 결핍되어 있다. 테트리터스 식자는 지렁이, 균류, 박테리아와 같은 유기체로

---

97. 루럴 스튜디오(Rural Studio) 건축가들은 쓰레기를 가치로 변화시키는 대단한 독창성을 입증했다. 자동차 유리를 창으로 사용하고 타일 카펫을 쌓아서 벽을 만들고 자동차 번호판을 지붕재로 사용하기도 한다.

레이턴 등의 핵심 측정 항목	도심 생태계의 연관성 / EIPS
풍부한 종 (먹거리망에서 종의 전체 수)	다양한 자원의 형태 (인간에서 생물학적 조직까지)
수많은 연결(종과 망 간의 수많은 직결)	독립체 간의 수많은 직결
결합의 밀도(종을 연결하는 비율)	수많은 자원을 연결하는 비율
수많은 종의 먹잇감(다른 종에게 최종적으로 먹히는 종)	먹잇감(자원을 생산하는 회사)
수많은 종의 포식자(다른 종을 최종적으로 먹는 종)	포식자(자원을 소비하는 회사)
먹잇감과 포식자의 비율(포식자에 대한 먹잇감의 비율)	자원 소비자에 대한 자원 생산자의 비율
일반화(포식자당 먹히는 먹잇감의 평균 수)	소비자당 소비되는 생산품의 평균 수
취약점(먹잇감당 포식자의 평균 수)	각 형태의 자원을 소비하는 소비자의 평균 수
연결성(상호작용이 가능한 전체 수에 의해 나누어지는 망에서, 직접적인 상호작용의 발현 회수)	연결이 가능한 전체 수에 의해 나누어지는 시스템상의 독립체 간 연결 발현 회수
순환(강도의 측정과 시스템 내에서 순환 경로 존재)	강도의 측정과 시스템 내에서 독립체들 간의 순환 경로 존재

죽은 유기 물질에 먹이를 준다. 그러나 그들도 집합체로서 '근본적으로 현존하는 다른 기능적인 집합체와 다르다. 시스템의 어떤 부분으로도 제약받지 않고 에너지가 흐를 수 있게 해주며, 전체 에너지의 많은 비율이 진행될 수 있게 한다.'[121] 이것은 분명히 후진적인 잠재력이다. EIP에서는 쓰레기를 처리하는 것, 농업, 회복이나 재활용의 형태와 동등하다. 위에서 언급한 측정 항목은 어떻게 시스템 안에서 효과적으로 자원이 돌고 돌 수 있는지에 대해 많은 것을 말해 준다.

캐비어 프로젝트의 골판지를 통해 그 계획은 성장('종'의 개체 수뿐만 아니라 각각의 작동 규모를 확장함으로써)을 위한 거대한 잠재력을 가지고 있었다는 것은 분명하다. 그리고 EIP가 성장할수록 수행 능력은 더 좋아질 것이다. 그러나 위에서 언급한 연구는 우리가 그것보다 좀 더 신중해야 한다고 말한다. 만약 생물학이 모방의 표본일 경우, 수많은 형태의 테트리터스 식자가 있다는 것을 보장하면 순환도가 높아지고(그래서 단지 연결뿐만 아니라 가능한 한 많은 순환) 포식자와 먹잇감 사이

의 올바른 균형이 생긴다. 연결과 순환의 '시작' 수준을 확보하는 것으로 많은 것들을 얻을 수 있고, 지식과 수용성이 늘어나면 우리는 잘 짜여지고 회복력 있는 프로젝트와 도시 생태계를 만들어 낼 것이다.

퍼즐의 마지막 조각은 정보의 흐름이다. 포식자/먹잇감 관계는 생태계에서 자가 조절된다. 본질적으로 피드백되기 때문이다. EIPs에서도 똑같이 할 수 있는 잠재력이 있다. 각각의 연결은 단지 자원의 흐름뿐만 아니라 정보의 흐름이다(독립체 사이에서 수요 공급의 의사소통 수준). 이런 방법으로 (위계적으로 통제되어 하향식에 반대해서 공황상태가 되는) 계획안은 생태계를 기반으로 점차 자가 조절을 하게 된다. 이런 원리는 디자인하는데 새로운 방법을 알려 줄 수 있다. 생물학적 시스템의 자재 측면에서 유기체의 죽음은 끝나는 지점이라기보다는 전환하는 지점이다. 만약 정보의 흐름이 적절하게 다뤄진다면 건물에서도 동등한 성과를 얻을 수 있다. 물리적인 부분이 완전히 생체모방인 건물을 만든다면, 건물이 순환 경제 속에 완전히 통합되는데 이것은 중요한 목

표이다. 자재의 관점에서 쓰레기는 그저 정보 전략이 배제된 물질이다. [122] 네덜란드에 있는 턴투사Turntoo's의 리안델Liander 건물은 순환 경제 원리가 일어나게 하는 것을 목적으로 한 대규모 건설 프로젝트이다. 건축가들은 자재에 대해 정보 전략을 시행했다. 그들은 80%의 자재를 부지 내에 있는 재사용 자재로 시작하였고, 80%의 자재를 다시 사용할 수 있도록 건물을 마무리 지었다. 새로운 리안델 본사 건물에서 '자재 창고'의 보고가 만들어 졌고 훨씬 더 효과적인 유지관리와 재개발, 미래 가치 극대화가 가능할 수 있었다.

통합적 접근

우리는 지금까지 앞 장과 이번 장에서의 명백한 연결성을 보았다. 우리는 도시를 위해 폐기물 제로 시스템을 종합적으로 만들려고 한다면 그 방법을 재고해야 한다. 이상적인 시나리오는 자재를 위한 순환 모델(맥도노McDonough와 브라운가르트Braungart에 의해 개척되고 엘렌 맥아더 파운데이션Ellen MacArthur Foundation이 발전시킨 것처럼)을 EIPs의 먹거리망형 네트워크와 한데 묶는 것이다. 이것을 실현하는데 가까이 다가간 하나의 계획안이 있었으니, 이것은 델타 디벨롭먼트 그룹Delta Development Group과

건축가 윌리엄 맥도노와 파트너스William McDonough+Partners가 개발한 파크 20/20 프로젝트이다(그림 98).

암스테르담 스키폴 공항 근처에 위치한 이 개발 사업은 9만 2,000m²의 사무 공간으로 구성되어 있고, 근본적으로 투자 비용이 동원되었으며, 수명이 다한 건물의 자재에 주의를 기울이지 않는 전통적인 개발과 비교하여 급진적인 출발을 보여 준다. 파크 20/20의 모든 건물들은 분해되도록 지어졌다. 그래서 가능한 한 구성물들은 재활용되기(에너지와 다른 어떤 가공을 포함한 재활용 과정과 관계 있는 모든 것들과 함께)보다는 그 상태대로 재사용될 수 있다. 전통적인 최종 생산물 대신 이 건물들은 자재가 '저장'되어 있고 그 가치가 유지되는 '자재 은행'으로 재창조된 것이다. 이것은 전통적인 것보다 가치 차원에서 중요한 장기적 관점을 나타낸다. 그래서 델타와 그들의 투자자 사이의 관계는 중요하다. 모델의 설득력과 팀의 리더십이 보수 산업에서 혁신적인 성공을 거둔 것을 입증한다. 생산품 공급자와의 접촉은 물류 협정을 뒤집게 되었다. 공급자에 대한 장려책은 생산품을 만드는데 요람에서 요람까지의 방법으로 만들게 하였으며, 생산품이 그 수명을 다할 때 자재의 회복력이 나타날 것을 보장한다. 조명과 같은 어떤 요소들은 임대를 기반으로 설치되는데 효과적인 자원관리뿐만 아니라 생산 기술

98. 델타 디벨롭먼트 그룹 (Delta Development Group)과 건축가 윌리엄 맥도노와 파트너스(William McDonough+Partners)가 개발한 파크 20/20 Park 20/20. 이 건물은 새로운 디자인과 새로운 비즈니스 모델을 요구하는 장기간 자재 변동의 '자재 은행'으로 재구상되었다.

98

향상을 정기적으로 업그레이드하는데 대해서 보상해 준다. 정보의 흐름이 풍부하게 피드백되는 시스템은 처음부터 자재에 대한 상세한 정보가 수립되고 그래서 결국 그 이후에도 추적할 수 있게 된다.[123] 건물 규모에서 C2C 모델을 확장시켜 덧붙이자면, 그 프로젝트는 순환하는 시스템과 인간의 웰빙에 공헌하는 다른 많은 요소와 통합된다. 모든 건물은 빗물을 모으는 것(화장실과 관개에 공급하기 위한), 폭풍우 관리(부지 영역 내에 예측된 모든 흐름을 관리하는 것), 생물의 다양성에 이익을 줄 뿐만 아니라 매력적인 위락시설을 만드는 인공 수로를 포함하여 부지에 널린 물 전략과 관계가 있다. 인공 수로에 인접한 사례로 바이오로지컬 뉴트리언트 파빌리온Biological Nutrient Pavilion이(그림 99) 있는데, 이곳에는 인근 부지에서 먹거리를 부분적으로 길러서 공급받는 식당이 있다. 현재 이 개발은 (네덜란드의 엄격한 구역 규정으로) 대부분 사무 건물이지만 다음 번에는 훨씬 더 다양한 건물 유형을 포함하게 될 것이다. 좀 더 '종이 풍부해진' 동등한 사례는, 자원의 흐름이 강화된 순환성과 자원 효용성에 관계된 잠재력을 가질 것이다.

결론

전통적인 방법으로 지어진 구조물들은 자연 자본을 끌어내려 그 도시의 맥락을 흐려 버리는 경향이 있는 반면, 생태계의 사고는 그 반대로 할 수 있는 기회를 준다. 생태계를 모방하는 많은 좋은 사례들은 진정, 건물 자재의 과정보다는 먹거리 생산에 기반한다. 그러나 이 영역은 2장에서 살펴본 바와 같이 제조 상황 때문에 핵심으로 존재한다. 일반적으로, 우리는 생물학을 표본으로 한 시스템에 통합되기 어려운 고에너지를 늘여서 자재를 제조한다. 만약 건물, 도시, 생산품들이 저에너지를 들여 자연 중합체와 같은 물질로 만들어진다면 이 순환 속에서 아주 적절한 더 많은 건물 자재를 보게 될 것이다. 자재에 있어서 이런 변화는 이미 방법이 있다. 그래서 더 넓은 시스템적 맥락이 가능할 뿐만 아니라 중요한 문제를 해결하게 될 것이다.

우리가 이번 장에서 논의한 캐비어 프로젝트의 골판지처럼, 모델과 관련된 재미있는 질문은 그것들이 생태모방이냐 생물적 활용이냐는 것이다. 대답은 둘 다 맞다. 이 시스템에서 많은 개인적인 요소는 인간의 이익을 위해서 생물학적 과정을 직접적으로 시행한 다음에 설명하는 것이 좋겠다. 그러나 상호 도움을 주는 시스템에서 함

99

99. 파크 20/20(Park 20/20)에 있는 바이오로지컬 뉴트리언트 파빌리온 (Biological Nutrient Pavilion). 부지 내에서 생물학적 순환의 부분으로 신선한 먹거리(일부는 부지에서 재배된다)를 제공할 뿐만 아니라 창의적으로 디자인된 수순환 시설은 볼거리를 제공한다.

께 가져온 신중한 이 방법은 정말로 생태모방이다. 이 시너지는 재생 접근법의 중요한 부분이다.

생태계에 기반한 모델은 그들이 최적화되어야 한다면 디자인이 투입된 과정 간의 복잡한 상호작용을 포함하게 된다. 건축가들은 새로운 형태의 건물과 새로운 형태의 도시화에서 이런 요구에 맞닥뜨릴 수 있다. 새로운 건물 형태는 폐기물 제로 사회로 전환해야 나올 것이다. 그 잠재력은 이 대단한 건축 작품을 축하하기 위해서 있는 것이다.

만약 도시 디자인이 환경적인 것을 깨닫게 되고 환경적인 기술이 문화적인 것을 깨닫게 되어 보이는 것으로 남는다면 어떤 실천이―그리고 담론―이 그 결과를 가져올 것인가. 하지만 두 가지 다 같은 해결책으로 진행해야 할 시간이 다가오고 있다.

*수잔나 해이건*SUSANNAH HAGAN [124]

폐기물이 미래의 영양분이나 재사용되는 자원으로 여겨진다면 새로운 경제 패러다임이 나오고 더 많은 소비로 부를 창조한다는 현재 가정과 아주 대조적이게, 부는 더 적은 소비로 창조될 수 있다. 우리의 전통적인 산업을 얼핏 보더라도 명백한 것은, 농업과 도시 시스템은 큰 기회를 대변하는 우리의 경제를 통해 자원이 흘러가는 방법이다. 많은 경우에 우리가 이런 사실을 고려하면 그 자원의 사용되지 않은 부분은 미래에 더 많은 비용이 들게 되는 고비용의 폐기 문제를 유발할 것이다. 그래서 잠재력은 더 확실해지는 생태계 사고에서 나올 수 있다.

완전히 활용되지 않은 자원에는 종종 인적 자원이 포함된다.―캐비어 프로젝트의 골판지에서 명백하게 입증된 것처럼―그리고 존재하는 시스템이나 사회 기반산업에서 여분의 수용성도 포함된다.[125] 생태계의 진화는 자연과 동등하게 사업한 사람(새로운 생태적 지위를 채워서 진화한 유기체)에게 보상을 받아온 반면, 같은 기회는 사람이 만든 생태계 버전에 존재한다. 폐기물을 가치와 일거리로 변화시킨 사람들에게 보상하는 것이다. 이

런 개척 프로젝트의 중요성이 저평가되어서는 안 된다. 전통적 경제는 재정적, 물리적 자본 속에서, 또 종종 확장되는 사회 자본 속에서 청산하는 자연 자본에 기반한다. 자연 자본의 중요성은 인구가 증가하여 생계 공급이 필요했던 것처럼 점차 분명해진다. 많은 사례가 정확하게 그 가치를 반영하는 생태계 사고에 기반하고 즉시 환경을 복원하고 소외 계층을 다시 참여시킴으로써 지역의 회복력을 구축하는 데 도움을 준다.

거주 환경과 직장 영역을 한데 묶어서 디자이너들을 혼합사용되는 커뮤니티로 통합하는 것은 이익이 발생하는 것처럼 산업적 공생의 형태를 창조하는 기업가 및 생물학자들과 아주 밀접하게 미래의 긴급한 요구일 것이다. 단기능 산업으로 커뮤니티를 형성하여 생기는 내재된 위험 대신에, 생태계 사고를 기반으로 한 모델은 기능의 다양성을 포함할 것이다.

생태계 모델로 작업을 하는 것은 고난도 기술이나 큰 예산을 요구하지 않는다. 낮은 수준의 기술로 더 쉽게도 할 수 있다. 이미 지어진 많은 요소의 맥락 속에서 작업을 한다면 호환이 되는 투입과 산출을 간단하게 연결해서 더 많은 것을 얻을 수 있을 것이다. 개발도상국의 신도시 경우처럼 만약 여러분이 지속 가능한 종이의 공란을 가지고 있다면 지역 연계 활동의 멋진 기회는 강한 시너지와 함께 있을 것이다. 또한, 이상적으로 문화적 수준과도 연결되는 방법이 있을 것이다. 개발인류학자들은 이러한 맥락 속에서 결정적인 통찰력을 가지며, 다른 지역 프로젝트의 사회, 공간, 문화에 맞는 시너지를 발견하고, 문화적 기반 사이에서 인간의 차이점을 가치화하여 새로운 프로젝트의 지속성을 보장할 수 있다. 생태계 시각은 생태모방 건축의 도전과 가능성을 둘 다 열어 주고 있다.

CHAPTER 04

물을 어떻게 관리할까?

기후 변화에 대해서는 반론의 여지가 없기 때문에, 물은 점차 환경적으로도 정치적으로도 논쟁의 주제가 되어가고 있다. 지금까지 농학자 노먼 볼로그^{Norman Borlaug} 가 개척한 다수확 품종 다양성의 '녹색 혁명' 성과로 인한 많은 부분에 있어서, 세계의 증가하는 인구를 위한 먹거리를 다루었다. 이런 기술적 진보로부터 얻은 수확의 작물 수량 증가는 대단해 보이지만, 많은 양의 관개와 합성 비료에 의존하고 있기 때문에 점차 하락할 것으로 보인다. 최근 역사는 물 부족과 무력 분쟁 간의 아주 직접적인 연관을 보여 준다. 기후 변화, 물 공급, 인구 증가의 기존 추세에 대한 10년 추정치를 보면, 경고 가능성을 상승시킨다.

기후 과학자들 사이에서 일치를 이루는 예측은, 열대 위도에서 발전한 많은 국가가 온도 증가와 강우의 감소로 인해 농업 생산물의 상당한 손실을 경험할 것이라고 한다. 일반적으로 온대성 기후 지역인 지구의 다른 부분은 강수량의 양과 집중도 모두 증가하는 것을 경험할 것이다. 만약 이것이 제대로 처리되지 않으면 홍수의 위험이 증가할 것이다. 농업은 이런 압박 상황에서 변화해야 한다. 버려지는 물 처리 방법을 재고하는 것은 우리가 사는 토양을 비옥하게 회복하고 자원 효용성에 있어서 더 큰 증가를 가져다 줄 수 있는 에너지 최적 시스템으로 선물과 도시를 다시 배관 하는데 도움이 될 것이다.

이 새로운 맥락은 설계에 대한 도전으로 보여질 수 있다. —설계로 인해 물 부족과 생체모방 디자인 과다 사용 둘 다 호전될 수 있다. 많은 비교 가능한 문제들이 이미 물이 부족하거나 간헐적이거나 과도한 환경에 적응해 온 유기체에 의해 해결되었다는 좋은 소식이 있다. 어떤 종들은 사막의 공기 중에서 물을 수확하거나 부족한 기간을 위해 미리 저장하거나 또는 연간 강우량이 11m나 되는 지역에서 번창하는 방법으로 진화해 왔다. 이런 사례들은 어떻게 생태모방이 근본적인 물의 효용성 증가를 가져올 수 있는지 보여 준다.

물 손실 최소화하기

건조 기후에서 살아가는 모든 생명체들은 물 손실을 줄이는 방법을 가지고 있다. 이들은 흔히 생명체가 아닌 물질을 사용하여 그들을 만들고, 유기체의 표면 옆에 공기층을 부착하여 증발양을 줄이거나 이 둘 다를 조합한다. 사막에 사는 어떤 새들은 특이한 전략처럼 보이는 검은 깃털을 가지고 있는데 깃털들은 단백질 구조(살아 있지 않은 케라틴으로 만들어져 있고 UV를 흡수하는 멜라닌으로 구성됨)이고, 그 투명함을 통해 새의 피부에 닿는 태양열을 거의 막아주어 결과적으로 물 손실을 줄인다. 선인장의 수많은 종은 질 좋은 흰색 가는 실 같은 것으로 덮여 있어서 태양 빛을 반사할 뿐만 아니라 살아 있는 조직 옆에 축축한 공기를 가두어 놓는다. 그래서 광합성 때 필요한 가스의 교환은 물 손실을 최소화해도 계속된다. 우산가시아카시아나무(*Vachellia tortilis*)는 별다른 기능

100. 가시도마뱀의 피부에는 모세혈관망이 있는데 이 혈관들은 축축한 땅이나 척추 위에서 응결된 물방울을 도마뱀의 입으로 가져다준다.

은 없지만 살아 있는 조직과 토양 아래 그늘을 만들기 위해서 많은 양의 죽은 가지를 남겨두어서 증발 냉각의 필요를 감소시킨다.

유사한 전략이 더운 기후의 빌딩에 아주 많이 사용된다. 불투명하거나 반사되는 구조는 그늘을 만들어 주고 아래에서 보겠지만, 집수를 두 배로 할 수 있다. 이런 계획으로 그늘을 늘리는 것은 차가워진 공기층을 지표층에 잡아 두는 데도 도움이 되고 땅에서 증발이 감소되어 사람들에게 편안한 환경을 만들어 준다.

낙타들은 나선 모양으로 알려진 아주 복잡한 비강 구조를 가지는데 이것은 많은 관다발 조직으로 덮인 해면골 spongy bone로 만들어져 있다. 낙타가 숨을 들이 쉴 때, 건조한 공기 속 물의 증발로 조직이 냉각된다. 숨을 내쉴 때 냉각된 넓은 표면을 지나면서 폐에서 나온 축축한 공기는 많은 양의 습기를 재흡수하여 응결된다(그림 101). 복잡한 나선 모양은 표면과 공기 흐름의 중심 사이에서 일어나는 열과 수분의 치환 능력을 증폭시키도록 아주 짧은 거리로 만들어져 있다. 아니나 다를까, 낮

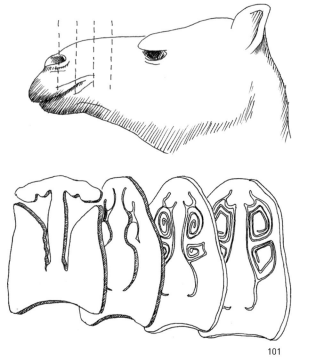

101

의 열기가 있는 동안, 얼마만큼의 물이 손실되었고 이런 과정으로 발생하던 냉각은 두뇌 혈관으로 이동하는 과정으로 바뀌어 일어났다. - 극한 환경에서는 낙타가 휴식을 취할 때보다 섭씨 6도 정도 더 차갑게 생체 장기를 유지했다.[126] 낙타의 나선 모양과 다른 포유류들은 수분을 얻을 수 있는 멋진 열 교환기 설계에 영감을 줄 수 있을 것이다.

물 저장

어떤 생명체들은 1년에 단 몇 시간만 비가 오는 심각한 경우를 포함하여 강우가 부족한 상황에 의해서도 특성화된다. 선인장류는 손풍금처럼 줄기를 골지게 짜서 이런 상황에 반응한다. 이런 구조들은 어떤 새로운 발전 없이 확장을 통해서만 많은 양의 물을 단숨에 빨아들인다.

다른 식물들은 뿌리가 빨아들일 수 있도록 땅속에 크게 물을 저장하는 방법으로 적응한다. 이런 극한 사례는 곤약이다. 이것은 구근류로 300Kg이나 되는 무게의 뿌리식물로 자랄 수 있다. 이런 것들이 건축에는 어떻게 적용될까? 거의 예외 없이 건물에 적용되는 물탱크는 정형화된 형태로, 상당한 비용을 들이고 탄소를 내장하여 땅속에 지어진다. 이것을 확장하여 생각하면 건물의 벽이나 조경 공간에 가벼운 맴브레인으로 만들어서 건물과 일체화할 수 있을 것이다. 이런 방법을 건조 기후 특성에 맞추면 비가 거의 오지 않는 기간 동안 좀 더 많은 양의 빗물을 저장할 수 있게 해줄 것이다. 이런 전략은 상수도에 연결하기 위한 사회 기반시설 비용이 많이 투입되는 외딴 지역에 적용될 수 있다. 그리고 지붕에서 넘쳐나는 우수로 인한 홍수 피해도 감소해줄 수도 있다.

낙타는 필요할 때 신진대사를 할 수 있도록 체지방을 축적하는데(대부분이 혹 안에 있다) 그 부산물로 얼마만큼의 물이 생산된다. 우리가 건물에서 사용할 수 있는 유사한 에너지 형태가 있을까? 수소 연료 전지는 평균 가정에서 소비하는 에너지를 기준으로 1kWh 전력당 약 0.3

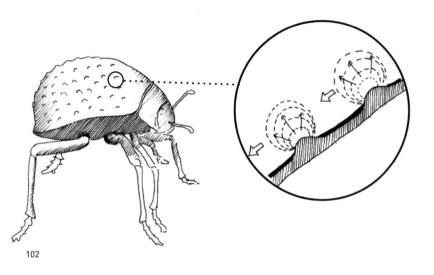

101. 낙타는 여러 사람이 모여서
잘못 만들어 낸 말(馬)이라는
속담으로 비하되었지만(역주:
'a camel is a horse designed
by a committee' - 여러 사람이
모여서 간단한 일을 놓고
의논하면 엉뚱한 결과를 낳을
수 있다는 속담) 사실은 놀라울
만큼 잘 적응한 동물이다.
낙타의 콧구멍은 수분 회수와
증발 냉각에 있어서 기적 같은
구조이다.

102. 나미비아 사막 딱정벌레
(Namibian fog-basking beetle).
- 사막의 공기에서 물을 수확하는
생태모방의 영웅 같은 존재이다.

102

리터의 순수한 물을 생산하는데 이 정도면 거주자들이 충분히 마실 만큼 생산되는 것이다.[127] 연료 전지가 우리의 전력 생산 사회 기반시설의 상당한 부분을 차지할 지는 아직 밝혀지지 않았지만, 구현된 곳에서는 확실히 물을 가두어 둘 가치가 있는 방법이다.

물 수확(중력을 이용하여)

생태모방에서 가져올 수 있는 사례 중 나미비아 사막 딱정벌레(Onymacris unguicularis)보다 더 좋은 사례는 발견하기 힘들 것 같다(그림 102). 이 생물은 사막에서 스스로 자신의 신선한 물을 수확할 수 있도록 진화했다. 밤에 모래 언덕 꼭대기로 기어 올라가는 방법인데 이 벌레는 무광의 검은색이기 때문에 밤하늘에 열을 방출할 수 있고(실질적인 열 흡수원은 영하 273도의 주변 환경이다) 주변 환경보다 점차 시원해진다. 이때 바닷가에서 습기가 있는 바람이 불어 오면 물방울들이 딱정벌레의 등에 형성된다. 그러면 일출 직전, 껍데기를 들어 올려 물이 입 쪽으로 굴러 떨어지고 이것은 훌륭한 음료수가 된다. 그리고 낮 동안은 휴식을 위해 가서 숨는다. 이렇게 효과적인 딱정벌레의 적응은 더 나아가서 보자면, 친수성 껍데기에 돋아 있는 많은 돌기와 그 돌기들 사이의 소수성 왁스 마감 때문이다. 이런 조합의 효과는 돌기에 물방울이 형성된 것과 같이 단단한 구 형체로 머무르며, 물막으로 인해 딱정벌레의 껍데기에 더 잘 굴러 다닐 수 있다는 것을 의미한다. 그래서 공기 중에 약간의 습기만 있어도 딱정벌레는 효과적으로 물을 수확할 수 있다. 그것은 자원이 제한된 환경에 대한 주목할 만한 적응이며 결과적으로 우리가 앞으로 수십 년간 직면하게 될 도전과 아주 많은 관계가 있다.

생물학자 앤드류 파커[Andrew Parker][128]는, 응결 강화 표면으로 친수성과 소수성을 결합하여 플라스틱 종류를 생산하는 회사인 키네티크[QinetiQ]와 협업하여 사막 딱정벌레를 상세하게 연구하고 있었다. 2015년에는 킹 압둘라 유니버시티 오브 사이언스 앤 테크놀로지[King Abdullah University of Science and Technology]의 과학자 그룹이 사막 딱정벌레를 근거로 한 물 수확 표면을 만드는 저비용 접근법을 개발했다고 주장했다. 그것은 균일한 친수성 또는 소수성 표면보다 아주 더 많은 안개 모으기 효과를 낸다.[129] 딱정벌레에게는 아주 부산한 한 해인, 2015년에도 테크놀로지 스타트업 회사를 찾아볼 수 있다. 미래 개발에 대해 75만 달러 펀딩을 확보한 NBD 나노테크놀로지 회사로, 응결에 대한 혁신 기술을 가지고 있다. NBD 작업 영역의 하나는 안개 모으기 효과를 향상시키기 위해 그들의 친수성 코팅을 이용하는 것이다. 안개 모으는 장치는 칠레나 카나리아제도와 같은 어떤 나라들에서 수세기 동안 사용되어 왔다.[130] - 일반적으로 공기가 상승하게 되는 가파른 지형 옆으로 차가운 해류가 흐르는 지역들이다. 공기의 온도는 대략 수직 고도가 100m 상승할 때마다 1도씩 떨어지는데 상대 습도가 증가하게 되어 이런 지형에서는 금방 공기가 포화도에 달하게 된다. 생태모방은 이런 전통적인 기법에서 나아가 기술을 더하여 그 적용 범위를 넓혀 간다.

딱정벌레 외에도 많은 생물학적 유기체들은 수분을 모으도록 진화해 왔다. 카나리아제도의 엘히에로섬에서 자라는 월계수(Ocotea foetens) 종류는 얼마나 많은 물을 모으는지 어떤 나무는 무서울 정도가 되었다고 한다. 16세기에 가뤄 월계수나무 또는 분수 나무로 알려진 사례로 전설에 따르면 이 나무는 포위 기간 동안 지역 주민들에게 충분한 양의 물을 공급했다고 한다.

사막 장군풀(Pheum palaestinum)은 연간 강우량이 75mm밖에 안 되는 요르단과 이스라엘의 어떤 지역에서 자란다. 이 풀의 크고 둥근 잎은 잎 전체 표면에 작은 산등성이들을 닮은 특이한 질감을 가지고 있다. 이것은 연간 강우 회수와 동일하게 물체계가 만들어져 물길들이 식물의 중앙으로 향하도록 되어 있어서 물을 모으는 표면으로 진화한 것을 보여 준다.[131]

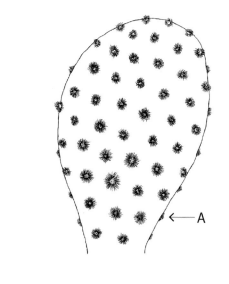

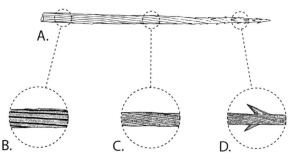

103

물 수확(중력에 반하여)

결핍에 적응한 최고의 또 다른 사례는 발과 등의 가시를 이용하여 두 가지 방법으로 물을 수확할 수 있는 도깨비도마뱀(Moloch horridus)이다. 그 피부는 모세혈관 홈으로 덮여 있어서 축축한 땅에 서면 모세혈관 작용으로 인해 물이 발을 통해서 입 쪽으로 가게 된다. 조건이 좋을 때는 가시 위에 물방울이 맺히고 동일한 복잡한 홈을 따라 흐른다. 도깨비도마뱀은 포식자들을 단념시키려고 안구 가장자리에서 피를 내뱉을 수 있는 아라비아 두꺼비(Phrynocephalus arabicus)와 뿔도마뱀(phrynosoma)을 포함하여 이런 적응을 다른 많은 도마뱀들과 공유한다.

다람쥐가시배선인장(Opuntia microdasys)은 아주 멋진 원뿔 모양 가시털로 물 수확을 할 수 있도록 진화해 왔다(그림 103). 이것은 두 가지 물리적 현상으로 가능하다. 첫째, 라플라스 압력의 변화도와 둘째, 표면 자유 에너지의 변화도이다.[132] 라플라스 압력은 물방울 속에서 만들어지는(내부와 외부 사이의) 압력의 차이로 설명된다. 물방울이 원뿔 모양 가시털 끝에 형성될 때 비대칭적으로 형성된다. ―가시털 끝보다 더 넓게 만들어진다. 그 결과, 원뿔의 넓은 부분을 향하여 가시털을 따라(중력에 반대되더라도) 물방울이 움직이는 압력 변화가 나타난

103. 물관리에 있어서 가장 주목할 만한 적응은 물이 거의 없는 환경에서 발견된다. 다람쥐가시배선인장의 가시는 공기 중의 물을 수확할 수 있고 식물의 몸체 속에서 시행한다.

104. 고효율 압축기는 생물학의 회전형 흐름에 근거하여 팍스 사이언티픽(Pax Scientific)이 개발하였다.

다. 그 효과는 아래쪽이 더 넓은 가시털을 따라 난 미세한 홈 때문에 더 증가된다. 그리고 물방울이 아래쪽을 향하여 가시털을 따라 굴러가도록 또 다른 방법을 사용한다(표면자유에너지로 설명할 수 있다). 가시털들은 모두 물방울들이 흡수되는 구조 속에서 기초 부분에 집중되어 있다. 선인장 잎의 나머지 부분은 물 손실을 줄이기 위해서 와스처럼 되어 있다. 건물의 벽이 물을 수확할 수 있도록 이와 동등한 구조를 만드는 인간의 제작 기술은 단지 시간의 문제일 뿐일 것이다.

물 수송: 나선형들

두 점을 연결하는 가장 효율적인 방법은 명백히 직선일 것이다. 그러나 '자연에서의 흐름은 나선형이다'[133]

라는 것을, 임페리얼 컬리지 런던^{Imperial Collage London}의 콜린 카로^{Colin Caro} 명예 교수가 발견하였다. 그는 인간의 동맥에서 흐름의 특성을 연구해 왔고, 나선형 스텐트(역주: 혈관 폐색 등을 막기 위해 혈관에 주입하는 것)로 손상된 동맥을 고치는 것은 직선형 스텐트보다 지방 물질의 축적을 적게 할 수 있다는 것을 입증했다. 흐름이 막히는 것을 나선형 스탠트는 최소화하였다. 이제 어느 신생 전문 회사는 나선형 관 사용을 상업화하였는데 빠른 흐름이 필요한 곳에서도 전문가들의 응용 분야에 맞출 수 있다. 나선형 관 제작에 들어가는 비용이 점차 감소함에 따라 에너지 절약과 유지관리 절감이 가능해서 건설산업에서도 이 아이디어를 널리 적용하기 쉬워졌다.

회전형 흐름의 패턴은 재이 하먼^{Jay Harman [134]}에게도

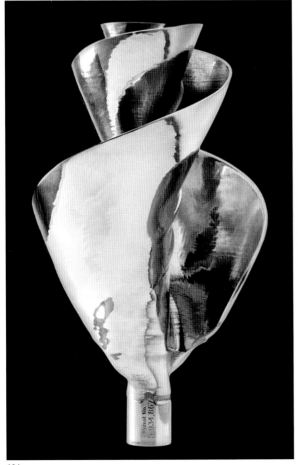

$$r_0^3 = r_1^3 + r_2^3$$

105

영감을 주었다. 그는 해양 연체동물의 기하학에서 선풍기와 날개바퀴의 배열을 만들어 낸 팍스 사이언티픽Pax Scientific 회사의 대표이다. 값비싼 연구를 근거로, 그들은 전통적인 방식보다 훨씬 향상된 성능을 주장한다(그림 104).

커다란 유기체의 몸체 주변에 액체를 흘려보내는 것으로, 휴식하고 있는 신진대사 에너지를 1/6 정도만 사용할 수 있다.[135] 그래서 진화의 과정은 이런 시스템이 강화되도록 진행되어 왔다. 생물학자 세실 머레이Cecil Murray는 머레이 법칙Murray's law이라는 공식을 발전시켰다. 그것은 지름과 수관의 관계에 대해 설명한다. 이 공식은 식물에 있어서 물관부의 가지와 동물에게 있어서 대부분 순환계와 호흡계에 딱 들어맞는 것으로 나타났다. 머레이의 법칙(그림 105)에 따르면 대칭적으로 뻗어 나간 자(子)수관을 가진, 모(母)수관 반지름의 세제곱은 자(子)수관들 반지름의 세제곱을 더한 것과 동일하다는 것이다. 머레이 법칙의 주목할 만한 최근 연구는[136] 갈라지는 수관들 사이에 일관된 각도를 발견했다. 약 77도이다. 이것은 또한 위에서 설명한 회전형 흐름의 패턴이 무시되는 평편한 곳에 에너지를 최소화하는 해결책으로 대신할 수 있을 것이다. 학교에서 가르치는 기계 기술보다 생물학

에서 발견된 공식을 따라 설치하는 파이프와 덕트 작업으로 엄청난 절약이 가능하다.

실행 원리

많은 프로젝트에 있어서 물 수확의 생물학적 형태 −주로 안개 모으는 딱정벌레처럼(8장의 사하라 숲 프로젝트 참조)−가 건설 제안서로 치환된다. 다음의, 해수 온실(그림 106, 107)은 찰리 패튼Charlie Paton의 발명품이며, 이것은 관개시설에 있어서 8가지 요소를 절약하기 위해 해수의 증발을 이용했다. 바람이 온실 앞에 있는 증발기 너머로 공기를 몰면, 건조한 지역에서 나타날 수 있는 차고 습한 환경이 만들어진다. 이것은 온실 안의 식물들에게 낮은 온도와 높은 습도를 주고 증산 속도를 감소시킨다. 2차 증발기가 있는 온실 뒤쪽에서 지붕의 검은 파이프로부터 뜨거운 해수가 공급되면 공기 중의 절대 습도와 온도가 상승한다. 이 뜨겁고 포화된 공기는 전면 증발기로부터 온 차가운 해수가 공급되는 수직형의 폴리에틸렌 파이프들을 지나게 된다. 이 폴리에틸렌 파이프들은 딱정벌레 껍데기와 동일한 역할을 하는 커다란 형태로 습도를 위한 응결 표면이 되는 것이다. 파이프의 표면에 맺힌 물방울들은 수확을 위한 관개 탱크로 떨어진다. 이 건물은 본질적으로 딱정벌레가 물을 수확하는 조건을 모방하고 형상화했다. 바닷물이 태양, 바람, 적은 양의 발전 에너지만으로 신선한 물로 바뀐 것이다.

펭귄이나 맹그로브 나무들과 같이 직접적인 담수화의 생물학적 사례는 다른 접근법에도 영감을 줄 수 있다. 이것들은 막을 기저로 하는 담수에도 성능을 높여 줄 수 있는데 수관 통로와 같이 단백질 분자가 물길로 작용되는 곳에 세포막을 통해 수송할 수 있다. 이것은 이제 더 많은 에너지를 소비하는 역삼투 또는 전방 삼투와 경쟁하기 위해 개발되고 있다.

라스 팔마스 워터 씨어터 Las Palmas Water Theatre(그림 108)는 그림쇼Grimshaw가 카나리 아일랜드Canary Island 의 그랜

106

107

108

105. 생물학자 머레이(C.D. Murray)는 동물과 식물에서 수관 간의 지름
　　관계와 에너지를 최소화하면서 일관된 수학 공식을 따라 갈라지는
　　각도를 발견했다. 건축가들과 기술자들은 덕트와 파이프 작업에 이와
　　같은 원리를 적용할 수 있을 것이다.

106. 오만에 있는 해수 온실의 준공 사진

107. 해수 온실의 1년 후 사진

108. 그림쇼(Grimshaw)의 라스 팔마스 워터 씨어터(Las Palmas Water
　　Theatre) - 건물 안에 사회 기반시설을 포함하기 위해 생태모방을
　　이용했다.

카나리아^{Gran Canaria}에 제안한 것으로 물 저장의 도전이 얼마나 창의적인 해결책을 낼 수 있는지를 보여 준 사례이다. 점차 감소하는 이 섬의 연간 강수량은 스페인 본토에서 가져오는 담수 의존도를 높여 왔다. 이것은 화석 연료로 담수를 만들고 비효율적인(관수와 비교했을 때) 수송을 결합한 매우 탄소 집약적인 작업이다. 다행히, 디자인팀은 생물학과 지리학에서 아주 많은 가르침을 받았다. 월계수의 서식지인 이 섬은 연중 대부분 일정한 방향에서 바람이 불어 왔다. 화산 신원지 때문에 이 섬은 해저에 깎아지른 절벽이 있는데, 이것은 경제적으로 해수면에서 1,000m 해저까지 바다 관을 설치하는 것이 가능하다는 것을 의미한다. 그곳은 항상 영상 8도를 유지하는 곳이다. 증발기와 응축기 시스템을 시작점으로 삼으면, 먼저 태양열 해수를 사용하고 나중에 시원한 해수를 사용하는 방법이다. 더 진보한 증발기는 영상 8도에 있는 응축기의 표면이 수집할 수 있는 신선한 물의 양을 증가시키는 동안 풍부한 습기를 만들어 낼 것이다. 굵은 아치 구조의 곡선형 평면은 단순한 기술이 가져온 형태로, 배경에 야외 원형극장을 만들어 냈다. 디자인팀은 차가운 해수로부터 최대한의 이익을 뽑아내서 워터 씨어터를 통과한 후 다용도의 건물 주변을 식힐 수 있다. 열 교환기를 통과하면 해수는 신선한 물을 식힐 수 있고 그 물로 야외 식물에 뿌려 준다. 분사된 물은 그 자체로 공기 중 습기를 위한 응축기 표면이 되어서 관개수를 제공하여 물의 양을 더 증가시킬 것이다. 신선한 물을 제공하는 이 계획은 계산해보면 기존의 공급 방법에 드는 에너지에 비해 10분의 1 정도밖에 되지 않는다.

결과는 극적인 공공 극장과 잘 조성된 정원, 그라나다 알함브라^{Alhambra in Granada}를 상기시키면서 해수 담수화 플랜트를 가져왔다. 이 사례는 종종 우리가 자주 당연하게 받아들이는 소중한 자원에 대해 강력한 이야기거리를 준다.

과잉수 처리

일반적으로 토목공학에서 물은 커다란 콘크리트 파이프를 통해 어디선가 가져오는 성가신 덩어리에 불과하다.
아모리 로빈스^{AMORY LOVINS} [137]

복합적인 이점－시공비 절감, 홍수 위험 최소화, 생물의 다양성이 풍부한 수자원 조성, 지하수 재충전－을 주면서 남는 물을 치리할 수 있는 많은 경우에 훨씬 더 창의적인 접근법이 있다. 거의 석 달 동안, 연강우 11m의 경우가 있었던 인디아^{India}의 라바사^{Lavasa} 지역 건설을 위해, 건축사무소 HOK와 함께 자문 회사 바이오미미크리 3.8은 전일적이고 독창적인 접근법을 적용했다. 그들은 먼저 지역 생태와 그곳을 통과하는 물의 흐름을 연구했다. [138] 원주민 숲에서는 떨어지는 비의 30% 정도가 캐노피 레벨에 남아 있다가 대기로 다시 증발하는 것이다. 이런 방법으로 우림은 종종 대기의 펌프 역할을 하는데, 해수 표면에서 증발한 물은 수증기 형태로 바람에 의해 내륙으로 운반되고 여러 차례에 걸쳐 떨어진다. 이 과정은 강수를 내륙 깊숙이 밀어 넣었고 이 프로젝트는 이러한 자연 순환을 유지하기 위해 노력하였다.

증발을 극대화하는 요구는 건축적 형태에 있어서 놀랄만한 방향으로 이끌었고 흡수 자재로 만들어진 지붕 표면이 캐스캐이드가 되었다. 이것은 일반적인 구조물과 정반대이다. 이 지붕은 증발을 극대화하고 거터와 선홈통을 통하는 전통적인 빗물길과 반대로 되었다(그림 109). 폭풍수 처리 계획은 범람을 막고 투수성을 높이고 지하수를 재충전하기 위한 모든 도시의 지표 계획에 지속적으로 사용된다.

109. 건축사무소 HOK의 라바사(Lavasa) 프로젝트 스케치는 파인애플과와 같이 지역적으로 적응한 종들이, 폭우를 모으고 증발시키는 캐스캐이드 지붕 아이디어를 포함하여, 수많은 디자인에 영감이 된 것을 보여 준다.

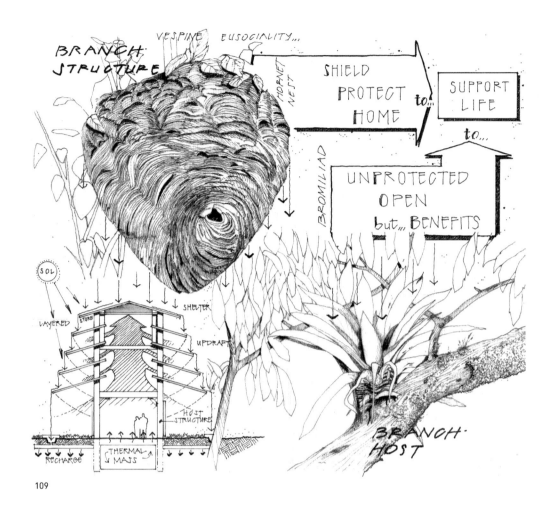

Text inside image:
- BRANCH STRUCTURE
- VESPINE EUSOCIALITY...
- HORNET NEST
- SHIELD PROTECT HOME to...
- SUPPORT LIFE
- BROMILIAD
- to...
- UNPROTECTED OPEN but... BENEFITS
- SOL
- LAYERED
- STORE
- SHELTER
- UPDRAFT
- HOST STRUCTURE
- RECHARGE
- THERMAL MASS
- BRANCH HOST

109

폐수처리

폐수는 잘 버려지고 있을까? 물이 주요 요소가 되는 모든 영양분의 전 세계적 순환에서 멋지고 전략적인 시각은 '버려지는' 물을 다루는 방법에 대한 몇 가지 중대한 변화로 이어질 수 있다. 지난 반세기에 걸쳐 우리는 음식, 인간의 소화관, 우리의 지배적인 폐수 처리 패러다임(3장 참조)을 통해 영양분의 선형적인 흐름 속에서, 전 세계 토양에 있는 엄청난 양의 광물을 잃었다. 1940년과 1991년 사이, 이것은 음식물의 미네랄 함량이 떨어지는 것으로 직접 변환되었다. 종합적인 연구 결과 마그네슘 19% 저하, 칼슘 19%, 철분 39%, 구리 62%가 손실된 것을 보여 준다. [139] 이것은 비료 가지고도 음식의 질을 유지할 수 없다는 것을 경고하고 있다. 현재 비료 생산은 공급 원료로 화석 연료에 아주 많은 부분 의존하고 있다. 인산염과 같은 화합물의 공급이 줄어들어서, 선형적이고 낭비적이고 오염된 흐름으로부터 닫힌 고리 해결책에 이르기까지 우리 먹거리를 변형시키는 경우와 수처리 시스템에 대해서 주목하지 않을 수 없다.

이것은 물질을 분류하는 변기를 사용하여 고체 쓰레기와 액체 쓰레기를 구분하는 시스템이 있는 건물을 만들 수도 있다. 완전히 기능적인 개척 계획은 베를린 워터 컴피턴스 센터Berlin Water Competence Center가 실행해 왔다. 원래 있던 오피스와 주거 건물의 하수 시스템이 다기능 순환 프로세스를 사용하도록 종합적으로 재계획되어, 그곳

110

의 오수와 폐수는 건물 내에서 비료와 바이오가스가 되고 남은 액체는 정화되어 건물 외부 인공습지에 사용되었다. 농업 측면에서 소변은 광물 비료와 같은 효과를 가진다.[140] 보편화한 쓰레기 처리 패러다임이 폐수의 현지 처리에 대해 편견을 갖게 하는 반면, 성공적인 프로젝트로 인해 이런 장벽을 극복할 수 있었다.

설비 체계 또한 건물 내에서 진행할 수 있다. 미국 회사 L3C는 두 가지 선택에 대해 다양한 시행을 했다. 그들의 리빙 머신Living Machine®(그림 110)은 식물의 복잡한 생태계와 하수나 습지대에 경작되는 미세 유기체를 사용하여 지역에서 변기 물이나 관개수로 재사용할 수 있을 만큼이거나 또는 환경으로 다시 보낼 정도의 질로 하수나

산업 폐수를 처리한다. 폐수를 처리하기 위해 습지 생태계를 사용하는 단계의 아이디어는 1950년대 초 맥스 플랭크 인스티튜트Max Plank Institute의 생물학자 카테 시에델 박사Dr Käthe Seidel에 의해서 처음 고안되었다. 폐수처리는 보통 거대한 사회 기반시설과 복잡한 '파이프 끝' 해결책이 있는 곳에서 이루어지나, 리빙 머신Living Machine®은 장거리 수송이 불필요하고 (최종 사용자가 인간의 소비가 아닐 때) 높은 기준의 불필요한 처리도 없다. 이 시스템은 상업 건물 맞이방에 몇 개의 리빙 머신Living Machine®이 설치되어서 병원균과 악취같이 폐수와 관계된 성가신 일들을 통제하는 데 아주 효과적이다. 이 시스템은 이제 중앙 통제와 반대로 지역화하는 것에 훨씬 근접했고 물이 자연에서 순환되는데 탄력적인 방법이 되었다.

통합적 접근

수처리를 위한 통합 생태모방 접근법은 위에서 설명한 프로젝트에서 수많은 방법으로 보여준 것들을 한데 모아서 가져올 것이다. 바이오미미크리 3.8이 지지했기 때문에 디자인 과정은 유기체와 생태계의 일부 상태를 적용해 온 시스템을 연구하기 시작했고 가장 큰 도전을 해결하는 실마리를 거의 확실하게 제공한 것 같다. 거주자들이 필요로 하는 모든 물을 모으고, 빗물을 흡수하거나 재활용하는 형태, 생물의 다양성을 강화하는 시스템 속에서 사용된 물을 처리하는 것은 이미 완료된 계획일 것이다. 그리고 중요한 물의 흐름을 포함한 계획의 경우, 나선형 흐름과 머레이의 법칙으로 모델링 된 분배 시스템을 가질 것이다. 쾌적한 냉방이 필요한 세계의 어느 지역에서는 물 전략이 온도 조절을 위한 계획과 통합되어야 할 지도 모른다. –다음 장에서 그 사례를 볼 것이다.

결론

물에 대한 수많은 우리의 일반적인 접근법은 산업혁명이 시작될 때 화석 연료를 사용한 것과 같이 무제한 공급되는 자원에 대해 특징지어진 우리의 동일한 소비 태도로부터 발전해 와서 기술적 나태함을 가지고 있다.

생물학에서 적응 연구는 사막에서 물을 수확하는 것과 같이 가장 다루기 힘든 문제의 어떤 해결책을 줄 수 있다. 생물학적 사례들은 발전 에너지 없이 작동되는 것을 보여 준다. 어떤 경우는 심지어 미묘한 압력 변화도를 사용하여 중력에 반하여 물을 모으기도 한다. 설치된 곳의 상징물이 된 라스 팔마스 워터 시어터처럼 건축적 사례는 상상력과 함께 이런 생각들이 건물에 어떤 방법으로 변환될 수 있는지를 보여 준다. 자연의 놀라운 물 부족 해결책은 에너지 집약적인 담수화보다 우리가 필요로 하는 더 독창적인 사고를 할 수 있도록 우리를 자극할 것이다. 유사하게 물의 흐름을 관리하기 위해 생태모방으로 계획한 것은 지역적으로 대응 가능하게 해줄 것이며, 또한 생물의 다양성에도 이익을 줄 것이다. 식물과 동물이 에너지를 최소화하는 유동체의 방향으로 진화해 온 것과 같은 원리로 훨씬 더 효과적인 건물과 도시의 물 수송 시스템을 우리도 사용할 수 있다. 범람이 적고 에너지를 적게 쓰고 생물의 다양성을 회생하는 더 나은 도시를 만드는 방법에 대해 물과 더불어 계획할 수 있는 잠재력이 있다.

폐수처리를 위한 생물학적 접근 사례는 초점이 다른 결정적인 측면을 가져왔다. 폐수를 처리하는 것은 영양분의 흐름과 불가분하게 연결되어 있다. 수처리 시스템에 대한 재고는 우리의 토양을 비옥하게 복원하는 활력이고 장기간 먹거리 안전, 특히 기후 변화로 인한 강수량 감소로 고통받을 지역에 적용될 것이다.

110. 윌리엄 맥도노와 파트너스(William McDonough+Partners)의 오벌린 칼리지(Oberlin College) 아담 요셉 르위스 센터(Adam Joseph Lewis Center)에 있는 리빙 머신 (Living Machine)®은 폐수를 활용하기 위해 식물과 초미세 유기체들을 사용하였다.

CHAPTER 05

우리의 열 환경을 어떻게 제어할까?

항상성 – 살아 있는 유기체들이 일정한 조건을 유지하려는 기질 – 은 우리가 생물학으로 만든 건물과 아주 가깝게 연결된 특성 중 하나이다. 유사성이 깨진 곳은, 언제나 가능한 에너지(바람과 같은)를 사용하기 위해 동물들이 그들의 구조나 그들의 행동을 지속적으로 수정하려는 경향이 있다는 것이다. 반면에 우리는 주변을 데우거나 식히기 위해 많은 양의 에너지를 사용한다. 물리적 통제의 측면에서, 생물학적 해결책은 주로 복잡하고 다기능적이고 잘 반응하는 편이나 우리는 단순하고 비교적 반응이 없는 편이다. 그리고 필요 기능의 범주는 일반적으로 단일 기능적 요소로 분리되어 다룬다.

이번 장에서는 주로 항상성(온도 조절)의 양상에 초점을 맞출 것이다. 편의상 이 장을 '따뜻함 유지하기'와 '시원함 유지하기'로 나눌 것이다. 물론 많은 유기체가 두 가지 모두를 실행하는 방향으로 진화해 왔고 어떤 때는 동일한 생물학적 구조를 가진다. 예를 들면 공룡(스테고사우르스와 같은) 등에 있는 접시 구조 같은 화석 기록은, 그것들이 화려한 관 조직이었고 태양 옆에 있는지 바람에 직면하고 있는지에 따라 열의 흡수와 차단에 사용해 왔음을 보여 준다. 경우에 따라 유기체가 적응해 온 거주 특징은 다른 것들보다 훨씬 더 확실한 전략을 이끌어낸다.

어떤 항온동물들은 내부에서 열을 만들어 내서 일정한 체온을 유지하는 반면, 변온동물은 환경에서 열을 흡수하여 아주 다양하게 체온을 변화시킨다. 환경 기술의 역사는 건물에서 우리가 편안하게 느끼는 온도 영역을 고려한다는 면에서, 인간의 요구사항이 점차적으로 많아지는 것을 보여 준다. 이것은 세계 어떤 나라에서 사무용 건물이 겨울에 섭씨 24도로 난방이 되고 여름에 섭씨 19도로 냉방이 되는 부조리한 수준에 도달하기도 한다. 이런 온도 유지의 에너지 함축은 아주 크기 때문에 이 분위기를 뒤집고 더 덥고 추운 것을 감수하도록 고객을 설득하는 것이 저에너지 건물을 설계하는데 중요한 전제 단계이다. 이것은 보통 변온동물이나 내열성 세균이 진화해 온 사실을 고객에게 설득하려고 하는 것보다는, 열 모델링을 제시하는 것으로 진행될 수 있다.[141]

따뜻함 유지하기

유기체들에게 두 가지 중요한 열원은 두 가지 모두 태양 에너지에 근거한다. 첫째는 먹거리 신진대사를 통한 간접 방법이고 둘째는 직접적인 태양광 발전이다.

신진대사로부터 열을 지속시키는 생식 과정은 열 손실을 줄이는 것을 기본으로, 따뜻함을 유지하기 위한 다수의 생물학적 해결책을 이끌어냈다. 건축에서 익숙한 전략인 단열은 자연의 이런 부분에서 새로운 방법을 찾을 수 있다. 온대 지방의 육지 포유류들이 따뜻함을 유지하기 위한 두 가지 생리학적인 방법이 있는데, 피하지방층 이용과 털의 밀도를 높이는 것이다. 추운 지방에 사는 북극곰이나 순록 같은 동물들은 단열 성능을 높이기 위해

111. 히말라야 루바브(Rheum nobile) – 아마도 온실은 생물학에 가장 근접한 사례일 것이다. 이 식물의 적응력은 같은 서식지의 다른 식물보다 더 많은 이점을 주었다.

속이 빈 털로 적응성을 높였다. 북극곰의 털은 과학자들의 잘못된 이해로 만들어진 벽 시스템과 같이, 최초의 생체모방에 영향을 주었다[과학자들은 동물의 털들이 어두운 피부색에 햇빛이 내리쬐는 것을 막아주기 위한 것이라고 생각했다. (역주: 북극곰의 털은 흰색이고 피부는 검은색이다)]. 이것은 생태모방보다 생물 신화적인 디자인에 가깝지만 우리가 새로운 과학적 지식의 적용을 계속하는 한, 과학자로서의 역할을 수행해야 한다. 새로운 발견은 기존의 지식을 변화시키고 발견의 새로운 장으로 안내한다. 하지만 그렇다고 당연히 기존의 실행 가능한 해결책의 가치가 낮아지는 것은 아니다. 순록의 털은 그 아래 아주 밀도 높은 여러 겹의 털을 가지고 있는데 피부를 위해 공기를 가두어서 대류에 의한 손실을 감소시킨다. 또한, 외기로부터 보호해 주는 긴 털은 물을 막아서 바람으로 인해 냉각이 되는 것을 최소화한다. 펭귄은 두 가지 아주 다른 조건에 반응하도록 그 털이 진화되어 왔다. 수영을 하는 동안 펭귄의 깃털은 유선형으로 최적화된 체형과 반대되게 평평하게 유지되고, 육지에 올라오면 그 털을 들어 올려서 젤 아래 있는 솜털 가닥들은 효율적인 단열이 되도록 공기를 가두는 수많은 주머니 형태가 된다. 그래서 20mm 만의 깃털 두께로 체온과 외기 간의 60도 온도 차이를 유지할 수 있게 된다. 식물의 왕국에서도 단열의 사례를 찾아볼 수가 있는데, 케냐 산의 경사지에 서식하는 침목(枕木)과 같은 경우이다. 이 나무들은 지난해 떨어진 나뭇잎들의 두꺼운 층을 축적하여 수관에 단열 역할을 하고 잎맥 조직 안의 물이 동결되는 것을 막아준다.

아마도 생물학적으로 태양 에너지를 끌어모으는 가장 멋진 방법인 태양광 발전의 전환점은 이스턴 텐트 캐터필러(Malacosoma americanum)의 여러 겹 실크로 지어진 공동체 둥지에서 찾을 수 있는데 이 둥지는 일출의 태양광을 모으기 위해 남동쪽으로 직면한다. 단열과 태양을 향한 방향의 조합은 주변보다 적어도 약 4도가량 높게 내부 온도를 유지시켜 준다.[142] 히말라야 루바브(Rheum nobile)는 반투명한 나뭇잎으로 수직형 온실을

만들어 서식지의 다른 식물 위에 탑을 만드는데 그 결과 내부의 온도는 바깥쪽보다 자그마치 10도가 더 높다.[143] 더 따뜻한 환경은 생존과 번식이 그 목적이다. 널리 다양한 온도의 환경에서 지어지는 흰개미 집은 따뜻함과 시원함을 효과적으로 유지하지만 주로 건물의 냉각에 대한 해결책에 영향을 주었다. 그래서 이번 장 뒷부분에서 다시 언급할 것이다. 흥미롭게도 이런 사례들은 모두 각각의 유기체보다는 더 넓은 특정 지역의 기후에 적응하는 경향을 보여 준다.

펭귄은 그들의 집단 전략과 그들이 직면한 다른 조건에 적응하는 것을 우리에게 보여준다. 우리가 만드는 건물 외피는 이글거리는 태양이나 밤 동안의 눈보라 같은 상황들을 무시하고 항상 동일하다. 펭귄들은 옹기종기 모여 큰 집단을 이루어서 표면적을 최소화한다. 우리는 아트리움이 생기도록 건물들을 연결하는 방법으로 빌딩 무리에 비슷한 원리를 적용할 수 있다. 그러면 여름에는 개방하여 환기가 잘되고 겨울에는 닫아서 열 손실을 줄일 수 있다. 아이디어를 대입해 보는 것은 기술보다도 하나의 비유이지만, 그럼에도 불구하고 타당성이 있다고 생각한다.

우리가 보기 원하는 것은 틈새 적용에서부터 대중 시장까지 적용 가능한 기술의 확산으로, 이것은 이번 장 다음번에 논의할 기후 적응 건물 외피(CABS)[144]로 현재 적용되고 있다. 만약 우리가 극적으로 건물에서 열 손실을 줄일 수 있다면 몇몇 패시브하우스 프로젝트에서 얻은 것을 점점 더 실행할 수 있을 것이다. 그 프로젝트들은 거주자들의 신진대사와 외피의 열 손실 균형을 위한 건물의 장비(신진대사와 비슷한)로부터 얻은 내부 열을 모으는 것으로, 난방 시스템이 계획에서 완전히 빠졌다. 전체 시스템의 최적화에 대해 이런 결론에 도달하는 것은 에너지 실행에 있어서 비약적 변화가 일어나는 지점에 도달할 수 있다는 것이다.

베스파 오리엔탈리스(Vespa orientalis)는 특별한 체온 조절 전략을 가지고 있는데, 이들은 태양 에너지를 모으

는 것으로 그 효과를 배가시킨다. 그들의 둥지 안에는 번데기
의 세포(잘 알려진 육각형의 벌집 구조 안에)들이 실크 마개
로 덮여 있다. 이 실크 마개들은 외기로부터 번데기를 보호하
고 자동 온도 조절 장치의 역할도 한다. 이 실크의 열전기 성
질은 전하電荷의 형태로 낮 동안의 열을 저장할 수 있다. 기온
이 떨어지면 이 저장은 열을 공급하는 전류의 형태로 바뀐다.
그리고 번데기 세포는 물이 닿으면 증발로 인해 더 시원해진
다. 주변 온도가 떨어지면 실크는 수분을 흡수하고 이전 수준
의 습도를 다시 얻어 고치 전체에 물을 공급함으로써 이것을
유지한다. 전기 발전의 목적보다 체온 조절 전략으로 그 지역
에서 재사용하기 위한 지역적 전류 저장고는, 건물에서 체온
조절을 하는 전력의 역할을 고려하는 또 다른 방법이다.

112

시원함 유지하기

열은 네 가지 방식으로 변환된다. 방사, 증발, 전도, 대류이
다. 더운 지역에 사는 많은 유기체는 열을 피하려고 무엇이든
한다. 그중 일부는 방사되는 열을 피하려고 모두 함께 태양을
피해 있거나 전도를 통해 열이 흡수되는 것을 최소화하기 위
해 모래를 가로질러 뛰어 가기도 한다. 건축에 유사한 원리를
적용하는 것은, 건물을 시원하게 유지하려고 노력할 때 우선

112. 포린 오피스 아키텍트
(Foreign Office Architects)
의 스페인 산타 크루즈 드
테네리페(Santa Cruz de
Tenerife), Spain에 있는 카보
라노스 타워(Cabo Llanos
Tower) 마스터 플랜 - 야자
나뭇잎에서 영감을 받은
그늘막은 태양의 움직임에
따라 움직인다.

113. 마이클 윌포드 앤 파트너스
(Michael Wilford & Partners)
가 아틀리에 원(Atelier one),
아틀리에 텐(Atelier ten)
과 함께 작업한 싱가포르
아트센터는 식물에 근거한 차양
시스템을 어떻게 응용했는지
보여 준다.

113

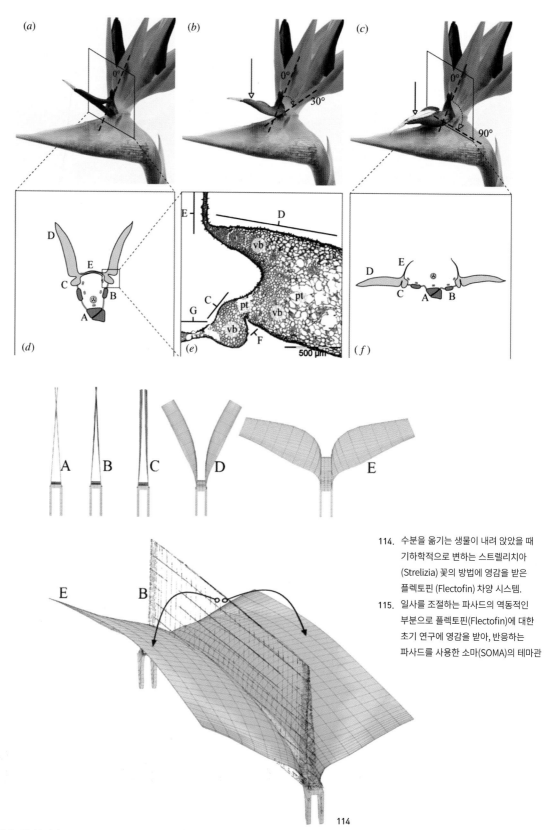

114. 수분을 옮기는 생물이 내려 앉았을 때 기하학적으로 변하는 스트렐리치아 (Strelizia) 꽃의 방법에 영감을 받은 플렉토핀 (Flectofin) 차양 시스템.

115. 일사를 조절하는 파사드의 역동적인 부분으로 플렉토핀(Flectofin)에 대한 초기 연구에 영감을 받아, 반응하는 파사드를 사용한 소마(SOMA)의 테마관

114

115

순위가 되는, 열을 피하기 위한 결과로 연결된다. 이 말이 명백함에도 불구하고, 일사 차폐는 최근 20세기 건축이 할 수 있는 만큼의 근처 어디에도 이용되지 않았다. 포린 오피스 아키텍트Foreign Office Architects의 스페인 산타크루즈 드 테네리페Santa Cruz de Tenerife, Spain에 있는 카보라노스 타워Cabo Llanos Tower(그림 112)와 마이클 윌포드 앤 파트너스Michael Wilford & Partners가 아틀리에 원Atelier one 아틀리에 텐Atelier ten과 함께 작업한 싱가포르 아트센터(그림 113)와 같은 계획들은 둘 다 식물에서 착안하였는데[145] 이 사례들은 우리가 끌어낼 수 있는 것이 무엇인지 보여 준다. 이 분야에서 효율적으로 활용한 차양 구조인 척 호버만Chuck Hoberman의 작업 또한 일사 차폐로 적용할 만한 접근법의 아름다움을 보여 준다. 앞 장에서 내가 언급했다시피, 만약 우리가 정말로 생물학이 하는 것처럼 저에너지로 모방을 하려면 변화하는 주변 상황에 대응하는 건물을 개발해야 한다.

프라이부르그 유니버시티의 플랜트 바이오미케닉그룹The Plant Biomechanics Group at the Universityof Freiburg은 그들이 개발한 생체모방 해결책으로 유명하다(2장에서 자가 치유 시스템을 언급할 때 본적이 있다). ITKE, 텍스타일 테크놀로지 인스티튜트Institute for Textile Technologies와 함께 개발한 플렉토핀Flectofin 차양 제품은 극락조Bird of Paradise(Strelizia reginae) 꽃에서 영감을 받은 멋진 해결책이다. [146] 이 그룹은 식물에서 효율적으로 활용할 수 있는 구조를 광범위하게 탐색을 했고 스트렐리치아Strelizia를 주목했다. 왜냐하면, 작은 움직임이 기하학적으로 상당한 변화를 만들어 내는 그 방법 때문이었다. [147] 스트렐리치아 꽃은 수분을 하는 새가 앉아 있을 곳이 있는데, 새들이 앉았을 때 그 부분 꽃잎이 바깥쪽을 향해서 구부러지고 꽃가루를 새의 발에 묻히는 꽃밥이 노출된다(그림 114). 이 꽃을 이해하고 얻어 낸 이 원리는 90도로 움직여지는 꽃잎의 아이디어였다. 일사 차단이 필요 없을 때에는 시야 차단을 최소화하고 해가 떴을 때는 완전히 그늘이 되는, 일사 차단의 이상적인 해결책이 필요한 건물에 아주 유용한 특성이다. 이 후 몇 가지 초기 적용 단계에서 플렉토핀Flectofin의 버전이, 건축적 실험을 하는 SOMA에 의해 대

한민국 2012 여수 엑스포 주제관에 더 큰 규모의 차양 시스템으로 현실화되었다(그림 115).[148]

위에서 설명한 일사 차폐 사례들은 태양에서 오는 복사열을 최소화하여 건물을 시원하게 유지하는 것들이었다. 하지만 외부로 방출되는 열을 극대화하여 시원함을 유지하는 다른 접근법도 있다. 방사는 데워진 몸에서 상대적으로 더 시원한 곳으로 열을 분사하는 과정으로, 맑은 날 밤 외기로 방사하는 무광의 검은 표면에서 가능하다. 외기의 온도는 절대 영도(−273℃)인데 이것은 히트 싱크로 이겨 내기 어렵다. 그리고 왜 맑은 날 겨울밤이 흐린 날 밤보다 훨씬 더 추운지 설명하자면 맑은 날 밤에는 지표면에서 외기로 방사되는 것을 방해하는 것이 없다. 고대 페르시아인들은 이 원리를 이용하여 검은 무광 유약의 얇은 세라믹 틀을 만들어서 사막에서 얼음을 만들었다. 그것은 물을 가두어 둘 수 있었다. 이것들은 지표면에서 오는 열전도를 최소화하는 짚더미 위에 맑은 날 밤 꺼내두면 방사되는 열 손실은 물을 얼리기에 충분했다. 이렇게 만들어진 얼음은 일출 전에 수거했고 셔벗을 만드는 데 사용했다. 이것은 사막 딱정벌레가 열을 잃는 것과 같은 과정이고, 이렇게 함으로써 효율적인 응결

표면이 되는 것이다.

복사 손실을 이용하여 건물을 시원하게 유지하는 하나의 특별하고 독창적인 접근은 바이오 트리즈[Bio TRIZ]라고 알려진 강력한 문제 해결 방법론을 이용해, 기술자 살만 크레이그[Salmaan Craig]가 고안해 왔다. 이 기술의 선구자는 트리즈[TRIZ](러시아 머릿글자를 따서 만든 트리즈는 '독창적인 문제 해결 이론'이다)로 겐리히 알츠슐러[Genrich Altshuller](1926~98)에 의해 개발되었다. 어떤 문제도 이렇게 정의할 수 있다. '나는 A를 원한다. 그러나 그것을 B가 방해하고 있다.' 이것은 독일의 철학자 헤겔[Hegel]의 정, 반, 합과 유사하다. 헤겔에 의하면 문제 해결은 정(thesis)과 반(antithesis)을 합쳐서 잘 다루는 어떤 것이다. 알츠슐러는 수천 개의 특허권을 분석하고 거기서 40개의 독창적인 원리를 추출했는데, 그 각각은(헤겔의 표현에 의하면) 합(synthesis)이 되는 잠재력을 가지고 있다. 쥴리안 빈센트[Julian Vincent]와 그의 동료인 올가 박사[Drs Olga]와 니콜라이 보가티레브[Nikolay Bogatyrev]는 대략 2,500의 샘플을 연구하여 알츠슐러의 작업을 확장시켰다. 생물학에서는 문제를 어떻게 해결하는지 그리고 그 결과에 근거하여 독창적인 원리를 정리된 매트릭스로 만들어 냈

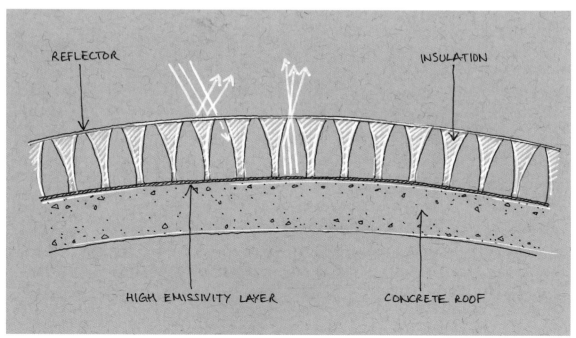

REFLECTOR   INSULATION

HIGH EMISSIVITY LAYER   CONCRETE ROOF

116

다.[149] 살만 크레이그 Salmaan Craig가 정의한 정/반은 태양을 막기 위해 단열된 지붕이었다. 하지만 단열은 적외선 열을 흡수하였고 밤 동안 방출했다. 전통적인 기술이 문제를 해결하기 위해 어떤 방법으로 에너지를 조정하려는 방향(에어컨과 같은)에 초점을 맞추는 반면, 바이오 트리츠는 생물학에서 발견할 수 있는 합은 대부분 공통적으로 구조 수정을 포함하도록 지시한다. 이것은 투과하는 구멍을 통해 반사판을 사용하여 장파장의 복사를 걸러내면서 대부분의 태양광을 차단하는 콘크리트 지붕 꼭대기 위의 단열 구조 방법을 도출해 냈다(그림 116). 테스트 패널이 완전히 패시브 방법으로 주변 온도보다 13도 정도 떨어질 수 있다는 것을 입증했다. 콘크리트는 축열체 역할을 해서 낮동안 아래쪽 내부 공간으로 시원함을 방출한다. 크레이그는 사우디아라비아 리야드 Riyadh, Saudi Arabia에서, 생태모방 지붕이 일반적인 지붕보다 평균 4.5도 더 시원하게 유지할 것이라고 추정했다.

증발은 냉방 수단으로 아주 효과적이다. 왜냐하면, 물의 열 수용성이 비교적 높아서 많은 양의 열이 적은 양의 물로도 없어질 수 있기 때문이다. 식물의 잎에 있는 초미세 구멍들(기공들)은 증발률을 조정하고 광합성을 통해 가스를 교환한다. 온도가 올라갈 때 기공들은 크게 열리고 이것들은 더 많은 물이 증발할 수 있게 한다. 그래서 식물은 주변보다 더 시원하게 유지할 수 있다. 극단적인 경우는 나뭇잎이 시들어지는데, 이것은 태양에 노출되는 잎 표면적 양을 줄이기 위한 것이다. 식물 안에 있는 물은 잎맥 다발을 통해 흐르는데 뿌리에서 물을 밀어 올리는 삼투압과 잎이 물을 끌어 올리는 증산 손실로 가능하고, 자유 표면에 힘을 공급하는 부착력에 의존하는 모세관 작용은 적어진다.

테이트 해머 아키텍츠 Tate Harmer Architects는 그들의 Iheb 공모 주제로 증산작용을 이용한 잠재력을 모색했다(그림 117). 그 목적은 펌프 없이 물을 이용하여 스스로 시원하게 하는 건물을 만드는 것이었다. 만약 모세관작용, 증산작용의 당김과 유사한 작용이 물을 수송하는 고삐

116. 바이오 트리츠(Bio TRIZ)를 이용해 살만 크레이그(Salmaan Craig)가 디자인한 지붕 시스템. 대부분의 태양광이 낮 동안 반사되고 밤에는 축열체가 밤하늘로 열을 방사할 수 있다.
117. 테이트 해머 아키텍츠(Tate Harmer Architects)가 계획한 IHub 공모전 참가안. 주제는 증발을 기본으로 건물 자가 냉각 아이디어를 탐색하는 것이었다.

117

가 될 수 있다면 증발율이 그 과정을 이끌어 줄 것이다. 왜냐하면, 더 더운 날 증발의 비율이 더 높아지기 때문에 필요한 냉방과 냉방이 공급되는 비율 사이가 거의 일치한다. 공기를 뽑아내서 증발로 냉방이 될 수 있는 남측 입면이 모세관망으로 디자인되었다.[150]

앞에서 언급한 공룡의 등에 있는 판뿐만 아니라 복사와 대류를 통해 체온 조절에 사용된 생물학적 구조의 다양하고 흥미로운 다른 사례들이 있다. 예를 들면 큰 부리를 가진 토코 투칸은 그 부리에서 혈류 속도를 조절하는 능력을 가지고 있다. 이렇게 해서 열이 손실되는 양을 조절한다. 코끼리는 열을 내보내기 위해서 큰 귀를 사용할 때 복사, 대류, 증발을 이용한다. 귀에는 모세혈관이 퍼져 있는데 물을 귀에 뿌리고 귀를 펄럭거려서 열을 낮춘다. 건물도 코끼리 귀가 펄럭거려서 증발 냉각을 하는 것처럼 할 수 있지 않을까? 못할 것도 없지 않은가!

기술자들과 건축가들이 철저한 검토를 가장 많이 해 온 체온 조절의 생물학적 형태는 의심할 여지 없이 흰개미 집이다. 건축가의 관점에서 아마도 가장 순수하게 나타난 것은 웨스턴 오스트레일리아의 흰개미(*Amitremes meridionails*)가 만든 집일 것이다(그림 118). 이 흰개미의 탑은 정확히 남북 방향으로 긴 축을 가지는 아몬드 형태의 평면으로 평편하게 형성되어 있다. 길고 평편한 면은 추운 밤 이후 아침 해의 따뜻함을 많이 흡수를 하는 구역을 나타낸다. 한편, 한낮에는 최소한의 표면적이 오후 태양을 맞이한다. 벽 안에 있는 환기통은 흰개미들이 통제하는데, 내부 기온이 너무 많이 올라가면 환기구를 열고 굴뚝 효과로 인해 따뜻한 공기가 상승한다. 어떤 해설자[151]들은 바깥 온도가 밤과 낮 사이 39도의 기온 차이를 보이더라도 여왕개미 방의 온도는 31도 이하로 유지된다고 주장한다. 최근 루퍼드 솔Rupert Soar과 J 스콧 터너J.Scott Turner의 흰개미 집에 대한 아주 자세한 연구는 개미들이 어떻게 활동하는지에 대한 이전의 설명에 의심을 제기했다.[152] 솔은 이전의 생각만큼 안정적인 내부 온도는 어디에도 없고, 온도가 안정된 주요 원인은 환기 흐름

118

이나 증발 냉각보다도 땅이라는 것을 보여 주었다. 그의 연구는 흰개미 집이 단순한 굴뚝 효과나 바람을 유발하는 환기보다 훨씬 더 복잡한 방법으로 바람을 이용했다고 제시했다. 솔과 터너는 환기구 망 기능은 가스 교환을 용이하게 하는 폐를 더 닮았다고 주장했다. 집을 통한 공기의 한 방향 흐름은 단순하기보다는 그 운동이 주기적인 변화로, 미세한 바람의 압력과 잦은 변화로 작동되는 것을 보여 준다.

흰개미 집은 에이럽Arup의 기술자들과 함께 짐바브웨 하라레Harare, Zimbabwe의 이스트게이트 센터 Eastgate Center (그림 119)를 디자인할 때 건축가 믹 피어스Mick Pearce가 영감을 받은 원천이 되었다(1996년 준공). 이 사무동과 쇼핑몰은 전통적인 냉난방 없이 일반적인 방법에 비해 10%의 에너지만으로 1년 내내 놀라울 만큼 안정된 환경을 가진다. 피어스는 체온 조절의 수단으로 바람을 일으키는 자연 환기와 땅의 안정된 온도를 조합하여 나

119

120

타난 흰개미(*macrotermes michaelseni*와 *macrotermes subhyalinus*) 집을, 건물의 환기 시스템으로 계획하는 것이 바탕이었다. 흰개미 집이 적용된 많은 지역은 하라레에서 밤 기온이 급격히 떨어지고 이 차가운 밤공기는 팬에 의해 첫 번째와 두 번째 층 사이로 강제 장치에 의해 들어간다. 차가운 공기는 넓은 표면적을 가짐으로써 열교환을 극대화시키는 프리캐스트 콘크리트 요소의 미로를 포함하는 공간(역주: 층 사이 공간을 말함)에 순환된다. 낮 동안 유발된 흐름은 이 시원한 공간에서 그릴을 통해 사무실 공간으로 공기가 흘러 들어가게 된다. 이스트 게이트 센터는 바깥 온도가 일반적으로 5도에서 33도 사이의 범위인 동안 내부 온도를 21도에서 25도로 유지시켜 주는 아주 성공적인 사례가 되었다.

흰개미 집의 불완전한 이해로 개발한 건축적 전략은 생체모방이라기보다 오히려 생물 미신적이라는 의미를 갖는 것인가? 우리가 하는 것들이 생태모방을 이용해 효과적이고 지속적으로 향상되는 방법을 명확하게 하기 위해서 이것을 구분하는 것은 의미가 있다. 아마도 상상하기에 가장 공정한 결론은, 이스트 게이트는 저에너지 디자인의 승전보이며 상상하건데, 생물학적 지식이 더 진보되면 훨씬 더 많은 것을 얻을 수 있다는 것이다.

같은 범주에 딱 맞는 다른 아주 성공적인 계획은 환경기술자이면서 흰개미 집 전문가인 아틀리에 텐 Atelier Ten 의 패트릭 벨루 Patrick Bellew 와 함께 윌킨슨 에어 Wilkinson Eyre 건축사무소가 작업한 큐 가든 Kew Gardens 의 데이비스 알파인 하우스 Davis Alpine House (그림 120)이다. 고산식물

118. 흰개미 집 - 태양 에너지로 냉방하여 폐기물 제로 건축물이다.
119. 건축가 믹 피어스(Mick Pearce)의 이스트게이트 센터(Eastgate Center) - 흰개미 집에서 영감받은 이 건물은 적도 근처 환경에서 기계 냉방 없이도 쾌적한 환경을 유지해 준다.
120. 윌킨슨 에어(Wilkinson Eyre)와 아틀리에 텐(Atelier Ten)이 작업한 큐 가든(Kew Gardens)에 있는 데이비스 알파인 하우스(Davis Alpine House). 흰개미 집에서 온 아이디어는 고산 식물들을 위한 시원한 환경을 만들기 위해서 사용되었다.

을 한데 모아서 보여 주기에는 냉장 선반이나 밀폐된 공간 전체에 에어컨을 가동하는 경우가 일반적인데, 의뢰인은 팀에서 더 창의적인 해결책을 만들어 내길 바랐다.

이 팀은 열미로를 가진 건물을 디자인하였는데, 열미로는 아주 큰 면적의 축열체를 만들기 위해 지하에 복잡한 조적벽 구조를 가지는 것이다. 이 매스는 밤에 환기를 가능하게 하는데 온도가 더 낮을 때 확장된 공간에 공기를 순환시켜 낮 동안 걸러진 냉기를 저장한다. 이런 접근은 때때로 '비결합 축열체decoupled thermal mass'라고 인급되는데, 그것이 있는 공간에서 요구되는 온도보다 더 낮게 시원함을 유시할 수 있는 매스가 건물 안에서 거대한 벽으로 노출되는 전통적인 방식(즉 결합 축열체)과는 구별된다. 비결합 축열체는 효과적인 통제가 가능해서, 흰개미들이 온도를 조절하기 위해서 환기구를 열고 닫는 방식과 유사하고 자유 냉방의 원천은 필요한 만큼 끌어낼 수 있다. 데이비스 알파인 하우스는 효율적으로 활용할 수 있는 햇빛 가리개를 포함하고 있어서 태양열 확보량을 조절할 수 있다. 이 시스템은 아주 적은 에너지만으로 팬을 가동하여 식물이 필요한 환경을 훌륭하게 유지한다. 전통적인 냉방 방식과 비교하여 9년간의 열미로 자금 회수 기간을 계산해 보면, 프로젝트가 완성된 이후 계속 감소해 왔고 에너지로 얻는 비용은 예상보다 더 빨리 상승해 왔다.

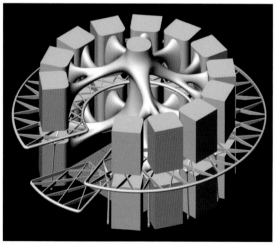

121

많은 동물이 더 간단한 전략으로 시원함을 유지하는 데 적응했다. 그들은 단순하게 어디론가 움직여서 더 시원하게 된다. 대류 열 교환과 결합한[153], 이런 접근은 익스플로레이션Exploration의 마운틴 데이터 센터Mountain Data Centre 디자인(그림 121)의 근간이 되었다. 데이타 센터는 주로 도시 지역 안이나 근교에 위치하고 엄청난 양의 에너지를 소비해서 냉방 유지가 필요하다. 첫 번째 디자인 단계는 데이터 센터를 아주 추운 어딘가에 위치하는가였고, 장기리 고객에게 데이터를 빠른 속도로 전달하는 것이 필요했다. 추운 지역은 산으로 이미 광범위하게 터널이 형성되어 있었고 그 내부는 5도 정도로 온도가 일정하게 유지되고 있었다. 그 팀이 발견한 이 도전은 데이터 블록(데이터 센터의 일부분)으로 어떻게 냉기를 가장 효과적으로 끌어오는가였고 그리고 이것을 위해 머큐리의 법칙은 당연한 선택이었다. 긴 길이의 덕트 작업과 복합적인 직각 구부림으로 데이터 블록에 직선으로 연결하는 대신, 데이터 블록들을 원형으로 배치하고 덕트 작업은 생물학에서 가지치기 시스템과 같은 원리를 따라 디자인하였다. 자유 냉각과 효과적인 공기 흐름의 조합은 세계에서 가장 적은 에너지를 소비하는 데이터 센터가 될 것으로 예측한다.

온도 안정화

우리가 흰개미 집에서 본 것처럼 열 저장소 형태를 사용하는 것은 온도에 있어서 하루 주기로 움직이는 지역에서는 특별히 효과적인 전략이다. 이런 점에서 흰개미들은 '따뜻함 유지하기'와 '시원함 유지하기' 양쪽 측면에서 논의되어 왔고 그들의 생태모방 명성의 위상 때문에 나도 상당히 길게 그들에 대해서 설명했다. 세상의 이

121. 익스플로레이션(Exploration)의 마운틴 데이터 센터(Mountain Data Centre) 디자인 - 생물학의 수간 시스템 수학적 원리에 근거한 초 저에너지 해결책이다.

122. 장 누벨(Jean Nouvel)의 아랍 문화원(Institute du Monde Arab) 파사드 - 기후 적응 건물 외피는 중동 토속 건축의 문화적 상징도 가지고 있다.

목을 끌어 온 다른 사례들도 있을까? 사막에 사는 스톤 플랜트(*Lithops*)는 단지 물리적 의미(지상에 몇 밀리미터만 튀어나와 있음)뿐만 아니라 규모 면에 있어서 디자인 커뮤니티가 인식하지 못할 정도로 인지도가 낮다. 지표면 아래 안정된 온도에서 얻는 이점들 때문에 식물의 대부분이 땅속에 있고 식물의 반투명한 표면은 말하자면 '지하층'에 있는 광합성 조직 안에 빛이 들어갈 수 있게 해준다. 어떤 사막에서는 온도가 밤에 영하로 떨어지고 낮에는 50℃로 치솟는다. 그래서 온도가 일정한 상황은 아주 효율적일 수 있다. 스톤 플랜트를 모방하고 태양광 차단을 똑똑하게 접목시킨, 사막에 있는 건물은 더 이상의 추가 에너지 없이 내부 온도를 편안하게 만들 수 있다. 땅속에 사는 포유류는 땅속 온도가 일정하다는 이유로 그렇게 하지만, 그들의 노력은 흰개미에 비해 아마추어 같다. 땅굴을 가장 깊이 파는 척추 동물은 노란 점박이 모니터 도마뱀(*varanus panoptes*)으로 3m 깊이로 파

는데, 이유는 아직 모르겠지만, 나선형으로 땅굴을 판다. 호주의 유니버시티 오브 뉴캐슬^{University of Newcastle} 에 있는 팀이 이것을 탐구하는데 그 결과는 극한 환경에서 온도 조절에 대해 더 발전한 실마리를 밝혀낼 수 있었다.

통합적 접근

최근 몇 년간 기후 적응 건물 외피[climate-adaptive building skins(CABS)] 분야에 대해서 관심이 꾸준히 증가하고 연구가 급격히 증가해 왔다. 이 기술은 다음과 같이 정의된다. '수행 능력 요구 변화와 다양한 영역의 조건에 반응하여 언제나 어떤 기능, 모양, 행동을 반복적이고 또 그 반대로도 바꿀 수 있는 능력 그리고 이것은 건물 전반적인 수행 능력을 향상시킬 것을 목적으로 한다.'[154] 파리에 있는 장 누벨^{Jean Nouvel}의 아랍문화원^{Institute du Monde Arab}(그림 122)과 프라이부르크^{Freiburg}에 있는 롤프

122

디쉬 Rolf Disch의 헬리오트롭Heliotrope과 같은 몇몇 사례들은 벌써 식물에서 발견한 굴성(屈性: 환경 자극에 반응하여 성장하거나 바뀌는 것)의 형태를 모방하였다. 감지하고 반응하는 것은 생물학적 유기체에서 거의 보편적이기 때문에 생태모방은 CABS 발전에 공헌할 수 있는 엄청난 잠재력을 가지고 있다. 우리는 앞 장에서 이미 역동적으로 조절 가능한 효율적인 구조(제1장)와 분리 조절 시스템 필요없이 환경에 바로 적응하는 기상에 민감한 조합과 같은 사례들을 보았나. 이 사례들은 CABS의 두 가시 중요한 형태를 담았다. 감지기, 처리기, 작동기를 포함하는 외재성과 자가 조절의 내재성이다. CABS에 대한 관심과 생태모방에서 온 잠재력은 생체모방 기술의 발전과 함께 가속화되고 있으며 감지 시스템의 비용을 감소시켜 주는 측면에서 이것은 중요한 변화이다. 예를 들어 클라우드 9cloud 9 건축사무소의 미디어 TIC 빌딩Media-TIC Build-ing(그림 123)은 사용자부터 빛과 온도, 습도에 이르기까지 모든 것을 모니터링하는 수백 개의 센서가 있는데 이 똑똑한 일을 하는 비용은 건물 예산의 0.01% 보다 적게 들었다. 필요한 만큼 자신의 투명도를 조절하는 질소 기반 안개 주입 시스템을 가진 ETFE는 건물에서 95% 이산화탄소를 줄일 수 있게 했다.

우리의 목적 중 하나가 건강한 생태계처럼 이점을 가질 수 있는 건물을 디자인하는 것이라면,[155] 동경Tokyo의 소니 리서치 앤 디벨롭먼트 센터 Sony Research and Development Center 의 니켄 세케이Nikken Sekkei 파사드는 온도 조절의 측면에서 그 목적을 달성하는 방향으로 나아갔다.[156] 니켄 세케이 건축사무소Nikken Sekkei architects와 니켄 세케이 연구소Nikken Sekkei Research Instiute 의 합작품인 이 디자인은 이 개념에 대한 발전을 가져왔다. 지붕에서 우수를 모으고 그것을 다공성의 테라코타 관다발로 흘려서 건물 주변 기온보다 약 2도가량 시원하게 할 수 있었다(그림 124). 이 건물은 긴 사각형의 슬라브 평면이고 장애 요소를 최소화하기 위해 좁은 변이 도쿄만Tokyo Bay에서 불어오는 바람을 맞도록 향해 있다. 메인 증발 파사드는 북쪽

123

을 향하고 남쪽 파사드는 태양광 패널에 의해서 그늘막이 형성된다. 이 전략의 조합은 건물 내부의 필요 냉방을 상당히 감소시키고 물을 어떻게 처리하여 온도를 일원화할 수 있는지 보여 준다. 만약 소니 빌딩처럼 도시에 있는 모든 빌딩이 우수를 모으고 그것을 파사드에서 증발 냉각이 일어나게 한다면, 홍수의 위험을 감소시킬 뿐만 아니라 도심의 열섬 현상에 대응하게 될 것이다. 이런 아이디어들을 앞으로-비유적으로 생태모방을 넘어서서-더 가져오기 위해서는 아마도 식물과 같은 과정을 통해서 증발 표면에 물을 수송하는 기능적인 해결책을 발전시켜야 하고 그러려면 분명히 생태모방의 영역을 이

123. 니켄 세케이 연구소(Nikken Sekkei)의 바이오 스킨(BioSkin)은 이 기후를 수정하기 위해 모아둔 우수를 가지고 증발 냉각을 수행한다.
124. 클라우드 9의 미디어 TIC 빌딩(Media-TIC Building) - 제로 에너지 빌딩에 거의 가깝게 갈 수 있는 재생 가능한 에너지 발전으로 넓게 배열된 감지기와 그에 반응하는 파사드를 함께 사용했다.

용하게 될 것이다. 가까운 미래에 우리는 한 건물 안에서 미기후 변경과 탄소 추방, 에너지 수확의 조합에 대한 해결책을 보게 될 것이다.

결론

우리는 역사적 지식 측면에서 많은 것을 잃었고 온도 조절 영역에서 여전히 생물학에서 배우고 크나큰 발전을 이룰 것이다. 얼음을 만드는 고대 페르시아인들의 기술에서 보이듯이 바로 독창성 하나로 인간은 화석 연료 시대에서 발전했고 우리는 그것을 되살려야 한다. 지금까지 꽤 제한된 해결책이 자연에서 왔고, 어떤 것들은 그 해결책을 약속한다. Bio TRIZ를 사용하여 자가 냉방 지붕이 발전하고 흰개미 집에서 온 이스트게이트 센터는 적도 근처에서 어떤 냉방 장치 없이도 시원함을 유지하여 최신의 근본적인 잠재력을 보여 주고 있다.

우리는 점차적으로 살아 있는 유기체를 닮아 가는 복잡한 시스템 속에서 진화하는 건물 외피를 볼 수 있을 것 같다. 루퍼트 솔Rupert Soar과 제이 스콧 터너J. Scott Turner가 논쟁한 것처럼 우리가 향하길 원하는 방향은 '기능과 구조가 혼합된 유기체로 확장되는 건물 그리고 항상성을 무시하여 통제되는 방향이다.'[157] 생태모방과 더불어 기후 적응 디자인 접근법이 넘쳐나는 것은 자연에서 본 것과 유사한 적응력으로 건축에까지 도달하게 될 것이며, 자원 효용성에 있어서도 엄청난 향상을 끌어낼 것이다. 건물은 점점 더 주변 환경에서 그들이 필요로 하는 에너지를 얻을 수 있는 자가 지속 유기체와 동등한 방향으로 나아갈 것이다.

CHAPTER 06

생물학이 빛에 대해 우리에게
무엇을 가르쳐 줄 수 있나?

건축은 빛 아래에서 한데 모인 매스들의 노련하고 정확하고 장엄한 놀이이다.
르 꼬르뷔지에(LE CORBUSIER)[158]

이 명언은 많은 건축가들의 견해를 대표하고 있다. 빛은 건축적 형태를 위한 필수 요소이다. 몇몇 사람들은 빛이 사람에 대한 본질이라고 말한다. 건축물이 형태를 위해 빛을 조작하는 것에 덜 집중하고 인간 거주자라는 형태를 위한 완성도 있는 빛의 조정에 더 집중할 수 있는가? 만약 우리가 스푸크피시 spookfish 와 클러스터윙크 스네일 clusterwink snail (역주: 소라의 종류로, 포식자에게 위협을 받으면 스스로 빛을 발광함)에서 보이는 자연의 속임수 같은 것들을 배운다면 확신할 수 있을 것이다. [바스터드 호그베리 bastard hogberry(Magaritaria Nobilis (역주: 나무 열매 종류로 청록의 형광빛을 띔) 또한 잊지 말자]

르 꼬르뷔지에가 위의 말을 섰을 당시, 우리가 했던 조명 디자인보다 인간의 웰빙과 하루 주기 리듬에 빛의 영향이 얼마나 더 큰지 이제는 알고 있으며, 건물의 조명디자인을 하는 방법에 대해서도 훨씬 더 독창적일 수 있다. 빛은 인간에게 세 가지 방법으로 작동한다. 먼저 방사가 되고, 시각 체계를 통하고, 생체 주기 시스템에 도달한다.[159] 빛이 어떻게 우리의 시지각을 통해서 즉각 작동하는지에만 초점을 맞춘다면, 빛의 중요한 측면을 간과하는 위험에 처할 것이다. 어떤 프로젝트들은 인간의 하루 주기에 맞추기 위해서 하루에 걸쳐 색을 다양하게 내는 인공 조명을 디자인하려고 많은 시간을 투자하기도 한다. 개념적으로 더 쉬운 접근법은 자연광을 더 많이 사용

하는 간단한 방법일지도 모른다. 그리고 엄청난 양의 에너지를 절약할지도 모른다. 자연광이 이상적인 색상의 빛과 심리 생리적으로 거주자들에게 더 좋은 파장을 주는데도 불구하고, 미국에서 인공 조명은 건물에서 사용되는 전력의 24%를 차지한다. 건물에서 빛을 조절하는 것은 완전히 별개의 분야로 다루어진다. 예를 들면 투명 유리는 빛을 통과시키면서 액티브 시스템이 되고 루버는 태양광량을 조절하고 패시브 요소가 되며, 반사판은 빛을 반사시켜 건물 깊숙이 빛이 도달할 수 있게 한다. 건물 밖의 액티브 시스템은 유지관리 문제가 있을 수 있고 패시브 시스템은 자연 요소로 인해 태양광의 역동적인 특성에 반응하지 않을 수도 있다.

건물에서 인간의 시각 체계에 빛을 가지고 오는 공통의 관심사로 돌아가서, 생태모방은 과다할 만큼의 해결책을 제시할 수 있다. 빛을 고려하는 것은 색을 고려한다는 것 또한 포함하는데 자연은 이 두 가지 문제를 곧잘 함께 해결한다. 생물학적 유기체들이 모으기, 나누기, 집중하기, 분산하기, 반사하기, 굴절하기와 같은 다양한 방법으로 빛을 관리하기 위해 어떻게 진화해 왔는지에 대한 비밀을 푸는 방법은 광범위한 작업이다. 어떤 기술이 현재까지 전해져 왔고 오징어와 같은 유기체가 무엇을 할 수 있는 것인가 사이에는 엄청난 골이 존재한다. 예를 들어 색깔이 있는 마감재는 주로 독성의 안료가 포함되지만, 일반적으로 공작새의 깃털이나 나비의 날개와 같

125. 언젠가는 오징어처럼 적은 에너지로 조명 효과를 가질 수 있는 건물이 생기지 않을까?

은 색채 효과 근처에도 가지 못하는 결과를 가져온다. 그렇지만 이런 사례는 더 좋은 해결책으로 혁신하도록 우리에게 자극을 줄 수는 있다. 점차적으로 이런 지식은 인간을 더 건강하게 하고 에너지를 더 적게 사용하고 어쩌면 공작새와 같은 아름다움을 보여 줄 수 있는 건물을 창조할 수 있는 돌파구를 가져다줄 것이다.

빛을 모으고 집중하기

건물의 외피는 빛의 중재자로서 갑옷과 같이 작용하고 때때로 그 외피는 구조가 되기도 한다. 이 역할을 합치고, 자연에서 나타나는 전략들로 그것들을 세분화하여 생각해 볼 수 있을까? 오피오코마 웬티아이 Ophiocoma wendtii와 같은 거미불가사리류는 효과적인 갑옷 기능뿐만 아니라 시각적으로 완벽한 렌즈에 가까운 방해석 결정체로 덮여 있다(그림 126). 이 결정체가 빛을 아래에 있는 수용체 속으로 집중시키면 몸 전체가 복합 눈처럼 작동된다. 게다가 거미불가사리류는 색소체(안료로 가득한 세포)로 빛이 들어오는 양을 조절할 수가 있고 거기에 적응하여 렌즈의 초점을 조절할 수 있다.[160] 건물로 들어오는 빛의 양을 조절하고 심지어 거주자들이 있는 공간의 더 깊은 곳으로 뚫고 들어가 빛을 다시 보내는 것과 같은 세련된 수준으로 파사드를 만들 수 있을까?

가장 적은 빛이 있는 조건에서 사는 유기체들은 가장 흥미로운 적응을 보여 주고 건축물에도 영감을 준다. 우

림 식물인 안투리움 와로쿠웨아넘 Anthurium warocqueanum은 지름과 형태와 공간적인 것을 배치하여 나뭇잎의 표면 위가 렌즈로 만든 세포로 덮이도록 진화해 왔다. 그것은 엽록체들에게 흩어진 빛을 집중시킬 수 있게 하고 가장 집중되는 지점에 나란히 배열되었다. 이런 전략은, 숲의 지표 가까이에 서식하여 밀도 높은 캐노피 아래 그늘에 있어서 빛을 직접 받을 수가 없는 이 식물의 성장 습성에 대한 기본적인 약점을 개선해 주었다.

다른 해결책은 대왕조개에서 살 볼 수 있나. 대왕조개는 탁한 색의 껍데기를 가지며 보는 각도에 따라 색이 변하는 눈부신 '입술'이 위쪽으로 향해 있다. 이 무지개색은 홍채 세포에서 나오는데 이 세포는 필요 없는 빛의 파장을 반사시키고 수직적으로 배열된 미세 조류의 기둥열 속에 정확하게 필요한 빛만 분배한다.[161] 조류는 공생으로 살면서 조개를 위한 영양분을 생산하기 위한 광합성을 하는데 이것은 연체동물의 에너지 예상 규모에 상당한 부분을 대신한다. 전반적인 효율을 향상시킬 수 있는 시스템들을 엮고 이를 기반으로 한 공생적 조명 방법을 찾는 것이 시작점이다.

스푸크피시(Opisthoproctidae)는 '게실형' 눈(그림 127)을 가지고 있는데 이것은 다른 형태의 빛을 다루는 문제로 나뉜다. 이 전문화된 독특한 생명체는 유일무이한데, 이들의 머리는 땡땡의 캘큘러스 교수 Tin Tin's Professor Calculus(역주: 벨기에 만화시리즈 '땡땡의 모험'에 나오는 땡땡의 친구)가 디자인한 잠수함의 투명한 조종석을 닮았고 이미지에 초

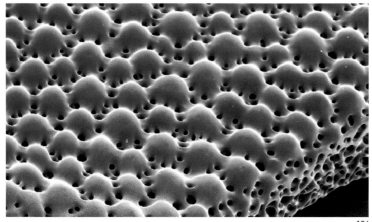

126. 거미불가사리류의 피부는 거의 시각적으로 완벽한 렌즈로 진화해 왔다. 기능적으로 복합 눈과 같다.
127. '땡땡이 모험'에 나오는 캘큘러스 교수가 디자인한 잠수함과 게실형 눈을 가진 스푸크피시
128. 익스플로레이션(Exploration)의 바이오미메틱 오피스(Biomimetic Office) - 생물학에서 빛을 모으는 사례들의 여러 가지 방법에서 영감을 받았다.

126

점을 맞추기 위해 거울을 사용하는 유일한 척추동물로 알려져 있다. 각각의 눈은 연결된 부분에서 두 개로 나뉘어져 있다. 하나는 주광을 향하여 위쪽을 보고 다른 하나는 아래쪽을 보는데 생체 발광에서 나오는 더 낮은 밀도의 빛을 모으기 위해 거울을 사용한다.[162]

안투리움 와로쾌아넘과 스푸크피시 둘 다 익스플로레이션Exploration과 쥴리앙 빈센트Julian Vincent가 바이오미메틱 오피스Biomimetic Office 작업을 할 때 영향을 준 사례들이다. 이 건물의 목적 중 하나는 자연광이 완전히 들어오게 하는 것이었다. 이것은 에너지 소비를 줄이는 부분도 있지만 주로 거주자들에게 웰빙을 제공하고자 하는 것이었다.

이 건물은 사무 층에 거주자가 있을 수 있는 모든 부분이 창가에서 6m 이내에 들어오도록 설계되었다. 이런 최적화는 계단/엘레베이터/화장실을 포함하는 코어 부분도 해당되며 창의적인 그룹 단위로 사람들이 일을 할 수 있는 커다란 클러스터가 필수적으로 고려되어 넓은 공간이 필요했다. 시스템 창호는 빛 전달을 최적화하고 외부로의 시야가 확보되도록 창문의 위아래에 투명한 단열

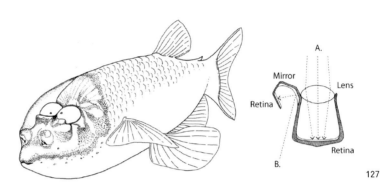

벨기에 만화시리즈 〈땡땡의 모험〉

127

재를 사용하여 열 전달이 최소화된다. 이 방법은 새로운 창호를 만들었는데 아주 얇은 곡면의 판유리를 사용하였고 이것을 통해 유리에서 50% 자재 절감을 할 수 있었다. 가장 어려웠던 도전은 어떻게 아래층에 자연광이 들어오게 하는가였다. 안투리움은 지붕에 렌즈를 두는 방법을 생각하게 했고, 렌즈는 광섬유관으로 흩어진 빛을 모을 수 있게 하였다. 그래서－다른 어떤 서비스와도 같이－빛을 필요로 하는 건물 내부에 자연광이 두루두루 노달할 수 있세 되었다. 이미 이와 유사한 상품들이 시중에 있지만 빛을 모으기 위해 직사광의 평행 광선에 의존하고 있다. 이 방법은 별로 매력적이지 않은데, 왜냐하면 직사광이 있을 때 일반적인 조도는 더 높지만 건물 안으로 빛을 가지고 오는 경우는 조도가 낮기 때문이다. －안투리움은 흩어진 상황에서 빛을 모으는 흥미로운 가능성을 보여 준다. 이 아이디어는 이제 독립적인 연구 프로젝트로 진행되고 있다. 스푸크피시는 대칭으로 쌍을 이루는 큰 거울을 아트리움에 두어 1, 2층으로 빛을 반사시키는 아이디어를 이끌어내도록 했다. 그리고 거울 아래 공간은 건물의 가치를 높여 줄 수 있는 멋진 오디토리움을 만들 수 있는 공간이 되었다(그림 128).

자기 차광 최소화

식물에서 볼 수 있는 간단한 원리인 잎맥의 기하학(제1장 참조)은, 전체적인 형태가 아주 심오한 방법으로 빛을 붙들어 두도록 디자인된 건물의 발전에 사용되어 왔다. 피보나치 수열에 근거한 비율로 반복되는 회전은 건축가 살레 마소우미Saleh Masoumi에게 엄청난 영향을 주었다. 그는 줄기에 회전형으로 붙은 잎과 같은 타워를 제시하였는데, 각각의 집에 개인 정원 공간을 원하는 인간의 욕구를 채워주고 태양에서 얻을 수 있는 것을 극대화하여 에너지를 수확할 수 있도록 하였다(그림 129). 회전형 잎의 배열은 식물에 있어서 각각의 잎이 다른 잎들을 최소 가능한 규모의 빛과 공기로부터 차광한다는 것을 의미한다. 빛과 공기와 사적인 외부 공간은 밀도 높은 주거 디자인에서 중요한 인간의 요구이며, 이 영역에서 아주 가치 있는 혁신으로 영감을 줄 수 있는, 생물학과 동등한 해결책이 될 것이다.

빛과 색채 효과 만들기

자연이 빛과 색채를 어떻게 만드는가로 돌아가면 확실하게 극적인 형태에 있어서 강력한 육방해면류가 다시

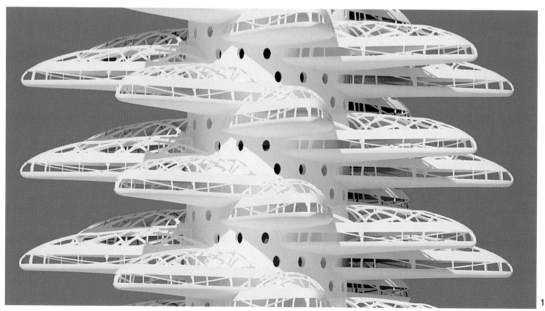

129

나타난다. 아래쪽을 보면, 스펀지는 바다 아래 땅에 수많은 긴 섬유를 박아 둔다. 이 많은 것은 광학적 특성을 가지는 광섬유관(대기 중의 온도와 압력으로 성장하는)으로, 인간이 만든 비교적 깨지기 쉬운 버전(고온에서 제조되는)과 비교하여 훨씬 더 유연함을 가지고 있다.[163] 몇몇의 관들은 렌즈의 배열로 구성된 갈래 구조로 바다 아래 땅에서 끝난다. 육방해면류는 그들의 일생 동안 구조 안에 갇혀서 남아 있는 생체 발광 새우의 짝짓기와 상징적인 관계로 진화되어 왔다.[164] 유리 섬유는 빛을 새우 바깥에서 그들의 환경 속으로 또는 바다 아래 땅에 있는 생체 발광 박테리아에서 스펀지 구조 위로 전송할 것으로 짐작된다. 어떤 것이든 옳은데, 빛 계획은 새우가 먹거리를 유인하는 것으로 생각되고(이 새우는 정확하게 먹이를 찾아 나설 수가 없다) 육방해면류는 찌꺼기로부터 이익을 얻는다.[165] 육방해면류는 건축가들이 구조, 재료, 빛의 세련미 측면에서 동경하는 본보기이다.

생체 발광(살아 있는 유기체들이 만드는 빛)은 대다수 해양 유기체, 어떤 균류, 몇몇 박테리아, 반딧불이와 같은 육지 동물에서 발견된다. 이것들은 이미 발광 다이오드의 디자인으로 향상된 결과를 가져왔다(LEDs).[166] 클러스터윙크 소라(Hinea brasiliana)는 밝은 빛의 플래시를 만들어 내는데 이 빛은 보호 껍데기를 통해 증폭되고 확산된다.[167] 이것은 빛을 확산시키거나 단순하게 더 효과적인 빛을 내는 구조적 요소 디자인에 영감을 줄 수 있다. 인공 생물학은 생체 발광 유기체 기술이 건설 환경 요소가 되는 잠재력에 대한 강력한 추측을 할 수 있게 한다. 이 흥미로운 문제는 칠흑같이 어두운 대양에서 장관을 보여주는 생체 발광 유기체가 내는, 그러나 평균적으로 밤에 빛이 많은 현대 도시에서는 사실상 보이지 않을 정도의 비교적 아주 낮은 조도로도 도전할 수 있을 것이다.

129. 살레 마소우미(Saleh Masoumi)의 잎맥의 타워는 식물의 기하학을 근거로 잎들 간의 자기 차광을 최소화함으로써 빛의 접근을 최적화한다.

순응하거나 고정된 구조 색채

오징어나 문어 같은 두족류(頭足類)는 그들의 특별한 빛 조작으로 모양을 바꾸는 위장술까지 끌어낸다.[168] 생물학자 탐신 울리 바커Tamsin Woolley-Barker는 다음과 같은 것을 관찰했다. '문어는 중앙 집중된 빛 지각계를 가질 뿐만 아니라(보기 드문 두족류 눈) 피부를 통해 퍼지는 빛 센서 분산 시스템을 가진다. 사실 오징어는 몸 전체가 어느 방향에서 오는 빛이든 감지할 수 있는 여러 대의 카메라이다. 강력한 눈들의 조합과 분산된 빛 감지기는 문어가 그들의 주변 환경을 완전히 알아채고 일치화시키게 한다.'[169] 두족류의 피부에 있는 세포들은 액티브로 생산한 빛보다 훨씬 더 적은 에너지를 요구하도록 천공광을 패시브로 이용한다. 이것은 건물의 파사드 전체를 덮을 수 있는 디스플레이 스크린의 새로운 형태로 이어질 수 있다. 그러면서도 여전히 아주 적은 에너지를 소모한다. 상상해 보자면, 식물이 1년에 걸쳐 변화하는 과정처럼, 건물들은 하루 일과에 걸쳐 빛이 변화하는 색으로, 그 주변에 역동적으로 녹아들 수도 있을 것이다.

생물학에서 많이 볼 수 있는 두드러진 색채 효과는 구조 색상의 사례들이다. 인공적인 표면의 색채 대부분은 채색된 자재에서 오는 반사의 결과인 반면, 구조적 색채는 나노 표면에서 온 서로 다른 파장의 빛 회절로 만들어 진다.[170] 자연에서 나노 표면은 원자보다 더 작은 규모에서 구조적 위계와 3D 공간 모두를 보여 준다. 생태 모방 나노 표면을 만드는 실현 가능성에 도전하고 있는데, 도전에 대한 보상은 에너지를 적게 또는 없이, 염료 없이 훨씬 더 역동적인 색채 효과를 보여 주게 된다. 실현 가능성을 설명하자면, 자가 조합 기술을 아이젠버그 교수Proffesor Aizenberg가 이끄는 생태모방 연구 그룹에 의해 성공적으로 시도하여,[171] 밝은 녹색의 나비(Parides sesostris) 날개 건축물과 닮은 나노 구조를 만들었다. 그리고 그들은 바스터드 호그베리 열매의 현란한 색채 효과에서도 영감을 받았다. 이 종들이 어떻게 그 이름을 얻었는지는 아직도 미스터리로 남아 있다. 왜냐하면, 라틴

어에서 온 이름(Margaritaria nobilis)을 번역하면 '고귀한 진주'이기 때문이다. 지금까지 진행해 온 것은 그들의 색채 효과를 어떻게 복제하는가이다. 다양하게 변화하는 파란색은 표면에 있는 각각의 세포에 여러 겹으로 되어 있는 원기둥형 구조가 있기 때문이다. 이 나노 구조는 빛 간섭 패턴을 생산하는데 그 결과(주로) 파란빛의 진동을 반사한다. 과학자들은 늘어날 때 무지개의 모든 색상을 보여 주는, 색깔이 변하는 말린드 베리malingned berry에 근거한 섬유 생산을 연구해 왔다.[172]

통합적 접근

생물학적 유기체의 피부는 바로 건물의 외피와 같다. 이 둘은 모두 다중 기능을 수행한다. 내가 이야기했던, 주요한 도전은 어느 수준의 통합에서 배우기 위해 생물학적 사례에서 볼 수 있는 것을 수행하고 인간의 독창성을 더해서 최상이 되도록 결합하는 것이다.

두 가지 다른 생태모방 접근은 현재 하버드 그레듀에이트 스쿨 오브 디자인Harvard Graduate School of Design과 위스 인스티튜트 포 바이오로지컬리 인스파이어드 엔지니어링Wyss Instiute for Biologically Inspired Engineering을 포함하여 여러 학제 간의 결합으로 만들어진 팀에서 계속 탐색하고 있다. 간단하게 놓고 보면, 첫 번째 기획은 하나의 유리 유닛 안에 필요한 모든 기능을 한데 결합하는 것이다.[173] 다이나믹 데이라이트 컨트롤 시스템Dynamic Daylight Control System(DDCS)은 밀리미터 크기의 투명한 빛 반사체에 결합하였고 이 것은 태양의 각도에 따라 움직일 수 있다. 그리고 그들 사이의 길을 따라 유동체가 흐르는데 이것은 열전달을 감소시키면서 지나간다(그림 130). 빛 반사체는 유연하고 투명한 폴리디메틸실록산polydimethylsiloxane(PDMS)으로 만들어져서 바깥쪽 투명한 자재에 접착이 되어 있는데, 그래서 서로 연결된 판이 움직일 때 모든 반사체들이 탄력적으로 움직인다. 최소한의 기계적 움직임으로 만든 우아한 결과물이다. 더군다나 그 유동체를 조절할 수 있는데, 필요할 때 완전히 투명해지거나, 빛 전달을 감소시

키고 싶으면 색을 넣을 수도 있다. 생물학적 영감은 생물학에서 빛이 어떻게 조절되는지 깊이 이해하고 혈관이 피부에 열을 전달하거나 전달하지 않게 하는 방법에서 얻을 수 있다.[174] 프로토타입은 인상 깊은 결과를 입증했다. 눈부심을 줄이고 빛 투과는 향상시키면서 열전달이 줄었고, 굴절률과 일치시킴으로써 반사체는 유동체와 거의 구별되지 않았다.

이제 더 발전된 두 번째 해결책은 역시 위스와 하버드 팀이, 환경에 적응하는 빛과 온도를 동시에 조절하는 다른 전략을 찾고 있다. 이것 또한 인간의 혈관과 자연에서 볼 수 있는 조절 가능한 시각적 특성에 대한 아이디어에 근거한다. 그러나 이 해결책은 작동을 하려면 미세 유체 공학을 활용한다. 유리 위에 겹쳐진 맑은 유체 공학적 실리콘 피부는 현미경으로 볼 수 있는 미세한 채널에 유동체를 얼마나 많이 채웠는가에 따라 내부 온도를 데우거나 식힐 수 있다. 놀랍게도 계속되는 발전은 이 기술이 창문의 유리뿐만 아니라 태양광 발전 패널에도 적용될 수 있음을 보여 준다. 이 창문의 경우, 열에 대한 장점들이 유리의 시각적 개방감에 해를 끼치지 않는다. 어떤 경우는 태양광 패널에 시각적인 이유보다는 기능적인 이유로도 중요하다. 태양이 패널에 도달해야 하지만 낮은 온도에서는 에너지를 생산하는 데 효과적이지 못하기 때문이다. 건축가들의 시각으로는 유리가 완전히 깨끗하게 나타나는 것이 중요하다. 아니면, 특별히 색상이나 반사율 같은 유동체의 특성을 바꾸어서 깨끗한 유리의 아름다움을 대체할 수 있다.

유니버시티 오브 캘리포니아University of California, 버클리 디파트먼트 오브 아키텍처Berkeley Department of Architecture의 마리아 파즈 귀티에레즈Maria Paz Gutierrez가 진행하고 있는 전체 건물 규모에서 유사한 연구 프로젝트는 단지 빛 조절뿐만 아니라 온도와 습도 조절까지 통합하

130. 다이나믹 데이라이트 컨트롤 시스템(DDCS)은 하버드 그레듀에이트 스쿨 오브 디자인(Harvard Graduate School of Design)과 위스 인스티튜트 포 바이오로지컬리 인스파이어드 엔지니어링(Wyss Instiute for Biologically Inspired Engineering)에서 개발했다.

는 것을 목적으로 한다. 셀프 액티베이티드 빌딩 엔벌로프 레귤레이션 시스템 Self-Activated Building Envelope Regulation System(SABERS) 프로젝트는 얇은 멤브레인 속에 어떻게 광학적 온습도 센서와 네트워크 작동기를 포함할 수 있을지 연구한다. 귀티에레즈의 팀은 탄성 중합체 자재로 만들어진 '기공'으로 성공적인 실험을 했는데 그것은 더 큰 단열 효과를 제공하여 온도를 감소시키기 위해 부풀어 오르면서 생긴다. 그들의 목적은 기공들이 빛을 조절할 수 있는 렌즈들을 포함하게 하는 것이다. 이 렌즈들은 외부 빛이 증가하면 투과율을 감소시키고 그 반대로도 작동되는 것이다.

결론

빛은 인간에게 많은 영향을 준다. 많은 사람은 실내에서 대부분 시간을 보내기 때문에 건물에서 빛을 어떻게 다루는지는 건강과 웰빙에 직접적인 영향을 준다. 그러나 빛을 다루는 것뿐만 아니라 기후, 공기, 다른 많은 요소에 영향을 받는 건물의 외피는 5장에서 온도 조절이 핵심인 것처럼 이번 장에서 중요 메시지다. 결국, 우리 건물의 외피는 이 모든 기능을 통합시켜야 한다. 건물의 외피에 대한 고려뿐만 아니라, 이것을 현미경으로 볼 만큼 작은 규모와 건물 전체의 큰 규모 모두를 시험해야 한다. 박테리아의 발광과 생체 감지 가능성에 대해 급성장하는 연구는 빛과 거주자들의 질에 대해 디자인한 건물의 규모에서 진행한 프로젝트와 같이 생태계 측면에서 건축을 생각하도록 우리를 격려해 준다. 생체모방 사무실 Biomimetic Office 은 스푸크피시의 반대로 된 눈과 같은 생태모방 아이디어를 건물의 형태로 직접 바꾸었다. 안투리움 와로쾌아넘의 초점 렌즈와 같은 다른 곳에서도 미래 연구 개발이 가능할 것이다.

활동적인 학문적 연구 공동체에서 탐색하고 있는 프로젝트들은 엄청난 약속들을 보여 준다. 많은 경우 이런 기초적인 작업이 작동 가능한 프로토타입으로 확장되어 기회가 많아지고 건물에 통합될 수 있는 제품에 이런 아이디어들을 적용하는 과정이 가속화된다. 우리가 연구해 온 모든 생물학적 사례들이 있기 때문에 진화된 순응 중 무엇이 가능한지 입증하고 목적을 향해 나아가야 할 방향을 제공한다.

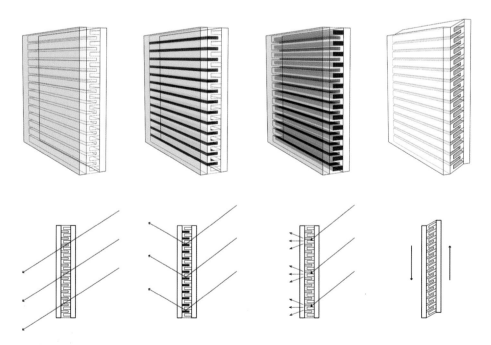

CHAPTER 07

건물에 전력 공급을
어떻게 할까?

인간은 문제에 정면으로 맞서는 경향이 있는 반면, 살아 있는 유기체들은 진화의 과정을 통해서 그 문제를 해결하기 전에 문제 자체를 바꾸려는 경향이 있다. 이런 현상이 에너지 영역보다 더 잘 나타나는 곳은 없다. 일반적으로 최초의 장소에서 자연처럼 더 적은 에너지를 필요로 하는 해결책을 어떻게 발전시킬 수 있을까에 대해 생각하기보다는 단지 더 많은 에너지를 만들어 냄으로써 우리가 인지하는 수요를 채우려고 노력한다.

에너지는 우리의 거대한 도전 중 하나인데, 부분적으로는 점차 심각해지는 기후 변화의 다급한 현실과 전략 계획 책정의 실패 때문이다. 향후 몇십 년 과정에 걸쳐 우리 경제의 탈탄소화는 어떻게 될 것인가? 그리고 이것은 건물과 도시를 디자인하는데 무엇을 의미하게 될 것인가?

에너지는 건물의 규모를 포함할 만큼 그리고 초과한 만큼도 필요하다. 그래서 이번 장에서는 건축물이 에너지 계획의 아이디어에 어떻게 맞출 수 있을지 탐색해 본다. 중요한 목표인 태양 경제를 이끄는 에너지 계획에 생체모방 원리를 필연적으로 적용하는 것에 대해서도 언급한다. 이것은 건축가들과 도시 디자이너들에게 중요한 결과를 내포한다. 우리의 모든 에너지 수요를 충족할 수 있는 '태양 경제'는 발전의 재생 가능한 형태로 만나게 된다.[176] 이런 이동(shift)은 아주 중요하다. 본질은 건물에서 사용되는 에너지에 초점을 맞추는 것이지만, 에너지가 어디서 오는지 무시하는 것은 생태모방이 줄 수 있는 이점을 등한시하게 될지도 모른다. 에너지, 생태모방, 환경 건설은 생태 시대에 더 큰 변화의 결정적인 부분이 될 것이다.

쓰레기와 생태계 사고의 아이디어들은 관계가 있다. 인간이 만든 시스템과 생물학 사이의(제2장과 제3장) 유사한 대조는 에너지를 위한 생태모방적 해결책으로 다음 네 가지 원리를 제시한다.

- 첫번 째 우선 사항으로, 효용성을 근본적으로 증대시켜서 요구 감소
- 에너지 원천은 무기한으로 지속할 것
- 다양성과 널려진 네트워크를 통한 회복력
- 다른 시스템으로 확장된 비독성, 호환 가능한 자원의 흐름

수요 감소의 첫 번째 대상인 건물은 그 자체가 태양 경제로 나아가는 첫 단계이다. 우리가 앞 장에서 본 모든 자원 효용 혁신에서 만들 수 있는 거대한 수확은 아직 소수의 집단들이 수행할 수 있는 규모에 적용하는 것으로 건물 개선이 중요하게 여겨진다. 다른 세 가지 원리는 마스터 플랜이나 도시 디자인과 같은 큰 규모 계획으로, 적용할 수 있는 어떤 기술을 알고 그것들을 어떻게 통합해야 하는지에 근거한다. 흑등고래, 맛조개 무리, 야자 나무에서 배운 것들로 더 나은 재생 에너지 기술을 디자인하는데 생태모방 또한 사용되었다.

131. 연간 태양에서 얻는 에너지는 우리가 1년에 사용하는 에너지 전체의 약 1만 배이다.

에너지 원천

가장 논쟁이 많은 이론으로 되돌아가자면, "우리의 에너지는 어디에서 와야만 하는가?'이다. 자연에서 에너지 흐름을 관찰하면 생물학적 유기체들은 전체적으로 태양에서 수확하여 움직이는 것을 발견할 수 있다.[177] 우리도 똑같이 화석 연료로 움직이는 지구촌 경제에서 핵연료가 아닌 태양 경제로 바뀌어야 하는가? 어떤 사람들은 이런 생각에 비웃기도 하지만, 사용 가능한 태양 에너지의 양을 보면 그 가능성은 전망이 보인다.[178] 매년 태양에서 얻는 에너지는 현재 우리가 약 1만 시간 사용하는 양을 대체한다.[179] 이 풍부한 에너지 원천은 수십억 년 지구에서 삶을 지속 가능하게 해왔고, 우리가 필요한 모든 것을 무기한 공급할 수 있었다. 핵발전 미래가 우리의 유일한 선택은 아니다.[180] 예를 들면 세계의 사막에 대략 5%가 넘는 태양열 발전 건물은 우리가 필요로 하는 모든 에너지를 공급하기에 충분할 것이다.[181]

태양 경제는 전체적으로 재사용할 수 있는 에너지 형태로 발전된다.

- 직접적인 태양 에너지: 주로 태양광 발전과 태양열 발전
- 간접적인 태양 에너지: 풍력, 파력, 바이오매스
- 자연과 관계된 원천: 조력, 지열 에너지[182]

이것들은 이번 장에서 내세우는 원리들이고 이번 장의 나머지 부분에서는 이 접근법의 사례들에 대해서 이야기할 것이다.

회복력

회복력의 필요성은 '어떤 독립체의 수용성으로… 훼방을 대비하고 충격과 스트레스에서 회복하고 지장을 주는 경험들을 통해 적응하여 성장하는 것'(제3장 참조)이며 또한 에너지 발전에 적응하기 위한 것이다. 자연에서 생태계는 복잡한 상호 연결 네트워크와 많은 다양성을 통해서 회복력을 진화 시켜 왔다. 이런 중요한 생태계

기능은 수많은 유기체에서 전달받을 수 있다. 인간의 에너지 수요를 위해서 회복력은 두 가지 형태를 가진다. 첫째, 회복 시스템은 상호 연결된 발전 형태의 다양함이 요구하는 만큼 에너지를 공급할 것이다. 둘째, 시스템이 에너지 원천에 내재된 어떤 다양성도 수용할 수 있을 만큼 충분한 양의 에너지를 축적할 것이다. 게다가 어떤 시스템은 중앙집중화 대 지역화 질문에 설명할 수 있어야 한다.

태양 경제는 태양에서 와서 끊임없이 흐르는 광양자가 주는 이점에서 시작된다. 가용 에너지는 낮과 밤 사이, 계절의 다양성, 조수간만, 바람의 패턴과 같은 예측 가능한 유형이다. 생물학적 유기체는 이와 유사한 조건에 적응해 왔고 에너지를 저장했다. 일반적으로 식물은 당으로 동물은 지방으로 저장한다. 기술적인 측면에서, 전력 원천의 다양성에 대한 일반적인 해결책은 배터리와 펌프식 저장 계획이다(낮은 저수지에서 높은 저수지로 물을 끌어 올리고 필요할 때 터빈을 돌려서 방출할 수 있다).[183]

에너지 공급에 있어서 자연이 환경 변이를 다루는 다른 방법은 가용 에너지가 있을 때 더 성장하거나 신진대사를 더 활발히 하고 가용 에너지가 없을 때 더 적게 하는 간단한 것이다. 우리도 단시간 피크 동안 장비를 끄거나 재분배 수요를 반영하여 전기료를 달리하는 등의 스마트 컨트롤을 통해서 이와 같은 원리를 적용할 수 있다. 이 기술의 좋은 사례는 '무리의 논리'에서 영감을 받은 인사이클Encycle 이다. 무리의 논리는 어떤 시스템들이 관계 있는 간단한 몇 개의 법칙들로 복잡한 행동을 이끌어 낼 수 있다는 창발성을 얻는 방법이다(벌과 흰개미와 같은 사회적 곤충들에게서 나타나는 것과 유사하다). 인사이클은 건물에서 내부 상호 소통에 각각의 전기 장비 컨트롤을 사용하는데 그것은 피크 부하를 감소시키고 효용성을 증대하기 위해 '협동'한다. 물리학자 데이빗 맥케이David MacKay 는 수요를 관리하는 경우의 수, 펌프식 저장, 전기식 이동 수단(대부분의 교통수단이 전기화되었다고 가정하고)의 배터리들은 태양 경제에서 발생하는 변동을 다루기에 충분하리라는 것을 보여 주었다.

에너지 원천으로 핵(대대적으로 중앙집중화된 거대한 발전소)과 화석 연료(중앙집중화되었지만 더 작은 발전소)는 둘 다 문제가 많다. 화석 연료 소비는 기후 변화에 위험을 주고 핵발전은, 유일한 건 아니지만, 몇 개국에서만 발견되는 고농축 우라늄에 심각하게 의존한다. 회복력의 측면에서 유일한 에너지 전략인 핵분열은 심각한 지정학상의 위험을 발생시킬 것이다. 상상하건대 어떤 경우는 한 나라의 발전 수용량이 상당 부분을 견디지 못할 수도 있다. 시스템의 관점에서, 더 큰 회복력은 더 많은 분배와 다양성과 에너지 발전이 완전히 상호 연결된 네트워크에서 얻을 수 있다.

회복력이 있는 태양 경제를 향해 움직이기 위해서 에너지 전달은 태양으로부터 얻을 수 있는 에너지 공급이 수요를 채울 만큼 원활하지 못한 나라에서 필수 요소이다. 이제 이론상으로는 전통적인 AC(Alternating Current) 그리드와 같은 정도의 손실을 감안하면 남아프리카의 태양 발전소에서 영국까지 초고압 직류송전 HVDC(high-voltage direct current)으로 에너지를 수송하는 것이 가능하다. 수퍼 그리드의 장점은 다양한 에너지 원천을 가진 많은 나라가 상호 연결될 수 있다는 것이고, 발전과 저장 형태의 다양성은 양의 조절과 송출 시간 조절을 더 쉽게 만들어 준다. 이런 상호 연결은 협상의 필요성을 부각시키고 태양 경제를 발생시켜 한 나라가 다른 곳에서 온 에너지의 권리를 가지고 있지 않을 때 공정 교환을 하게 한다. 태양 에너지를 많이 가지고 있는 어떤 나라들은 정치적으로 불안정하고 지정학적 견해와 관계 있는 전문가들이 부상할 것이다. 역설적으로 이것은 에너지 저장이라는 공통적인 문제가 나타나는 곳으로, 큰 장점이 되는 것을 증명할 수도 있다. 에너지의 가치와 며칠 이상 더 길게 저장하는 것이 어렵다는 사실은, 태양 발전의 꾸준한 공급자가 되기 위해서 거대한 태양 에너지 원천을 가진 나라들과 그 반대로 해서 얻는 것이 적은 나라들에 대단한 재정적 우대책이 있을 것이라는 것을 의미한다. 그래서 태양 경제는 장기간 일자리 창출과 고용 안정에 기여할 수 있을 것이다.

태양 경제에서 지역 생산과 저장의 역할은 무엇인가? 지역 전략과 특히 지역 발전이 강력한 영향을 줄 수 있는가? 핸드폰을 생각해 보자. 20년 전엔 중요하지 않았지만 지금은 30억 이상이 사용하고 있다. 핸드폰은 다시 사용할 수 있는 에너지 생산과 소비에 지역화된 관리로 도움을 줄 수 있다. 이 기술은 예측 가능하고 미래의 그 규모는 우리를 놀라게 할지도 모른다. 같은 방법으로 많은 개발 국가들은 더 경제적이고 효과적인 해결책으로서 핸드폰을 시작하기 위해 유선 지상 전화에서 도약했다. 넉넉하게 재생 가능한 에너지를 사용할 수 있는 이 나라들은 태양 에너지 혁명에서도 국가 그리드 건설에 비용을 들이지 않고 성공할지도 모른다.

양립 가능 시스템

어떤 생체모방 시스템의 요소도 그들의 지역적 상호작용과 자원 흐름의 측면에서 다른 시스템의 넓은 범주와 양립할 수 있어야 한다. 장기간 독성을 생산하는 요소는 양립할 수 없는 경우로, 청산될 것이다.

재생 가능한 대부분 에너지 기술에 있어서 자원의 흐름은 아주 간단하다. 어떤 경우에 열은, 태양에서 모아지거나 열기관을 움직여서 지열에서 얻을 수 있다. 다른 경우는, 바람에 의한 운동 에너지로 대양의 해류나 파도가 발전기를 움직이는 데 사용되기도 한다. 재생 가능한 에너지 기술을 제조하는 데에 독성이 포함되기도 하는 반면에, 이 에너지들은 어떤 독성도 방출하지 않고 생산되며 많은 경우 재생 가능한 에너지 시설은 지속 가능한 이익을 가져다준다.

최근 지역 상호작용에 관한 과학적 연구가 결실을 맺었다. 해안가 풍력 발전 장치의 기초는 갑각류 동물이나 식물의 새로운 거주지로 되었으며, 그로 인해 물고기 개체가 급증할 수 있었다.[184] 이런 효과는 어떤 고의적인 목적 없이 얻어졌고 결과적으로 생물학적 군집화를 촉진하는 통합 형태 기반 디자인을 함으로써 강화될 수 있다. 바이오락*Biorock*(역주: 산호초 복원을 위해 개발된 기술)에 대해서 말하자면 기초를 자라게 하고 인공 암초를 만들어서 지속적으로 복원하는 효과를 계속 끌어낼 수 있다. 그래서 연안 해역의 풍력 발전 지역은 해양 자연보호 구역뿐만 아니라 에너지 발전기로서의 역할을 할 수 있을 것이다.

태양광 발전(PV)과 태양열 발전(CSP) 장치는 일반적으로 명백히 일사 강도가 높은 지역에 유치하게 될 것이고, 흥미를 유발할 만큼의 이익이 생길 것이다. 지하로 떨어지는 직사 광량을 줄임으로써, 보통 때는 열 변형력과 물 부족 때문에 개방된 곳에서 살지 못하는 식물을 범주의 성장할 수 있게 한다. 방목 가축 또한 대부분의 경우, 부분적으로 나무가 덮어서 만들어 주는 그들의 자연적 거주지인 그늘에서 이익을 얻을 수 있다. 결국, 가축들은 토양을 비옥하게 만들 수 있을 것이다. 태양광 패널은 건물의 외피가 식물의 광합성 표면과 아주 유사하게 될 수 있는 잠재력을 가진다. ─태양에서 에너지를 모음으로써, 에너지의 소비자였던 사람이 만든 구조물들은 유용한 자원의 생산자로 변할 수 있을 것이다. 더 간단한 수준에서 PV와 CSP는 건물 차양뿐만 아니라 에너지 발전으로 이중의 이익을 줄 것이다. 떠 있는 태양광 발전은 이제 저수지에 설치될 수도 있다. 이것은 땅 점유를 줄일 뿐만 아니라 증발 손실을 줄여 주는 접근법이다.

바이오 연료를 위한 해조류 경작은 여전히 발전의 초기 단계에 있고 지금까지 많은 실험들이 비경제적이라는 것을 증명해 왔다. 그러나 바이오 연료 생산은 소중한 부산물을 제공할 만한 잠재력을 가지고 있다. 제2장의 자재에서 논의된 바와 같이 셀룰로오스는 저에너지 물질의 신속한 제조에 사용되는 해조류에서 추출할 수 있다. 해조류 경작은 세계의 토양에서 손실되는 영양분을 저장하는 가장 효과적인 방법이라는 것을 잘 입증할 수 있다. 인간 소비자와 농업용 비료를 위해 미량 영양소를 생산하는 해수에서 광물 추출하는 것을 돕는다. 이 두 가지의 이차적 이익 모두를 환산하여 가져오면 경제적으로 훨씬 매력적인 바이오 연료 제품을 만들 수 있다. 해조류 제품은 결국 건물의 파사드에 차양을 제공하고 이산화탄소를 흡수하도록 적용할 수 있지만, 현재는 경제적인 실행 가능성 면에서 아주 먼 길이다.

수요 감소

대부분 디자이너는 곧장 수요 감소를 고려한 행동을 곧바로 할 수 있다. 유명한 세계적 컨설팅 업체 맥킨지와 자주 업데이트되는 연구 '저탄소 경제의 방향Pathways to Low Carbon Econimy'은 다음과 같은 결론을 내렸다. 온실가스 배출에 있어서 가장 많은 양, 가장 쉽게 실행할 수 있는 감소의 대부분은 건설 환경에서 발견된다.[185] 우리가 핵 미래나 태양 발전의 미래를 추구하는 것에 상관없이 이것은 실행해야 한다. 왜냐하면, 대부분 에너지 효용성의 향상은 새로운 발전을 일으키는 것보다 더 저렴하기 때문이다. 보고서에 의하면, 온실가스 배출을 줄이는 가장 빠르고 가장 저렴한 길은 건물의 에너지 가동 단계를 바꾸는 것이다. 그래서 결국 탄소가 적게 또는 없이 모든 남아 있는 수요에 대한 공급이 이루어지는 것이다.

에너지 절약의 어떤 단계가 현실적으로 실현 가능할까? 현재 기술만 사용하고 평균 유럽인들의 삶의 질을 유지하거나 향상시켰을 때, 인당 하루(kWh/d/p) 125kWh 에너지 소비를 68까지 줄일 수 있다고 데이빗 맥케이David Mackay[186]가 보여 주었다. 이 절약의 대부분은 건설 환경을 포함한다.

수요 감소는 생태모방이 현실적으로 이 숫자를 넘어서 감소시킬 엄청난 잠재력을 제공할 한 분야이다. 우리는 자원에 있어서 10분의 1, 100분의 1과 같이 일부 자원 투입으로 같은 기능을 수행하는 수많은 사례를 보아왔다. 전통적인 것에 수차례 내재된 에너지로 자재를 만들고 이것들을 생체모방으로 다듬은 고효용 구조물들은 거미줄, 새의 두개골, 해면에서 본 자원 효용성의 수준까지 도달할 수 있을 것이다. 유사하게, 만약 우리의 모든 자원이 닫힌 고리 속에서 순환될 수 있다면, 디자인은 전체적인 콘셉트가 쓰레기에 대해 도출되고 패시브 온도 조절 건물이 만들어질 것이다. 그래서 우리는 에너지 사용에 있어서 정말 철저한 감소를 달성할 수 있을 것이다.

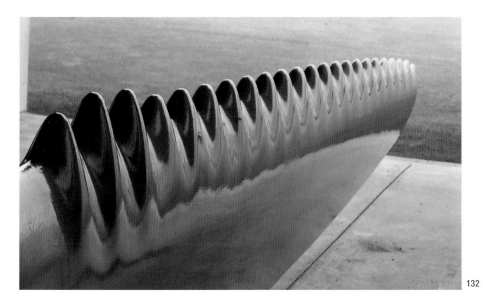

132. 풍력 발전 날개는 더
낮은 바람 속도에서
에너지 발전을
유지하기 위해서
고래의 작은 혹을
모방했다.

132

절약된 모든 에너지는 경제적으로 더 쉽게 전반적인 탈
탄소화를 완수할 것이다. 이 모든 혁신은 인간과 건축적
역량 안에서 이루어진다.

생체모방 기술

생체모방은 수많은 재생 가능 에너지 기술의 디자인
에 적용되어 왔고 우리가 보아왔던 이것들이 건설 기술
에 유사한 발전으로 실행되었다. 예를 들면 해양 생물학
자이면서 적절한 이름을 가진 프랭크 피쉬 박사Dr Frank
Fish가 개발한 풍력 발전 날개의 새로운 형태는 혹등고래
의 물갈퀴에 있는 작은 혹에서 영감을 받았다(그림 132).
지느러미 앞에 있는 이 혹은 소용돌이를 유발한다. 소용
돌이는 고래를 더 많이 들어 올리고 낮은 속도에서도 방
향을 조정할 수 있게 해준다.[187] 피쉬 박사의 새로운 풍력
발전 날개에는 낮은 속도에서도 작동을 유지하는 풍력
발전을 생산하는데 같은 아이디어가 동원되었다. 이것
이 근본적으로 중요한 이유는, 모든 풍력 발전기는 최소
한의 작동 속도가 있는데 그 아래로 속도가 떨어지면 돌
기를 멈추고 발전기의 관성을 회복하기에 충분한 바람의
속도가 한 번 다시 시작되어야 하는 것이다. 개발 업체인
웨일파워 리미티드Whalepower Limited는, 이 날개는 1년에
20% 이상의 향상된 결과물을 냈고 소음 없이 작동된다
고 주장한다.

생태모방에서 다음 해결책은 반대의 문제를 푸는 데
도움을 줄 것이다. 덜 진보된 풍력 발전에 바람의 속도가
가속화되면 일반적으로 피해를 막기 위해 자동 브레이크
시스템으로 작동을 멈추어야 한다. 예를 들면 대부분의
나뭇잎은 나무 수관의 풍하중을 최소화하기 위해 거센
바람이 일 때 그 방향을 바꾸거나 말아 버린다.[188] 대부분
새롭고 큰 규모의 풍력 발전기들은 이제 적절한 때에 날
개의 각도를 조절하는 컴퓨터 제어 시스템을 가진다. 그
리고 자기 조절 구조와 같이 풍하중에서 비스듬하게 또
는 길이 방향으로 유연하게 설계되어 바람에 대한 저항
이 적게 나타날 것이다. 분명히 이것은 아주 강한 바람에
서 사용 가능한 에너지가 더 적은 비율로 수확될 것이라
는 것을 의미하지만, 더 큰 장점은 이런 상황에서도 발전
기가 계속 작동될 수 있다는 것이다. 미국에 있는 팀은
최근 이런 제안서를 발표했다. 야자나무의 방법에서 영
감을 받은 발전기인데, 날개를 구부림으로써 저항을 감
소시켜 허리케인 강도의 바람이 불게 된다.[189] 현 시장에
서 가장 큰 풍력 발전이 이미 80m 길이의 날개로 8MW
를 생산하는 것도 놀라운데 이것과 비교하여, 이 계획은
200m 길이의 날개로 50MW의 놀랄 만한 규모를 목표로

한다. 이것은 살아 있는 유기체와 기술(전자는 환경에 반응하고 후자는 그렇지 못하다) 사이의 중요한 차이점의 하나로 전형적인 예가 된다. 자연에서 온 다음 사례들로 성취할 수 있는 것은 무엇인가.

캘리포니아 인스티튜트 오브 테크놀로지 California Institute of Technology의 과학자들은 떼를 지은 물고기들의 헤엄이 그들 앞의 다른 물고기들이 만든 소용돌이를 활용하여 진화한 빙법을 연구해 왔다.[190] 그래서 그들은 같은 원리를 수직축 풍력 발전 실험에 적용하였고 단위 면적당 더 많은 에너지를 바람으로부터 얻어낼 수 있는 것을 발견하였다(그림 133, 134).[191]

연안 지역은 바람의 상태 때문에 주로 대규모 풍력 발전을 위해 선호하는 지역이다. 하지만 기초의 설치는 산업적인 측면에서 주요한 골칫거리로 나타난다. 최근 새로운 접근법이 적용되었는데 그것은 해저에서 맛조개 무리가 스스로 묻히는 우아한 방법에 영감을 받은 것이다. 조개는 그 아랫부분 속에 있는 물을 재빨리 빨아들이고 모래를 요변성 액체로 바꾸어서 품위 없이 뒤적거리지 않고도 재빨리 가라앉는다. 풍력 발전을 위한 '석션 버켓 suction bucket' 기초도 같은 방법으로 적용된다. 양동이를 뒤집은 것 같은 기초가 해저로 내려가면 아래에 있는 물과 모래를 끌어당기면서 물은 위로 빠져나온다. 풍력 발전의 기초가 안정적으로 '빨아 당겨서' 해저 안으로 들

133

134

어가는 방법이다. 이 기술은 잠재적으로 맞조개 무리가 조개껍데기로 주변 모래 액화를 도운 것처럼 양동이의 진동으로 개선될 수 있었다.

태양 관련 기술들은 렌즈에 있어서 생태모방의 돌파구로부터 이점을 얻었고, 지정학적으로 해바라기를 근거로 한 거울의 배치를 최적화하여 효용성을 증대시키며 소요되는 대지 면적을 줄였다(그림 135).[192] 생태모방은 근미래에 자가 세정 표면과 아마도 고통스러운 찰과상 없이 모래에서 수영을 할 수 있는 모래 도마뱀을 근거로 한 긁힘 방지 코팅 거울과 같은 다른 도전을 해결하는데 사용될 것이다.[193] 인공 광합성은 집중적인 연구 초점의 또 다른 분야이고 이것은 거의 틀림없이 태양 기술 분야에 있어서 미래의 돌파구를 이끌게 될 것이다.[194]

표면적 전체로 태양광을 받아들이는 나뭇잎이나 숲과 같은 기능을 가지고 건물 파사드를 이루는 생태모방 창

문은 점점 더 현실화 가능성이 높다.[195] 정말 청정한 태양 에너지를 활용한 창문의 잠재력은 범위를 넓혀서 대규모의 적용성을 가진다. 만약 생체모방 콘크리트를 널리 시행할 수 있다면 그것은 눈으로 볼 수 있는 어떤 자원을 얻어 내는 것이 가능할 것이다.

통합 접근법

건축사무소 고틀리프 팔루단Gottlieb Paludan에서 설계한 그린 파워 아일랜드Green Power Island(그림 136)는 계획안이지만 공생하는 군집 속에 많은 재생 가능 에너지 기술과 에너지 저장 시스템이 통합되어 있는 상당히 현실적인 제안서이다.

계획의 시작점은 재생 가능 에너지의 많은 형태가 그 결과물 측면에서 변동이 심하고, 에너지 저장소는 변동성에 대해 회복력 있는 시스템을 만들기 위해 필요하다. 그린 파워 아일랜드 콘셉트는 이런 문제를 같은 방법으로 사용할 수 있는 거대한 저수지를 만들어서 극복했다. 저수지는 재생 가능 에너지에 접근하여 사용할 때는 비워둘 수 있다. 그리고 나서 필요할 때 터빈으로 바닷물을 다시 채워서 발전하는 것이다. 이 저수지는 22,00만㎡의

---

133. 물고기 떼의 헤엄이 소용돌이 활용하여 최적화했다.
134. 캘리포니아 인스티튜트 오브 테크놀로지의 과학자들은 동일한 '떼의 원리'를 수직축 풍력 발전에 적용했고 에너지 발전이 상당이 증가함을 입증했다.
135. 에너지 발전을 최적화하기 위해 CSP(Concentrated solar power) 거울을 잎맥의 기하학처럼 배치하였다. [Torresol Energy ¨ISENER (역주: 스페인 회사)에서 소유하고 있는 Gemasolar solar thermal plant (역주: 스페인의 발전소)]

136

규모로 코펜하겐의 모든 가정집에 24시간 동안 전력을
공급하기에 충분한 양인 2.3GWh을 발전할 수 있다.

이 프로젝트는 수많은 재생 가능 에너지 기술이 얼마
나 효과적이고 호환 가능하도록 통합할 수 있는지를 보
여 준다. 저수지를 둘러싼 섬의 평지는 풍력 발전을 설치
하기에 이상적인 조건을 가진다. 기초를 시공하기 쉽고
바람이 접근하기 좋다. 터빈 아래쪽 구역은 바이오매스
나 먹거리 수확에 사용할 수 있다. 저수지 안에 열 맞춰
떠 있는 태양광 발전 패널을 제안하였는데, 이것은 간단
한 태양 추적 장치를 달고 한쪽 면으로만 움직일 수 있어
서 그것들의 경사는 태양의 고도각을 따라간다. 한편, 떠
있는 패널들의 기초는 동쪽에서 서쪽으로 태양의 경로를
따라 돌 수 있게 되어 있다. 이 섬의 바깥쪽 가장자리는
바닷새들의 번식 장소가 되고 해수면 아래로 이어지는

경사면은 돌이 많은 해안선을 만들어 낸다. 평평하고 돌
이 많은 해저는 생물의 다양성이 비교적 적은 데 비해 돌
이 많은 해안선은 풍부한 생물들이 살 수 있는 곳이어서
이 계획은 잠재적으로 생물의 다양성을 가져오고 어획량
이 많아지게 할 것이다.

대부분 세계적 도시들이 해안에 위치하고 있고, 어떤
도시들은 간척 사업으로 확장되었다. 그린 파워 아일랜
드는 이런 지역 가까운 곳에 지어질 수 있고 장기적으로
봐서 해수면이 상승하여 도시가 해수면보다 낮아질 때
유용한 보호 장벽이 될 것이다. 많은 저지대 해안가 지역
에서 홍수의 위험은 해상 방어를 뚫고 오는 큰 파도이다.
조수가 있는 라군이나 그린 파워 아일랜드 같은 것들이
이런 지역 연안에 위치하고 있으면 해변에 피해를 주는
큰 파도를 막을 것이다. 그리고 어쩌면 바다에 장벽을 치
는 값비싼 일자리가 필요 없게 될 것이다. 처음 계획안은
덴마크를 위해서 디자인했으나 건축사무소는 같은 계획
안을 각 나라에 가장 적합한 재생 가능 에너지의 형태로
적용하여 미국, 바레인, 인도, 중국에 제안하였다.

136. 그린 파워 아일랜드(Green Power Island): 우리가 어떻게 동반
　　　상승 효과를 최적화하고 재생산의 이익을 가져다 주는 집합들을
　　　효과적으로 배치해서 재생 가능 에너지 시스템을 발전시킬지 보여
　　　주는 좋은 사례이다.

결론

적확하게 처리한 우리의 에너지 도전에 대해 언급하는 것은 지금까지 겪어 본 문명 중에서 가장 위대한 혁신의 물결을 이끌 수 있다. 온실가스 배출을 막을 수 있는 합리적인 접근 중 하나는 그 첫 번째 단계로 효용성의 근본적인 증가를 요구할 것이다. 그리고 건설 환경에서 혁신은 엄청난 어떤 기회들을 줄 것이다.

많은 것을 사용 가능한 에너지로 생각하고 전략적으로 바라보는 것에서부터 태양 경제 창조가 물리적으로 가능해진다는 것을 우리는 알고 있다. 또한, 거기에는 중요한 이점이 있다는 것도 알고 있다. 더 깨끗한 공기, 생물의 다양성을 이룬 복원 생태계, 자원을 공유하기 위한 국가 간의 교류, 이런 것들로 인해 에너지는 충돌을 유발하기보다 협동을 촉진하는 주제가 된다. 생체모방 해결책은 회복력이 있고 비독성이고 회생적이며 고갈되지 않는 에너지 원천에 근거를 두고 있다.

태양 경제를 위한 모델은 대략 360만 대의 풍력 발전기와 30억 개의 국내 크기 태양열 발전 PV 배치와 대규모의 조력, 수력 발전 계획과 약 60만㎢의 태양열 발전 CSP가 우리에게 필요할 것이라고 한다. 이 모든 것은 향후 30년에 걸쳐 지어지고 설치될 것이다. 이것들이 쉽지 않을 것 같이 들리지만, 우리가 완전히 일상적으로 받아들여서 해 온 다른 제조업 성과와 비교해 보아야 한다. 30억 개의 PV는 30억 개의 핸드폰과 비교할 수 있다. 이것은 대략 과거 20년에 걸쳐 우리가 소유해 온 퍼스널 컴퓨터의 수와 유사하다. 비슷하게 CSP의 양, 수력 발전, 재생 가능한 해양은 우리가 해마다 만들어 낸 5,000만 대의 차와 해마다 조선업에서 생산되는 2,450만 톤의 새로운 배에 비교할 수 있다. 태양 경제를 창조한다는 것은 이미 현대 문명이 성취해 온 것의 영역을 정말 넘어서는가? 이것의 경제적인 실행 가능성은 많은 요소로 복잡해진다. 어쨌든 우리의 삐걱거리는 설비와 발전소를 업그레이드하는 데는 많은 투자가 필요할 것이다. 연구 개발에 대한 적절한 투자는, 대규모 제조업과 재생 가능한 기술들의 배치가 경제적으로 짝을 이루면 근본적인 비용은 절감될 것이다. 또한, 전통적인 에너지 원천으로부터 비용이 표면화되는 것(이산화탄소 배출로 인한 손실 비용과 군사작전을 위한 석유 관련 비용, 단지 이 두 가지의 명분)과 일반적으로 좋은 점들이 재생 가능한 에너지 기술에서 간과되는 것을 고려할 필요가 있다. 전체 경제적인 평가는 이 모든 문제를 고려해야 한다. 태양 경제 창조에 대한 장애물은 대부분 정치적인 것들이다.

재생 가능한 에너지 기술은 충분히 발달했고 놀라울 만큼 비용도 낮아졌다. 나는 우리가 점차적으로 공생하는 군집 속에서 재생 가능한 에너지를 보게 될 것이라고 믿는다. 즉 연안에 기초를 둔 풍력 발전기는 파도를 이용한 에너지 수집도 가능하고 조류를 이용한 터빈도 포함한다. 그 인공호 둑 조수가 있는 라군에 풍력 발전이 있고 바다 쪽에 면한 곳에는 파력 발전이 가능하다. 태양열 발전 설치로 바이오 연료를 위한 해조류 경작이 가능하고 쓰레기에서 메탄을 생산할 수 있다. 만약 조경과 도시 속에 이런 것들이 통합적으로 세심하게 배치된다면 건축가들, 기술자들, 생태학자들이 어우러진 팀이 이것들을 수행해 내는 대단한 사례가 될 것이다. 태양 경제의 새로운 사회 기반시설은 디자인 기회에서 모든 범주를 보여 줄 것이다. 그리고 우리는 이차적 이익을 가져오기 위해서 차광 건물이나 저장소에서 손실을 줄이는 것과 같이 재생 가능한 에너지를 효율적으로 배치하는 것을 점차적으로 보게 될 것이다. 많은 재생 가능 에너지 설치들이 회생 가능하게 될 것이다. 즉 연안의 풍력 발전 기초에 대량 서식을 극대화하고 조수 라군은 바위가 많은 해안선을 새롭게 형성하며 태양을 이용한 장치들이 사막을 다시 녹화하도록 도와주는 것이다.

비록 상당한 도전들이 남아 있지만 태양 경제는 이제 부분적으로 성취 가능하다. 해결책의 필수적인 부분으로, 세계의 사막에 태양광 발전이 거대한 규모로 설치될 것이다. 또한, 화석 연료에서 태양 경제로 변환되는 것은 자원의 효용성을 근본적으로 증가시키도록 디자인된 개인 건물과 지역적 시스템에서 이루어질 것이다.

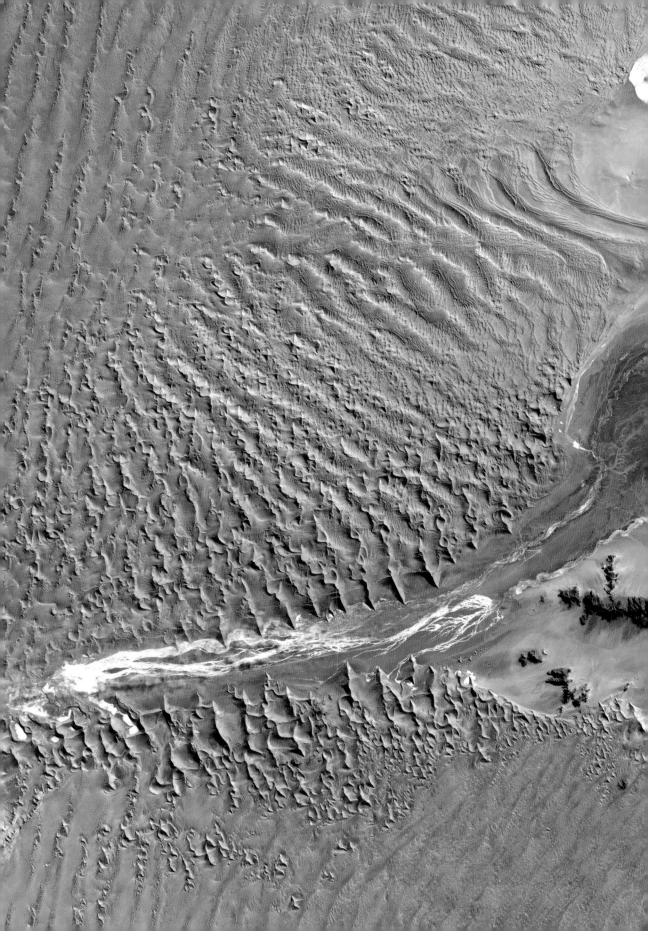

CHAPTER 08

종합

피터 스미스슨 Peter Smithson 이 1980년대 초 영국 건축가 협회에서 시행되고 있는 일자리에 대해서 인터뷰를 했을 때, 그가 던진 아이디어가 그대로 이루어지고 있다. 학생들은 1학년 때 세상을 다시 디자인할 것이다. 그것은 18세이기 때문에 할 수 있는 일이다. 2학년 때는 도시를 디자인할 것이고, 3학년 때는 주요 공공 건물을 디자인할 것이다. 4학년 때는 집을 디자인하고, 5학년 때는 그것을 구체화할 것이다. [196]

생태모방은 모든 규모의 건물에 적용되고 전통적인 건축을 넘어선 규모로 확장될 수 있다. 결국, 전체적으로 영향을 주는 접근법이다. 이번 장 '종합'은 스미스슨이 그의 교수법을 어떻게 설계하였는지 회상하는 방법으로 생태모방이 적용된 대규모 간척사업, 생태도시, 교통 터미널, 디테일, 기업의 현재 작업들과 그것이 제조되었을 때는 하나의 건축적 생산품이었으나, 결과적으로 일반 사업화가 된 작업을 조망한다. 폭넓은 계획은 디자인에 있어서 생태모방이 얼마나 널리 적용될 수 있는지 전달하고 우리의 미래에 해결책을 줄 수 있다.

생체모방 복원 토지와 에너지 발전: 사하라 숲 프로젝트 the Sahara Forest Project

아마도 어떤 사람들은 최근 역사에서 세계의 많은 사막에 초목이 풍부했다는 사실을 알면 놀랄 것이다. 줄리어스 시저 Julius Caesar 가 북아프리카에 도달했을 때, 그를 맞이한 것은 삼나무와 상록수종의 나무가 우거진 환경이

137. 믿기 어렵겠지만 세계 사막의 많은 부분에서 얼마 전까지 경작을 했었다. 21세기를 거쳐 통합된 방법으로 물과 에너지, 토지 관리인이었던 것은 우리 문명화의 실패 또는 성공의 규모에 중요한 영향을 끼칠 것이다.

었다. 시저의 군대는 나무를 베어 농장을 만들었고, 이후 200년 동안 북아프리카는 1년에 50만 톤의 곡식을 로마 황제에게 조공하였다. 몇 년이 흘러 토지의 삼림 벌채와 염화작용, 과잉 개발은 경종을 울렸다. 생산량은 떨어지고 기후가 변하였다. [197] 이 토지의 강도 높은 추출 사례는 다음 2000년을 위한 최우선의 패러다임으로 사용되었다.

지구의 광합성 작용을 위성 사진으로 보면 해마다 아주 흥미진진하게 앞뒤로 옮겨가면서 사막 영역 가장자리가 커지는 것을 볼 수 있다. 이 가장자리들을 중단하거나 역으로 사막화를 중재할 수 있을까? 생태모방 디자인이 더 나은 상태로 만들어 줄 수 있을까?

환경적 도전에 대한 접근법들은 주로 전체에 영향을 주는 실패를 이해함으로써 얻는 것이 더 많이 있을 때 각각의 현상에 몰두한다. 사하라 숲 프로젝트(SFP)는 신선한 물 생산, 태양 경제로 이동, 토지의 축열, 토양에 탄소 흡수, 영양분 순환, 많은 사람에게 일자리 제공을 포함한 도전의 범주를 설명하여 생태모방이 닫힌 고리 모델에 어떻게 사용될 수 있는지를 보여 준다.

이런 도전들에 몰두하기 위한 초기 영감들은 이미 사막에 적응한 유기체―특히 나미비아사막 딱정벌레 Namibian fog-basking beetle (제4장 참조)―를 연구하는 데서 왔다. 생태모방 원리의 다른 핵심은 증명된 기술을 한데 묶고 그들 간의 잠재적 공생을 탐색하는 것이다.

SEP은 그 중심에 해수 냉각 온실과 더불어 태양 발전이 있고 이 기술들 간의 상호 협동, 상승작용을 통하여 사막의 재녹화를 함께 이끌었다(그림 138). 더불어 이 구성은 생태계 모델로 통합된다(제 3장 참조). 그 계획들을

138

이끄는 질적 상승 효과는 이 기술들이 작동되는 동안 협력하고 거기서 나오는 쓰레기 흐름이 어떻게 다시 그 시스템을 작동하게 하는지 그 방법에 근거하며, 그것은 다음과 같다.

- 해수 냉각 온실과 태양열 발전(CSP)과 태양광 발전(PV) 시스템이, 덥고 태양이 이글거리는 사막에서 잘 작동한다.
- 해수 냉각 온실은 탈염수를 생산하는데 그 물은 태양열 발전이 풍력 발전기를 가동시키기 위해서 필요하고 반사 거울을 청결하게 유지해 준다.
- 온실은 태양열 발전을 위한 냉각 타워로 더위를 식히는데 작동된다. 이것은 전기 발전 측면에서 태양열 발전이 10% 이상 더 많은 생산을 가능하게 해준다.
- 음영 미립자는 태양열 발전의 거울과 태양광 발전의 패널 아래에서 만들어진다. 그래서 다양한 식물들이 이러한 새로운 환경에서 자랄 수 있게 한다.
- 온실은 공기에서 오는 입자들을 제거하고 태양열 발전의 거울과 태양광 발전의 패널 위의 먼지들을 줄여주는 효과적인 '먼지 제거기'이다. 그래서 그것들의 효율이 높아진다.
- 새로운 실외용 초목은 토양을 안정화하고 먼지를 줄여준다. 그래서 더 많은 양의 태양광이 태양열 발전 장치의 거울에 도달할 수 있다.

- 온실은 먹거리 생산을 위한 성장과 번식 환경을 제공한다.

파일럿 플랜트, 카타르 The Pilot Plant, Qatar

SEP팀이 디자인 의뢰를 받았을 때, 이 아이디어들이 테스트에 들어갔고 두 비료 회사 — 야라 인터내셔널Yara International과 카타르 비료 회사Qatar Fertiliser Company — 와 협력 관계로 파일럿 플랜트를 지었다(그림 139). 상호 연관된 기술들의 생태계 컨셉은 더 종합적이면서 폐기물 제로와 전체적으로 태양 발전으로 작동되는 아주 생산적인 시스템의 기초가 되었다. 충분히 활용되지 않던 모든 자원에 무언가를 추가하여 더 큰 가치를 창조하는 시스템에 기회로 작용하였다. 기술들은 염분 함유도에 따라 차례대로 작용하였는데, 그것은 다음과 같다.[198]

- 염도 4%의 해수는 첫 세 가지 기술이 차례로 적용되었다. 해조류의 수로, 염분에 내성이 있는 식물(염생식물) 성장을 위한 연못 그리고 다중 효용법(multi-effect distillation-MED)을 이용한 작은 규모의 열 해수 담수화 단계
- 다중 효용법(MED) 단계(태양열 발전에서 얻은 열로 가동된다)는 온실에서 생산되는 물을 보완하기 위한 신선한 물을 생산한다. 신선한 물은 작물 관개를 위

139

해 사용되고 담수화 과정에서 온 소금물(염분 7~8%)
은 온실에 있는 골판지 증발기로 간다. 온실은 소금
물에서 더 많은 물이 증발되어 덥고 건조한 지역에서
작물의 성장 조건으로 더 좋은 15도까지 내려가고
습도도 유지된다.

• 증발 과정 이후, 염분이 12~15%인 소금물은 외부의
골판지 증발기로 수송된다. 이 증발기들은 외부 경
작지를 둘러싸고 있는데 이곳은 재녹화가 더 잘되도
록 소금물에서 더 많은 습기가 증발된다.

• 외부 증발기 통과 후, 소금물은 염분이 20~25%로 올
라가고 탄산칼슘이 골판지에 쌓인다. 시간이 지나면
서 용착물은 꾸준히 쌓이고 그리고 나면 증발기는 새
것으로 교체된다. 이 용착물은 경량 빌딩 블록으로
사용할 수 있다.

• 이제 고농축 소금물은 소금 연못으로 흘러가는데, 태
양은 마른 소금이 되도록 소금물을 건조하는 작업을
한다.

• 하루 동안 MED 과정에서 발전된 폐열은 뜨거운 해
수로 저장된다. 온실 지붕은 ETFE 필름 두 장이 만든

중공층을 가지고 있어 밤에는 지붕의 이 공간 안에
뜨거운 해수가 증발되어 관개를 위한 증류수로 응결
된다.[199]

기술의 동반 상승 효과 분석

파일럿 플랜트는 실험 팀에게 중요한 테스트 베드이
며, 이곳에 망라된 기술들을 미세 조정하는 방법이었다.
중요한 점은 미래의 생태모방 디자인 사고로 분석할 수
있다는 것이다.

온실에서 밤의 높은 습도는 식물들에 골칫거리였다.
소금물이 여러 과정을 거치면서 추출해 낸 염화마그네슘
은 건조제로 시험 적용하였다. 건조제는 습기를 흡수하
고 재배 공간에 있는 상대 습도를 줄여 준다. 그리고 나
서 낮 동안 태양 에너지를 사용하여 재충전된다.

바닷물 수송관이 보여 준 용착물 제거와 디자인 반응
은, '파이프가 아닌 다른 곳에서 용착물을 키울 수 있다
면 어떨까?'였다. 각각 2m 길이의 구조 스틸 와이어를
세공하여 뼈대가 만들어졌고 그것을 바이오락(제2장 참
조)을 사용한 소금 연못에서 '길러냈다'. 해수 수송관의
주입구에 이 뼈대들을 매달아서 탄산칼슘이 뼈대에 용착
되고 해수가 흘러 내려가서(수송관 속으로) 알칼리성 함
유량이 적어졌다. 결국, 수송관 속에 용착물 형성은 줄어
들거나 없게 되었다.

138. 사하라 숲 프로젝트(Sahara Forest Project , SEP) - 이 계획은
원예학을 통합하고 태양 에너지를 만들고 수많은 시너지와
이차적 이익을 가져오는 사막 재녹화를 이끌었다.

139. 카타르에 있는 SEP 파일럿 플랜트(Pilot Plant)는 전통적인
방법에 비해 절반가량의 신선한 물로 작물을 수확하는 데
성공했고 다양한 생물이 재생되었다.

이 방법으로 길러진 바이오락 구조 요소는 프로젝트를 확장하는 자재가 되었다. 생태모방과 전체적인 접근법, 이 두 가지 운용의 문제를 해결하는 것은 흥미로운 대생(對生)을 유도한다. 즉 프로젝트가 자신의 미래 구조 요소를 길러내는 것이다.

부지 재생

동물의 생물학적 다양성은 가동 초기 9개월 동안 이 팀이 연구하고 있었다.[200] 시공 전에 수행한 생태학적 조사에 따르면 부지 내에서 생물학적 다양성이 무시해도 될 수준이었다. 그곳은 황량한 사막의 한 부분 같았다. 날것들 중에서 최초로 도착한 동물은 참새였다. 이 참새는 부지 내로 식물을 물고 와서 같은 날 식물도 볼 수 있었다. 그 이후로 곧 메뚜기와 귀뚜라미가 나타났고, 나비도 등장했다. 할미새, 때까치, 오디새를 포함한 다양한 새들이 프로젝트 과정 동안 꾸준히 증가했다(알록달록한 토착 새들은 카타르에서 잘 볼 수 없다). 해조류 연못에 물이 찼을 때, 며칠 이내로 잠자리가 나타났다. 잠깐 쥐가 문제가 됐지만 도둑고양이가 도착하면서 안정화되었다. 나중에 쥐들이 다니는 길이 발견되었고 최초로 정말 사막 토착 포유류-날쥐(깡총깡총 뛰는 사막 설치류로, 아주 작은 캥거루와 같이 생김)-의 발자국이 나타났다. 이것은 단지 9개월 동안 목격된 효과들이다. 더 많은 시간이 지나서 만약 SEP가 더 큰 규모로 지어진다면 재생 디자인 효과에 대해서 더 많은 이야기를 할 수 있을 것이다.

파일럿 플랜트는 생물의 다양성을 야기시키고 다양한 형태의 탄소를 끌어내면서(식물 성장에서, 토양에서, 골판지 증발기에서, 바이오락에서) 전통적인 접근법을 사용한 50%의 신선한 물로 1년 동안 오이를 재배하는 데 성공했다. 이것은 생태계의 많은 특성에 따른 것이다. 치밀한 상호 연결과 모든 것이 양분이 되고 영구적인 독성은 없으며 다양하고, 태양 소득의 흐름으로 운영되고 전체적인 시스템과 강력한 재생에 최적화되어 있다.

미래 규모 확장

이 팀은 요르단에서 실현 가능한 연구를 완성하여 시공 계획을 세웠는데 카타르 프로젝트의 두 배 규모이다. 기술과 투자 파트너인 빌 와트Bill Watts는 팬과 펌프를 이용한 단순 접근법을 적용하여 에너지 소비를 근본적으로 줄일 수 있다고 자신했다. 향후 실험은 탄소가 풍부한 토양 속에 농산 폐기물로 바뀌는 바이오 숯과 같은 기술로 진행이 될 것이다. 그리고 이것은 잠점적으로 대규모 적출 기술이다. 프로젝트가 대규모로 진행될 때, 기술은 비료, 집섬과 같은 건축 자재, 다른 유용한 합성물 생산을 위한 더 진보된 담수화 과정 형태로 발전할 수 있을 것이다.

이 팀은 프로젝트를 발전시키기 위해 생태모방을 계속적으로 이용하고 있다. 적절한 때에, 기술은 부채 선인장 가시에 근거한 더 향상된 성능으로 물 수확량이 늘어나게 하였고 모래 도마뱀에 근거한 긁힘 방지 코팅 거울이 발전될 수 있었다. 다른 과정(수처리 시설과 같은)과 연결을 위해 시스템의 영역을 넓히는 것은 생산량을 더 많이 늘릴 수 있을 것이고 재생 효과를 강화할 것이다. 창발과 무리의 논리에 근거한 디지털 도구의 개발은 매일의 과정을 거쳐서 아주 역동적으로 시스템을 관리하는 데 도움을 줄 수 있을 것이다.

파일럿 플랜트에서 지속적으로 새로운 기술과 교훈을 얻어 재디자인한 그림들로 진화한 접근법들은 생태모방을 적용한 간척지에 기능적인 성공을 할 수 있도록 기여한다. 추출에서 재생으로 가는 패러다임의 이동은 생태모방 사고로 가능할 것이다.

생태모방 도시 계획

생태학적 시대를 위한 도시 디자인은 여러 가지로 우리 시대 도전의 정의이다. 생태모방이 우리가 사는 도시를 변화시키는데 그리고 어떤 경우들은 새로운 도시를 만드는데 어떻게 도와줄 수 있을까, 그래서 지구상 최대

치인 90억 모든 거주자가[201] 행복하고 건강한 삶을 누릴 수 있을까?

두 가지 상당한 도전이 현대 도시 디자인에 당면했다. 하나는 생태학적 사고에 대한 몇몇 건축가들의 저항이고, 다른 하나는 건설 환경 문화 경험에 대한 생태학적 실험의 부족이다. 《생태학적 도시 계획 Ecological Urbanism》의 저자 수잔나 헤이건 susannah hagan은 몇몇 현대 건축들이 생태학적 한계에 저항하는 방법을 설명했다. 그들은 무기한 자연에 문화가 종속되는 형태의 환경 결정론으로 새롭게 연대를 맺었다.[202] 다양한 범주의 다른 쪽 끝에는 생태학을 잘 이해하고 도시 환경에서 일하는 극단적 환경 보호주의 디자이너들이 있지만, 이들은 환경을 문화와 어떻게 연동시키는지에 대한 감각이 아주 적거나 없는 사람들이다. 수천 년의 역사는 오늘날 그것이 무엇이든지 현존하는 도시를 만들어 냈다. 문화 통합과 생태학적 디자인에 필요한 것은 무엇인가 그리고 우리가 이것을 수행하기 위해서 필요한 도구들은 모두 가지고 있지만 완성된 사례는 극히 일부이다.

우리는 생태모방에 근거한 완전히 새로운 도시를 만들어 내는 상상을 해볼 수 있다. 그 도시는 깨끗한 공기, 건강한 음식, 인접한 자연환경 등이 거주자들의 양질의 삶을 위해 통합되어 있다. 또한, 그 도시는 강력한 문화를 발전시키는 데 수십 년이 걸릴 수도 있을 것 같은 함축적 의미를 가지기도 한다. 도시 디자인의 가장 쉬운 방법은 현존하는 도시들을 적응시키는 것이다. 이것은 시간이 지남에 따라 추가하고 수리하고 재작업 된 섬유 예술과 비교할 수 있다. 재작업 된 영역은 예전에 있었던 흔적을 유지하고, 새로운 부분은 예전의 주요 맥락을 계속 이어간다. 이것은 타불라 라사 tabula rasa (역주: 어떤 일의 진행에 대해 정해진 의견이 없는 상태) 접근법이라기보다는 유기적 과정임이 명백하고 그런 의미에서 본질적으로 더 생체모방에 가까운 것으로 들릴 수도 있다.

이제 도시화는 훨씬 더 친환경적이고 아방가르드 avant garde가 20년 전보다 훨씬 높은 수준의 지속 가능성을 달성하고 있다는 것은 고무적이지만, 나타나고 있는 생태학적 변화의 수준은 최고로 발전된 과학이 명백히 할 수 있는 수준에 미치지 못한다. 다음은 헤이건이 한 말이다.

> 건축가와 건축 학교는 건설 환경에서 의미 있는 변화를 위한 정치, 경제, 과학을 무시하고 더 멀리하면 할 수록, 스타일리스트들이 부자와 유명한 사람들에게 무시당하는 것처럼 그들은 그들이 주장하는 것에 무시당하게 될 것이다. 가치가 디자인을 할 수 없다면, 그리고 디자이너들이 장비를 갖추고 있지 않다면 건축은 발전된 미래 도시에 미미한 영향을 주는 직업으로 끝난다.[203]

조화로운 문화와 생태학적 디자인을 포함하는 긴장 상태는 두 가지 주요 영역에 놓여 있다. 첫 번째, 이번에는 고려하지 않아도 될 형태의 많은 사회 기반시설이 이미 확충이 되어 있을 때, 생태계와 같은 기능을 하는 디자인 도시를 계획하는 진지한 도전이다. 두 번째, 필요한 규모에 대해 문화적, 생태학적 통합을 위한 교육을 받았거나 이를 수행하려고 하는 건축가나 도시 디자이너가 충분하지 않다는 것이다.

생태모방이 이 긴장 상태를 어떻게 해결할 수 있을까? 이 '거시적인' 쟁점은 두 가지 모두, 생태모방 디자인에 대한 그들의 수용력을 증대시키기 좋아하는 학생이나 연습된 건축가들이 깰 수 있다. 기존에 있거나 타불라 라사 tabula rasa 맥락 두 가지 모두 정보가 되고 유능한 모방이 되기 위해서는, 생체모방이 건축 환경에 대한 잠재력을 충족시키는 데 필수적이다. 첫 번째 긴장 상태는 디자인이 해야하는 지표를 지정해야 체계적인 변화에 반응할 것이다. 존경받는 컨설턴트인 바이오미미크리 3.8 Biomimicry 3.8은 생태학적 수행 지표를 수립하여 주어진 위치에서 원시 생태계가 어떻게 기능하는가(또는 기능했을 것인가), 얼마나 많은 산소를 생산하는가, 얼마나 많은 물을 저장, 여과 또는 증발시키는가와 같은 것을 주요 지표로 명시한다. 그런 다음 이러한 측정 기준은 무엇을 지어야 하는지에 대한 기준을 설정하여야 도시가 더 큰 시스템 내에서 안정적인 존재가 될 수 있고 동일한 생태계 서비스를 수행할 수 있다. 이것은 부지에 대한 기본적인 생태 조사만 요구하는 건물 평가 시스템보다 훨씬 엄격한 표준 세트이며, 해당 기준에 대한 개선점을 배당한다. 또한, 이것은 실용적인 전략이다. 지표로 자연을 사용할 뿐만 아니라 구체적인 프로젝트를 위한 모델이 될 수도 있다. 이런 점에서 생태계 모델을 도시에 적용하는 것은 은유적 접근법을 훨씬 능가한다.

영감을 주는 생태모방 도시들:
에이럽의 동탄 Arup's Dong Tan 과 완짱 Wanzhuang

건축가들과 도시 디자이너들이 이제 처음으로 시도하여 만들고 이런 도시들의 발전에 대한 시도에 영감을 주었다. 에이럽 Arup 의 도시 마스터 플랜 팀장인 피터 헤드 Peter Head 는 도시 디자인에서 문화의 역할이 중요한 만큼 산업시대에서 생태 시대로 넘어가는 중대한 변화의 가능성으로 생태모방을 보았다. 그는 《바이오미미크리-자연에서 영감받은 디자인 Biomimicry - Design Inspired by Nature》라는 책에서 저자 재닌 베니어스의 원리 Janine Benyus' principles 로 시작했다.[204]

성숙한 생태계의 유기체들

- 쓰레기를 자원으로 사용한다.
- 서식지를 충분히 활용하여 다양화하고 협력한다.
- 에너지를 효과적으로 모으고 사용한다.
- 최대화하기보다는 최적화한다.
- 자재를 아껴서 사용한다.
- 자신의 둥지를 엉망으로 만들지 않는다.
- 자원을 낭비하지 않는다.
- 생물이 살 수 있는 영역에서 균형을 유지한다.
- 정보가 지속된다.
- 지역의 것을 사용한다.

이 원리들은 에이럽이 중국 동탄에 최초로 만든 에코 시티 디자인의 기본이 되었으며 중국의 완짱에서 실행되었다.[205] 동탄-양쯔강의 입에서 나온 실트 침적으로 형성된, 새롭게 성장하는 지역- 부지는 아주 특이하고 기술적 반응이 널리 허용된 반면, 많은 방법에 있어서 더 전형적인 완짱은 새로운 중국 도시 디자인이라는 맥락에서 좀 더 복잡했다. 완짱은 농경 지역으로 중국 전역에서 사람들이 방문하는 역사 마을과 배 과수원이 있는 곳이다. 의뢰인의 목적은 도시에서 첨단 거리에 에코 시티를 확장하여 만드는 것이었고, 사전 팀이 모든 기존 사용 땅을 정리하고 격자의 도로와 도시 블록들을 선 시공했다.

헤드의 팀은 물 부족, 적은 농업 생산량과 같은 물리적인 도전뿐만 아니라 지역 문화까지도 세심하게 분석하기 시작했다. 그들은 공동체 협의를 약속했고 전통적인 타불라 라사 접근법에 도전하는 계획을 발전시켰다. 에이럽의 목표는 도시 계획이 경제를 활성화시킬 수 있고 기존의 농부들이 농사를 계속하면서도 도시 부자와 지방의 가난한 사람들 간의 분리된 경제적 거리를 좁힐 수 있을 것이라는 새로운 패러다임을 발전시키는 것이었다. 최종 계획은 35%의 땅에만 건물이 들어 서고, 85%의 역사적인 과수원과 더불어 65%의 농경지를 보존하기로 제안했다. 새로운 건물들은 5~6개 층으로, 기존 건물들 주변에 집중되었고 그래서 마을의 거의 모든 구조가 유지되었다.

거주지 완전 활용을 위한 다양화와 협력

이 원리는 계획이 확장되어서 단 기능인 도시 구역을 사람들이 살고 일하고 밀접하게 기댈 수 있으며 동시에 레크리에이션을 위한 열린 공간으로 즉시 활용할 수 있는 압축적 다기능 레이아웃을 도출하게 했다. 사람들의 활동성에 집중한 결과 활기찬 공공 공간이 생기고 지속 가능하고 실행 가능한 교통수단 선택 범위가 만들어졌다. 새로운 도시 개발은 주로 편협한 인구통계학으로 일어나지만, 완짱은 상호 지지 시스템을 제공하고 공동체 결합을 강화하여 연령, 문화, 가족 단위의 다양화를 유지

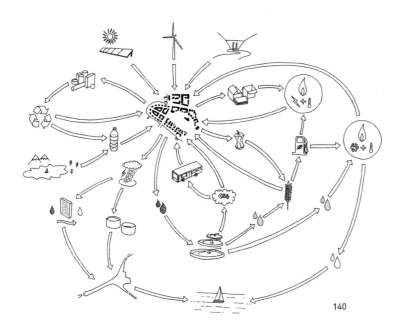

140. 스웨덴의 하말비 쇼스타드 먹거리망 다이어그램은 생태계 원리가 자원 효용성에서 근본적인 증가를 가져다 주기 위해 도시의 새로운 부분에 어떻게 적용될 수 있는지를 보여 준다.

140

할 수 있을 것이다. 물, 에너지, 쓰레기 관리의 지역 시스템은 자원의 효용성을 극대화하고 '쓰레기를 자원으로 활용하는' 공생 시스템을 만들었다.

효율적인 에너지 수집과 사용: 자재 절약 사용

이 원리는 에이럽이 교통수단에서 변형된 접근법을 개발하도록 했다. 모든 화물은 주변부의 통합 센터를 통해서 관리되었고 상품들은 운송 거리와 혼잡을 더 효과적인 방법으로 줄일 수 있도록 중심지에 배달되게 하였다. 도시 지역의 모든 탈 것들은 전기나 연료 전지로 운영되어 더 조용하고 깨끗했으며 결과적으로 건강까지 고려할 수 있었다. 향상된 환경 조건은 보통 에어컨을 사용하는 상업 건물에 자연 환기까지 가능하게 했다. 신축 건물은 모두 에너지 효율에 대해 높은 기준이 적용되도록 했다. 이러한 조치 결과 에너지 수요가 80%까지 줄도록 목표를 잡았고 더 많이 얻어 낼 수 있는 재생 가능한 자원으로부터 공급받았다.

생물이 살 수 있는 영역에서 균형 유지

자원을 재생하고 우리가 버린 쓰레기를 흡수하기 위해 필요한 육지와 바다의 영역을 계산한 생태 발자국의 규

율은[206] 이 원리의 완성을 보장하기 위해 이 팀이 사용하였다. 생태 발자국은 에너지와 쓰레기 측면에서 엄청난 절약을 보여 주었는데, 이것은 자원의 닫힌 고리 관리를 통해 얻을 수 있었다. 이 계획으로 인해서 단지 2%의 쓰레기만이 매립지로 가게 될 것이고, 재활용되지 않은 잔여물들은 요람에서 요람까지의 원리에 따라 재디자인되어 생산물로 만들어질 것이라는 희망이 있다. 다음은 피터 헤드가 한 말이다. "건축 환경에 있는 각기 다른 구성 요소들의 환경적, 경제적, 사회적 성과를 연결하는 선순환을 동원하여 축적되는 이익은 확대된다. 그래서 하나의 디자인이 변화하는 것은 다른 이익을 이끌어낼 수 있다."[207]

생태모방 미래 가능성

동탄과 완짱 둘 다 실현되지는 않았지만 우리에게는 질문 하나가 던져졌다. 실제로 지어지려면 어떤 형태가 이상적인 통합인가? 모든 개연성 면에서 문화적 연속성을 위해 다양한 형태로 분투하는 기존 도시의 적응이거나 기존 도시의 확장일 것이다. 여기서 분투란, 그 지역에서 오염되지 않은 생태계의 서비스와 일치하는 디자

인을 하거나, 상호 연결을 유발하는 사회 기반시설, 하말비 쇼스타드 Hammarby Sjostad (역주: 스웨덴 스톡홀름에 있는 지명)와 같은 사례에서 볼 수 있는 폐기물 제로 자원 흐름(그림 140)과 같은 것들이다. 생태모방으로 디자인된 개인 건물은 자원을 더 효과적으로 사용하고 공기를 정화하고 에너지를 생산하고 폐기물을 먹고 사는 동물들(제거하는 자, 재사용하는 자, 재활용하는 자)에게 더 쉽게 일을 만들어 준 자재로 지어짐으로써 도시 전체에 이익을 줄 것이다. 대부분 지붕과 파사드에서는 먹거리를 제공하기 위한 식물이 길러지고 물을 관리하고 미기후를 조정하고 생태학적 성과 기준을 보게 된다(그림 141). 순환 경제 원리는 빌딩에서 유휴 생산 능력을 동원할 것이다. 사람들의 요구로 지어지는 교통수단과 사회 기반시설은 훨씬 더 효용성이 있고[208] 자원의 흐름은 '배출'보다는 '순환'으로 특성화될 것이다.[209] 도시의 내륙지역은 추출 되기보다 재생되는 지역이 될 것이다.

아주 명백한 차이점의 하나는 '친환경 사회 기반시설'에 있을 것이다. 지속 가능한 교통수단과 핸드폰들이 요즘 도시 형태의 더 중요한 결정자가 된 것처럼 도시의 도로는 친환경 기반시설을 위해 양보하여 개인 차량의 흐름이 많을 수 있도록(아니면 더 오래된 도시에서는 말이 끄는 짐차의 흐름이 적도록) 계획되었다.[210] 이것의 두드러진 사례는 서울에 있는 청계천 복원 사업이다(그림 142). 예전에 왕복 16차선으로 덮혀 있던 하천은 이제 다양한 이익을 주는 선형의 공원이 되었다. 공기 질이 좋아지고, 생활 편의시설이 늘어나고 미기후가 향상되었다(선형 공원의 근접환경은 평균적으로 서울의 다른 지역보다 3.6도 시원하다).[211]

141. 건축가 스테파노 보예리(Stefano Boeri Architetti)의 토레 델 보스코(Torre del Bosco). 생태 시대의 도시는 번창하는 생태계로써 동일한 기능을 하는 디자인이 필요할 것이다.

142. 서울에 있는 청계천 공원은 예전에 16차선의 도로로 덮여 있었다. 이것은 산업 시대의 사회기반 시설이 어떻게 녹색 사회기반시설로 변화하였는지 보여 주는 놀라운 사례이다.

도시 형태에서 복잡한 디자인을 풀기 위해 생물학적 알고리즘은 다가오는 수년 내에 사용될 것이다. 도시 형태를 위해 생태모방이 해내는 산출의 잠재력은 2009년 호카이도 유니버시티 Hohhaido University에서 수행한 점균류 실험이 대표적인 예가 되었다. 점균류는 먹이 간의 최소거리 네트워크를 형성하는 단세포 유기체이다. 도쿄 주변 지역의 지도를 사용하여 과학자들은 도시를 둘러 싼 곳곳에 먹이를 두고 도쿄 자리에 점균류를 올려 두었다. 점균류는 빠르게 퍼져 나갔고 모든 먹이로 다가가서 점 간의 거리를 최소화하는 네트워크를 최적화하여 만들어 냈다. 그 작업이 끝났을 때 레이아웃은 거의 일본 지역의 철도 네크워크의 이상과 가까웠다. 그 네트워크는 철도 기술자들이 최적의 안을 도출하기 위해 수천 시간이 걸렸지만 점균류는 같은 작업을 단지 26시간 만에 해냈다 (그림 143). 이것은 생태모방이 효율적인 운송 시스템을 디자인하도록 도와줄 수 있는 실용적인 방법이라는 것을 입증해 준다.

유사한 최적화 과정은 도시 디자인에도 확장 적용될 수 있다. 이것이 두렵거나 수용할 어떤 것이 될 것인가? 점균류가 단 기능적 최적화 사례였다면 더 큰 유기체와 성숙된 생태계는 더 많이 복잡한 최적화의 결과일 것이다. 복합적인 매개변수를 단계적으로 최적화할 수 있는 컴퓨터 알고리즘으로 우리는 동등하게 진화된 과정을 도시 디자인하는데 사용할 수 있다. 매개변수들은 거주지 크기, 태양광 요구 수준, 문화적 자산의 존재 등과 같은 어떤 것도 정의할 수 있도록 포함할 수 있다. 그래서 백만 가지 디자인 다양성이 만들어 질 수 있고 '적확하게' 정제될 수 있다. 적절한 때에 우리는 건축가들의 독자적인 독단보다는 훨씬 더 믿을 수 있고 덜 자의적인 존재로 생물학적 최적화를 볼 수 있는 것 같다. 우리가 컴퓨터의 규칙을 따를 필요는 없다. 만약 우리가 또는 우리의 발주자가(용어의 완전한 의미에서) 도출물을 좋아하지 않는다면, 우리는 입력 내용을 바꾸고 최적화 과정을 다시 반복하면 된다.

도시 디자이너나 건축가들의 창의적인 사고가 컴퓨터

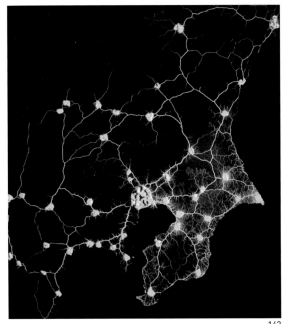

기술에 발목이 잡혀 있을 때, 생물학적 지식과 생태학적 목표, 그 결과들은 한계가 아닌 창의성에 대해 논쟁이 된다. 산호초나 고대 우림 지대는 공생으로 균형을 이루어 작동되는 상호관계로 번창하였고 복합적이었다. 우리는 여기서 자연계의 본질적이고 기능적인 질을 나누어 전체적으로 인간 환경 창조에 대해 배울 수 있다. 이것은 낭만적이지도 않고 향수를 가진 것도 아니다. 이것은 무기한으로 시스템이 번창할 수 있는 상황에 대한 합리적인 이해를 포함해야 한다. 우리는 도시를 적응시키고 재건하기 위해 자연이 주는 최고의 것과 인간이 만들 수 있는 최고의 것을 결합하여 생태모방을 사용할 수 있다. 시작은 늦었지만, 여기 정의한 임무는 성취할 수 있는 것들이다. 만약 우리가 생태모방에 근거한 도시 디자인 접근법을 빠르게 적용한다면 이미 발생하여 피할 수 없는 기후 변화의 충격을 완화시킬 수 있다. 지속 가능한 세상에, 먼 미래를 위해 디자인된 새로운 도시들을 개축하거나 건설할 수 있을 것이다.

143. 도쿄 슬라임 몰드 실험은 생물학적 형태 최적화가 도시 교통망 디자인을 위한 더 효과적인 방법에 어떻게 영감을 줄 수 있는지 입증한다.

생태모방 건물: 빛의 섬 Island of Light
－카오슝 항구와 크루즈 서비스 센터
Kaohsiung Port and Cruise Service Center

완짱과 유사하게 타이완 Taiwan 에 있는 통킨 리우 Tonkin Liu 의 '빛의 섬 Island of Light'(그림 144) 크루즈 여객 터미널은 문화적 측면에서 시작점이다. 계획의 목표는 중국의 많은 풍경화에서 따온 자연과 연관된 동일한 감각을 만들어 냄으로써 그 맥락을 연결하는 것이다. 대기하고 발권하고 승선하는 간단한 요구사항을 경험하는 이것이 건축물을 시적인 수준으로 끌어올렸다.

이 계획은 생태모방과 생물 형태를 연상시키는 디자인 방법을 멋진 감각과 기술로 결합하였다. 이 건물에는 두 가지의 중요 요소가 있다. 모든 기능적인 편의시설이 있고 언덕을 닮은 저층과 경량의 지붕 캐노피이다. 지붕 캐노피는 나무를 닮은 기둥으로 숲의 형태를 가져온 것 같고 승객들에게 부드러운 그늘 공간을 제공한다. 그리고 그 캐노피의 구조적 원리로, 둥글고 접히고 꼬인 조개껍데기의 형태는 사람들의 시선을 끈다. 이 기둥들은 통킨 리우가 하고 있는 조개껍데기 구조 작업의 연속 작이다. 그들을 다음과 같이 설명한다.

구조적인 '숲'은 더운 기후에서 시원한 공간을 만들 필요 없이 우아함을 만들어 낸다. 낮 동안은 캐노피를 통과한 얼룩덜룩한 빛이 홀을 가득 채우고 '언덕'을 덮어주며 밤 동안은 이 나무들이 내부 빛으로 반짝인다. 언덕의 사면형으로 된 계단들은 항상 반짝이는 적절한 온도의 공간과 뚜껑이 있는 열주로 형성되어 쉼터가 만들어진 외부 계단의 두 공공 공간으로 접근이 가능하다. 계단에 오르면, 도시의 규모와 원양 정기선 사이의 관계를 경험할 수 있다. … 도착과 출발 시 극장 같이 보인다. [212]

이런 시적인 공간감은 '일반적'이거나 순수하게 생물의 형태를 모방한 프로젝트에서 완벽하게 설명되는데 이곳의 디자인은 명백하고 합리적인 생태모방 원리 또한 디자인 근거로 하였다. 구조에 덧붙여 생태모방 원리는 자유롭게 사용 가능한 에너지의 원천으로 내부가 쾌적한 상태가 되도록 사용되었다. 상대적으로 잠시 머무는 공간인 중앙 홀의 상태는 많은 변동을 거듭하는 반면에, 좀 더 안정적인 다른 공간은 꾸준한 온도를 요구했고 이런 것들이 육중한 형태로 시공한 축열체가 주는 장점을 얻기 위해 언덕을 만들게 했다. 연중 가장 더운 기간에는 추가적인 냉방을 다른 곳, 즉 열 교환기를 사용한 해수에서 얻어서 구조를 통해 순환될 수 있게 했다.

구조로 형성된 이 나무는 복합적인 생태모방 기능을 한다. 첫째, ETFE로 덮여 있는 나무들은 태양과 바람, 비로부터 쉼터를 제공한다. 둘째, 이 나무들은 지붕의 외기 유입구와 환기구를 사용하여 낮은 층의 환기구와 짝을 이루어서 자연 환기가 되도록 설치되었다. 이 조합은 바

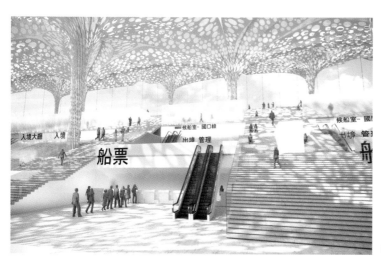

144. 통킨 리우의 '빛의 섬 프로젝트' 내부 모습. 조개껍데기 형태 가공 구조물은 빛을 걸러주고 우수를 모으면서도 태양, 바람, 비로부터 쉼터를 제공한다.

145. 톰 위스콤브(Tom Wiscombe)의 축열 구조물. 에디아카란 시대(Ediacaran Period)의 유기체에서 영감을 받은 이 축열 구조는 구조, 외피, 시스템이 완전히 통합될 수 있는 방법을 제안했다.

144

람을 이용하여 굴뚝 효과를 일으켜 공간 안으로 신선한 공기가 충분히 들어올 수 있도록 한다. 셋째, 나무들은 빛을 조절한다. 태양광을 걸러주고 구조에 매입된 조명기구를 이용하여 저층까지 빛이 닿을 수 있고 밤에는 도시의 상징이 되도록 빛을 발한다. 마지막으로, 지붕은 건물에서 필요한 용수의 대부분을 공급하는 빗물을 모은다.

미래 가능성

생태모방의 발전이 그 계획을 더욱 발전시키기 위해 어떻게 사용될 수 있을까? 조개껍데기 구조에 있는 타공은 막힌 쉬트를 가지고 자재를 제거해 나가는, 제조업에서의 하향식 접근법이다. 제조 기술의 발전과 함께 자재들을 성형하면서 동시에 그것들이 필요한 곳에 사전에 배치되는 상향식 제조법을 적용하는 것이 더 쉬워져야 한다.

지속적으로 자재의 양을 줄일 수 있는 적응 구조(제1장 참조), 센서 융합, 인장재 활성화는 태풍이 왔을 때 '긴장을 높일' 수 있는 선 세공이 들어간 구조까지도 이끌어낼 수 있다. 적응 구조는 몰아치는 바람(추가되는 하중에 안정되게 견뎌서)에 재빨리 반응하기에 충분한지 아닌지가 주요 도전 과제이다. 아마도 이것은 풍하중 경고 후 몇 초를 더 벌 수 있게 하는 민감한 안테나를 가진 건물을 늘리는 것으로 지적되어 '감지'라는 주제로 고려해 볼 수 있다. 결국, 계획은 이미 ETFE로 디자인되었고 유연한 프레임이 개발된다면, 그 디자인은 단단함보다는 자연적인 나무 숲처럼 우아하게 바람에 흔들거리는 탄력 있는 방법을 추구할 수 있을 것이다.

이 프로젝트가 만들 수 있었던 마지막 발전은 건설 시 사용한 모든 자재 정보를 관리했다는 것이다. 그래서 순환 경제 측면에서 이 건물은 낭비하는 자재가 없게 되었다. 빌딩 인포메이션 모델링(BIM)과 같은 인기 있는 최신 기술은 이미 이 전략을 시작할 때 투입되었다. 이 모델에서 미래에 건물 유지관리, 재개발, 업사이클링은 자재 순환을 통해 그들의 여정이 끝나게 만들기보다는 자재를 저장하는 방법으로써 건축물의 기본이 될 것이다.

생태모방 상세: 축열 구조

2012년 논문 〈조립을 넘어서: 시스템 수렴과 다기능 물질 Beyond assemblies: system convergence and multi-materiality〉에서 톰 위스콤브 Tom Wiscombe는 지난 100년간 건축물의 발전 방향은 오히려 더 적게 통합된 시스템으로 향했다고 설명했다.[213] 뼈대는 스킨과 완전히 구별되고, 그 스킨은 결국 건물 서비스를 위한 다른 많은 부수적인 시스템과 분리되며 건물이 지어진 방법은 전문가들로 구성되어 있었음에도 분산을 강화시켰다. 그의 사무실은 그가 설명한 '각 개별 시스템의 제로섬 최적화보다는 생태학적 시스템'[214]을 사용하여 이런 결함 있는 패러다임을 재고하는 것을 목표로 수많은 제안에 대해 연구한다.

에디아카란 시대 Ediacaran Period(약 6억 년 전)의 선사 유기체로부터 영감은 받은 접어진 복합 외피 축열 구조 Thermo-Strut가 건물 요소에 제안되었다. 이것은 태양 에너지를 모으고 방사열이나 냉각을 위한 미세 모세관이 있으며 심지어 LED 조명을 완전히 장착하였다(그림 145).

항공 우주 산업 측면에서 제조를 위한 새로운 접근법 탄소섬유 다발 형태인 섬유들이나 탄소섬유 테이프로 구성된 조립이 가능한 산업들은 구조 분석 소프트웨어가 결정한 길을 따라서 정확하게 자리를 잡고 노선을 정할 수 있다. 위스콤브는 다음과 같이 이야기한다.

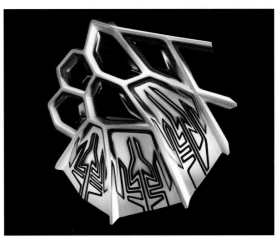

145

146

휘고 감고 싸는 이 모든 것이 주름, 구김, 요철과 같은 형태학적 활용과 협력하여 구조적이면서 형태적인 표현의 새로운 언어가 되었다. 대규모에서 외피 형태를 통해 구조적 압력에 저항하는 능력과 소규모에서 외피 구성 요소들의 단계는 이전에 불가능했던 방법으로 건축적 형태와 구조를 조정하게 한다.[215]

이 접근법은 네리 옥스만Neri Oxman과 그녀의 동료들(제2장 참조)이 유사한 영역을 탐색하였는데, 그것은 '기능적으로 차등된 자재'라는 중요한 관념으로 진전되었다. 자재들은 갑작스럽기보다는 지속적으로 그 성질이 다양해질 수 있다(그림 146). 예를 들어, 불투명 구조에서 반투명 창문까지 점진적인 변화는 '프레임과 외피'의 관계로, 건축을 하기 시작한 이래 건축을 지배해 온 완전히 반대 개념이다. 이 새로운 개발이 다른 산업에서 착수된 것은 우연이 아니다. 건축물의 새로운 접근법은 풍성한 관계 연구와 예산 개발로 산업 부문 그리고 성과 향상을 측정하기 더 쉬운 곳에서 그 근원을 가지는 경우가 많다. 위스콤브는 생물학에서 합성물의 유행을 설명하고 그 방법으로 "이것들은 다양한 인장 강도, 굴곡성, 무게, 투명도를 가진 근본적 유기체, 비광물성 합성물"이라고 말했다.[216] 그가 언급한 합성물의 비광물성 자연은 자재의 특성에 있어서 다양성을 확보하기 위한 본질일 뿐만

아니라 지구에서 추출해온 자재로써 더 한정되어버린 자연과는 반대로 재생 가능성의 이익을 준다. 현재 독성이 있을 뿐만 아니라 자재의 회복력을 방해하는 레진을 포함하여 대부분의 합성물이 건설에 사용된다. 이상적이게도 우리가 사용하는 그 합성물은 키틴을 사용한 네리 옥스만의 작업에서 보여 준 것과 같이 올바른 요소로 시작하고 올바른 방법으로 그것들을 함께 두어서 생물학적 합성물의 방향으로 꾸준히 이동될 것이다.

축열 구조는 최소한의 자원을 사용(더 적은 자재로 더 많은 디자인), 단단함을 강화하기 위한 표면의 다양한 표현, 기능적으로 차등화된 자재의 사용, 체온 조절 시스템의 통합(자연이 하는 것과 같은 통합), 에너지 수집, 상상하건대 자가 치유 네트워크까지도 생태모방 아이디어의 범주로 통합된다. 어쩌면 태양광 때문에 조리개를 여닫거나 외부 상태에 반응하는 투과율을 다양화할 수 있다. 그것은 더 많은 성과를 내기 위해 부차적인 조립 없이 자재들을 어떻게 한데 놓을 수 있는지 예의주시할 만한 전망이다. 적당한 때에, 지배적인 패러다임으로 그리고 그 시점에 우리가 화석 연료 시대에서 이동해 왔다는 주장을 실제로 할 수 있음으로써, 우리는 공기 중 탄소에서 성장한 생물학적 중합체와 함께 자가 조립된 유사한 요소들을 보게 될 것이다.

생태모방 회사: 인터페이스Interface

1994년 인터페이스는 고객들에게 카펫을 공급하여 상업적으로 성공한 일반 회사였다. 레이 앤더슨Ray Anderson 회장은 회사의 환경 정책에 대한 연설에 초대되었다. 무슨 말을 할지 자기 탐구를 하던 중 동료가 폴 호켄Paul Hawken의 상업의 생태학The Ecology of Commerce을 읽을 것을 추천했다.[217] 그 책은 '미래 세대에게 그들의 요구 충족 수단을 박탈하지 않고 현재 요구를 충족한다는 의미에서 지구상에 지속 가능한 산업체가 없다'는 것을 떠올리게 했다.[218] 레이 앤더슨은 인터페이스를 최초의 지속 가능한 회사로 먼저 만들고 이어서 최초의 회복형 회사가 되기로 결정했다.

146. 네리 옥스만(Neri Oxman)의 키토산 구조물 – (대기 중 탄소에서 성장한) 원자재를 생물학적으로 끌어내서 구조 요소로 만든다.

선 착수한 것은 선구자적 사고를 하는 사람들과의 회의를 집중 과정으로 수행했고 재닌 베니어스 Janine Benyus 를 포함한 폴 호켄 Paul Hawken, 아모리 앤 헌터 로빈스 Amory and Hunter Lovins, 조나단 포릿 Jonathan Porritt 이들 모두 새로운 방식으로 생각하는 이 회사에게 도움을 주었다. 아마도 혁신을 이끈 가장 근본적인 생태모방 원리는 쓰레기 처리에 대한 아이디어를 준 것이다. 그 당시 회장이자 COO였던 찰리 에이텔 Charlie Eitel 은, 심지어 쓰레기는 '고객 가치를 만들어 낼 수 없는 모든 측정 가능한 투입' 이라고 아주 예리한 말로 정의했다.[219]

생산에서 서비스까지

바닥 마감에 대한 전통적인 접근법은 사무실 바닥에 넓은 실내 카펫을 접착하는 과정이 포함되는데, 이것은 모든 가구들을 치워줘야 했다. 또한, 접착제와 화재 지연제에서 나오는 가스를 배출하는 혼합물 혼화제를 거주자들이 들이마시게 된다. 카펫은 비교적 짧은 기간 동안 사용된 후, 집중적으로 사용된 일부분만이 마모될 것이고 결국 전체를 다 드러내어 매립지에 던져 버리게 된다. 그리고 동일한 폐기 과정을 가지며 값비싸고 오염을 일으키는 더 많은 카펫들로 대체된다. 인터페이스는 생산품보다도 바닥 마감 서비스를 제공해서 얻는 더 큰 이익이 있다는 것을 인식하였다. 거의 무기한으로 재조정이 가능한 내구성 있는 타일 카펫을 개발함으로써, 회사는 마모된 카펫를 근무 시간 내에 교체할 수 있고 더 낮은 가격으로 더 나은 서비스를 제공하면서도 자원 효용성에 있어서 급격한 증가 달성을 할 수 있었다.

2000년에 인터페이스는 바이오미미크리 3.8과 함께 '자연은 카펫을 어떻게 만드는가?'라는 질문에 답을 얻기 위해 협업했다. 그들이 주최한 워크숍에서 주로 디자이너들인 참석자들은 이 문제를 고민하기 위해 바깥 숲 속으로 보내졌다. 처음에 당황한 디자이너들은 그들이 꽃의 형태, 자연의 색이나 형태를 찾아야 한다고 생각했다. 그러나 워크숍에서 되돌아온 주요 관찰 중의 하나는 '무작위'였다. 특히 숲 바닥이 두 군데서 정확히 똑같을

수 있는 방법은 없으나 조화를 이루는 모습을 보여 주었다. 이 연습 과제의 결론은 무작위 패턴을 흉내 낸 타일 카펫 디자인이었다.

이 아이디어의 엄청난 이익은 점차 밝혀졌다. 첫째, 카펫을 무작위로 놓을 수 있어서 시공 폐기물이 거의 사라졌다. 둘째, 더 이상 존재하지 않는 '불완전함'이라는 생각은 폐기물이라는 영역 전체를 아예 삭제해 버리고 품질관리를 하지 않았다. 셋째, 수선이 훨씬 쉬워졌고 완전히 일치하는 것이 불가능한 디자인이었기 때문에 타일 카펫을 돌려서 사용하면 더 오래 쓸 수 있었다. 그래서 인터페이스는 이 원리를 적용하여 모든 제품군을 개발해 왔다.

생태모방 혁신은 전통적인 접착 방식에서 도마뱀에게 영감을 받은 대안으로 계속되었다. 그리고 재생 디자인은 'Net-Works'와 같은 계획으로 개발도상국의 어부들에게 값을 지급하고 바다에 버려진 그물을 모아 오게 해서 바다 마감재를 만드는데 원자재로 공급했다.[220]

아마도 인터페이스는 그들의 사업 문화 전체에 어떤 다른 기업보다도 훨씬 더 철저히 생태모방을 적용했고, 주장하건대, 어떤 다른 산업체 주요 주자들보다도 진정한 지속 가능 회사가 되는 것에 매우 근접했다. 1996년에서 2009년까지 온실가스 배출의 실제 감소를 보여 주었고 그것은 1996년 시작점에서 44% 감소 달성했다. 그리고 매립지에 보내는 폐기물은 80% 감소를 달성했다.[221]

미션 제로 Mission Zero

이 지속 가능 회사의 '미션 제로' 비전은 2020년까지 달성하는 것을 목표로 하고 있다. 이것은 재닌 베니어스의 책에 나와 있는 원리를 최대한 따르는 것이다. 이 회사는 태양으로 운영되고, 정확하게 필요한 에너지만 사용하고, 다양성과 협력에 대해 보상하고, 지역 환경과 기술에 적응하고, 과잉 생산을 억제하고 더 나은 해결책으로 진화하는 필요 과정으로써 차질을 주는 혁신을 포용하고 실패를 받아들이게 될 것이다. 다른 회사들은 그들이 재생 접근법을 수용하는 방법적인 면에서 제로가 아

니라 긍정적인 영향을 취하는 방향으로 움직일 것이다. 인터페이스의 용어는 확장할 수 있다. 생태모방을 이용한 '미션 포지티브 Mission positive'는 대기 중의 탄소 없이 바닥 마감재를 만드는 방법과 같은 대규모 축소 기술 drawdown technologies을 수반할 것이다. "오염은 우리가 수확하지 않은 자원에 불과하다."는 [222] 풀러의 주장을 영감으로 받아들이면, 부레옥잠과 같이 급속히 퍼지는 종에서 나오는 부영양화된 수분 몸통이나 섬유로 만들어진, 연못을 뒤덮고 있는 섬유질의 해조를 원자재 투입으로 이용하게 될 수도 있다. 제6장에서 설명한 기술의 진보는 어떤 염색 과정을 거치지 않고도 선명한 색채 효과를 내는 섬유를 만들어 낼 수 있을지도 모른다.

생태모방 사업

내일의 성공 기업은 그들의 고객과 자연을 본 뜬 그들만의 디자인, 시장에서 온 그들만의 규칙에서 가치를 가져올 것이다.
아모리 로빈슨AMORY LOVINS [223]

인터페이스는 한 기업이 그들의 작업을 변화시켜서 쓰레기를 줄이고 이익을 늘리기 위해 생태모방을 어떻게 사용했는지 보여 주었다. 이 책에 나온 많은 아이디어는 이 점을 강화했다. 예를 들면 에덴 프로젝트 바이오돔Eden Project Biodomes은 기존의 해결책에 비해 3분의 1의 비용이 투입되었다. 칼룬버그 에코 인더스트리얼 파크Kalundborg Eco-Industrial Park는 연간 2억 6,400만 갤런의 물을 절약했고 연간 24만 톤의 이산화탄소 배출을 감소시켰다. 사람들이 그 지역에서 구할 수 있는 자재로 건설을 할 수 있게 권한을 준 단순한 생태모방 접근법들도 저비용 주거라는 해결책을 주었다. 이것들을 더 간단하게 말하면 생태모방은 에너지를 절약하고 자재 효용성을 증가시키며, 쓰레기를 가치로 바꾸고 구할 수 있는 자원들을 저렴한 건물 자재로 변환시킨다.

바이오미메틱 오피스Biomimetic Office(준공 시 세계에

서 가장 적은 에너지를 사용하는 사무용 건물 중 하나가 될 것이라고 예측했었다)와 같은 다른 사례들은 약간 높은 투자 비용을 들이고 훨씬 적은 비용으로 운용된다. 그러나 이 조건들만으로 가치 제안을 분석하는 것은 이런 계획들이 제공하는 가장 큰 경제적 이익을 놓칠 수 있을지도 모른다. 최근 몇 년간 브랜드 이미지, 작업 환경의 질, 직원들의 웰빙과 같이 기업의 사회적 책임(CSR, corporate social responsibility)의 중요성 상승과 더불어 유형 가치를 더 적게 고려하는 방향으로 중요한 움직임이 있어 왔다. 이제 이번 세기의 작업장은 사회적 환경적 책임 측면에서 기업이 어떻게 운영되어야 하는지에 대한 더 높은 기대를 가지게 된다. 바이오미메틱 오피스와 같은 계획을 위해서, 훌륭한 직원들을 끌어들이고 생산성을 강화하는 회사의 경제적 이익은 몇 가지 대규모 지시로 이루어지는 에너지 절약의 가치를 넘어설 것이다.

생태모방은 그것을 생산하는 혁신이 상업적 경제적 전망뿐만 아니라 지속 가능하고 친환경적인 존재로 유용하기 때문에 기업의 사회적 책임과 함께 탁월하게 양립되는 존재로 생각되었다. 그래서 생태모방은 수익성 있는 수단을 써서 친환경으로 가는 회사가 되는 방법으로 권장하는 콘셉트가 되었다. [224]

기업의 사회적 책임을 결심하고 따르는 회사가 많이 있다. 그들은 분명히 결과가 드러나는 모든 개선에 영향을 받은 것 같고 이제 그다음 차례 개선은 무엇인지 궁금해한다. 생태모방은 생산품과 생산 과정과 건물에 대해 다시 생각하게 할 수 있고 새로운 해결책을 준다. 기계적 효용성에 대해 미래 투자를 하는 곳은 체감하는 수확이 지속해서 증가하고, 가장 큰 수확은 시스템의 영역을 넓힘으로써 얻을 수 있을 것이다. 그것은 다른 회사들과 함께 상징적 관계 형태를 위해 그들의 더 넓은 사업 생태계를 보는 것, 회사 내부 여부의 생산 능력을 외부 당사자가 사용하도록 상업적 주선을 설립하는 것, 아마도 수익을 위해 잉여 에너지를 판매하면서도 그들의 운영을 위

해 장기적인 에너지 보안을 확보하는 에너지 사업가가 되는 것들이다.

점차 선두 기업들은 기업의 사회적 책임 사업에 가치를 부여하고 있다. 구글은 본사의 대규모 태양광 패널 배치 비용을(태양광 패널이 지금처럼 경제적으로 이득이 되기 훨씬 이전) 최고의 직원을 끌어들이는데 필요한 이미지 구축의 부분으로 정당화했다. 익스플로레이션Exploration의 제로 웨이스트 텍스타일 팩토리Zero Waste Textile Factory는 상당한 자원 절약과 엄청나게 개선된 작업 환경을 제공하기 위해서 생태모방과 시스템 사고를 사용한다. 이런 조치들은 일반적인 접근법보다 비용이 많이 들지만 의뢰인 입장에서 볼 때, 만약 주요 체인점 중 한 군데서 온 국제 바이어가 신 모델을 생산하는 공장 내부를 걸으면서 평균 사이즈 주문을 한다면, 건물의 비용은 한 번에 회수하는 양이 더 많아서 지속 가능한 기술을 위해 일반적으로 계산한 자금 회수 시간을 무시하게 될 것이다. 고객을 위해 모든 디자인 프로젝트들은 단지 비용에 근거한 모델을 끌어내야 하는 사업적 감각을 만들어야 하지만 건물들은 훨씬 더 간단한 경제적 자산이다. 리더십 입증을 원하는 고객을 위해서 건물들은 수익성이 있으면서도 긍정적인 미래를 창조하는 경쟁력 있는 유기체로 정확하게 진화될 수 있다.

혁신을 원하는 이런 회사들을 위해서 생태모방은 유사한 문제들에 대해 새로운 전망을 제시한다. 어떤 조직들은 혁신이라는 것은 잘 알려지지 않은 것에 뛰어드는 것을 의미하기 때문에 두려워한다. 하지만 생태모방은 38억년 간의 연구개발로 개선되어 온 광대한 범위의 해결책에 의지하는 장점을 가지고 있다. 급속도로 변화하는 맥락에 적응을 거부하는 것은 혁신을 포용하는 것보다 더 큰 위험 요소이다. 존 케이지John Cage는, "나는 사람들이 새로운 아이디어에 왜 놀라는지 이해할 수 없다. 나는 오히려 오래된 것들 때문에 놀란다."[225]라고 말했다. 생태모방은 엄청난 직관적 도약이 아니다. ─ 그것은 작동이 증명된 아이디어에 근거한다.

그들의 구조, 목적, 계획을 재고하기 바라는 기업들은 생태모방 은유를 사용하여 나타낼 수 있다. 예를 들면 회사 모든 직책을 바꾸고 회사의 주요 기능이 생물학에 아주 근접하도록 생태모방을 고려하는 것은 그 환경에 더 잘 적응하기 위해 회사가 어떻게 변해야 할지 새로운 기회를 줄 수 있다. 유사하게, 회복력 계획은 생물학적 유기체들이 위기 상황에서 생존을 위해 위급한 모습을 유지하기 위해 어떻게 진화해 왔는가에서 배울 수 있다. 컨설턴트 폴 Z. 잭슨Paul Z. Jackson은 조직적 변화를 어떻게 관리하는가에 대해 사업장을 코치하기 위해 생태모방과 즉흥 기술을 사용하였다. 다음 표는 전략적 계획을 형성하는 데 있어서 전형적인 자연과 생태모방 접근법(그리고 즉흥 기술)의 대조를 보여 준다.

	전형적 자연	생태모방 접근법
미래	알 수 있음	알 수 없음
계획 상태	확정	임시
경로	계획된 / 예측 가능	긴급한 / 예측 불가능
찾는 것	장벽 / 차이점	자원 / 가능성
전망	목표	방향 설정
관점	전문 / 기계 / 기술	참여 / 협력 / 상호작용
주요 기술	계획과 예측	즉흥

퍼매니안 비즈니스 앤 이코노믹 인스티튜트Fermanian Business & Economic Institute의 최근 보고서는 생물에서 영감 받은 혁신은 2030년까지 미국 GDP의 약 4,250억 달러로(2013년 달러 가치) 보고될 수 있을 것이라고 추정했다. 인스티튜트에 따르면, 생태모방은 '특히, 건축, 시멘트, 콘크리트, 화학 제조업, 에너지 발전, 유통, 저장산업에 영향을 미쳐 개발자와 투자자들에게 상당한 성장과 수익의 기회를 제공할 것'으로 기대된다고 한다.[226] 예측된 성장의 수준이 주어졌는데, 얼마나 많은 기업이 생태모방을 무시할 수 있을까?

생태모방은 사람들에게
어떤 의미인가?

'지구를 구하라'는 환경주의에서 흔히 쓰는 말이다. 그러나 실제로 지구는 위험에 처해 있지 않다. 문제가 되는 것은, 우리가 모두를 위해 행복하고 건강한 삶을 만들 수 있든지 아니든지 또는, 몇몇 과학자들이 대재앙의 기후 변화와 자원 전쟁, 생태계 파괴에 대해 '최악의 상황'이라고 한 말에 우리가 휘말리게 되느냐 아니냐이다.[227]

생태모방으로 그 시나리오를 완화하거나 피할 수 있는 상당한 규모는 아마도 생태모방과 사람 사이의 연결이 가장 중요할 것이다. 또한 이 책에서 많은 다른 것들을 설명해 왔고 그것을 요약하는 것은 가치 있는 일이다. 네르비의 팔라제토 델로 스포츠(그림 25)와 같은 생체모방 구조는 사용자들과 감성적인 연결을 만들어 내서 그 구조들을 확실히 알아볼 수 있다. 자재를 노출시켜서 만든 이러한 미학적 기쁨과 만져서 알 수 있는 힘은 적응 구조와 진보된 구조 분석의 신비함으로 더 나아가 확장될 수 있는 무엇이다. 이런 면에서 에덴 프로젝트는 기존 부지 형태를 수용하고 인간과 자연 사이의 존경할 만한 조화를 만들어 냈다. 사회 기반시설에 생태모방 접근법이 동일하게 언급되었다. 영감을 받지 않은 거대 산업 조직체 대신 우리의 도시들은 일반적인 건물에서 작품의 수준으로 끌어 올인 라스 팔마스 워터 시어터(그림 108)와 같은 건물을 가지게 될 수도 있다.

'자재는 비싸고 형태는 싸다'는 말은 건물의 충분한 보상 행동에 더 많은 디자인 투입, 더 많은 물리적 투입과 함께 고용된 사람들의 독창성 같은, 건축의 중심에 사람들을 놓을 수 있게 하는 무엇이다. 어떤 생태모방 접근법은 고도의 기술이 포함되는 반면에, 다른 것들은 저급 기술 또는 아예 기술이 필요 없는 접근법들이 포함되기도 한다. 점토를 이용한 3D 프린팅과 같은 생체모방 기술은 값싸고 사용할 준비가 되어 있는 자재로 우리의 풍부한 자원에 힘을 실어 줄 수 있다. 순환 시스템이 되도록 선형 시스템을 재고하는 것은 복잡한 것보다 단순한 기술로 성취하기 더 쉬울 수 있다. 왜냐하면, 고도의 기술로 우리가 나타낼 수 있는(거미의 실크와 유리해면을 비교할 때 논란의 여지가 있는 부분) 자재와 조립물들이 쓸모 있게 해체되기보다는 망가지기 때문이다. 캐비어 프로젝트의 골판지에서 증명하듯이, 저차원 기술 생태계 모델도 사람과 환경과 경제를 재생하게 할 수 있다. 생태계 모델 디자인의 중요한 부분은 쓰레기를 피할 뿐만 아니라 인간의 건강에 중요한 공헌을 하도록 독성 없이 설계하는 것이다.

향후 10년 이후 점차 자원 제한에 직면하고 이런 많은 제한에 적응한 생물학은 풍부한 가르침을 준다는 것을 우리가 알게 되어서 다행이다. 물과 먹거리와 에너지 도전을 다루는 독창적인 디자인을 고용하는 것은 자원 기반 충돌을 피하는 방향으로 먼 길을 가게 될 것이다. 자

---

147. 유명한 생물학자 윌슨(E. O. Wilson)은 다음과 같은 의견을 밝혔다. "경제적 이득을 위해 파괴된 우림은 음식을 조리하기 위해 르네상스 작품을 태우는 것과 같다." 이렇게 정의된 특성이 장기간 풍요로움을 위해 긍정적인 미래를 만드는 것을 우리가 배울 수 있을까?

원 제한은 혁신을 활발하게 할 수 있고 혁신을 필요로 한다. 그리고 화석 연료 시대가 시작된 이래, 인간의 독창성이 가장 풍부하게 표출될 가능성이 있다.

어떤 자원들의 결핍은 도전을 주겠지만, 생태모방 도시의 제일 중요한 분위기는 풍부한 채소, 신선한 먹거리, 깨끗한 공기, 풍부한 에너지까지 있는 풍요로움을 느끼게 될 것이라고 확신한다. 태양 경제는 에너지 과잉(예를 들어 만약 풍력 발전이 있는 모든 연안에 바람의 상태가 지속되는 동안 전체 용량을 채운다면)이 있는 곳이 있을 때 결과가 나올 것이다. 그리고 도시들은 사람들이 모이고 경험을 서로 나눌 수 있는 축제처럼 거대한 조명 디스플레이를 갖다 놓을 수 있을 것이다.

이런 변화들이 어떻게 해야 가속화될 수 있을까? 이와 같은 질문에 대한 우리의 초기 반응은 변화를 강요할 수 있는 것이 무엇인지 생각한다. 그리고 어떤 상황에 대해서 법적 조치를 하는 곳도 있고, 독창성을 보상하는 재정적 조치를 하는 것들이 혁신을 활발하게 하는 더 확실한 방법이다. 이런 조치들은 생태모방과 함께 변화들이 밖으로 모습을 드러내는 상황이 만들어져서 더 효과가 있는 것 같다. 진화의 과정에서 가장 두드러지는 적응들은 결핍에 대한 반응이거나 극한 상황에서 효용성을 높이려는 것으로 나타난다. 우리는 고용을 멀리하게 되는 과세 제도를 바꾸는 것과 비슷한 방법으로 혁신을 자극하고 자원을 사용하는 방향으로 갈 수 있을 것이다. 우리가 제3장에서 본 생태계 모델의 종류 중 '폐기물 사업가'에 대한 보상으로 장려금 제도가 있을 수도 있다. 심각하게 결핍이 되기 전에 더 비싼 자원들을 만드는 것은 그 자원들이 더 효과적으로 사용될 것이라고 보장하는 가장 좋은 방법 중의 하나가 될 수도 있다. 종종 정부에서는 빨리 바로잡기 위해 정반대로 실행하기도 한다.[228]

나는 지구의 미래를 위한 90억 거주자들 모두 질 좋은 삶을 만들어 내는 것이 가능하다는 것을 믿어 의심치 않는다. 하지만 측정할 수 없고 외적인 불편함을 무시하는 전통적인 경제로는 성취할 수 없을 것이라는 것 또한 확신한다. 아마도 우리는 '경제economy'라는 단어의 어원을 되돌아 보아야 할 것이다. 이 단어는 그리스 말 오이코스oikos와 노모스nomos에서 왔는데 그것은 각각 '집home'과 '관리management'라는 뜻이다. 이것은 자주 충돌할 것같이 보이는 주제와 그 어원을 공유한다. '생태학 에콜로지Ecology'는 오이코스oikos와 로고스logos가 합쳐진 말인데 로고스는 '지식knowledge'을 의미한다. 즉 노모스를 가져와서 로고스와 합치면, 지식에 근거한 우리 집의 관리이고, 이것은 확실히 긍정적인 미래를 창조하는 가장 좋은 기회가 될 것이다.[229] 이것은 기하급수적이거나 지속적으로 오랫동안 받아들여졌고(전통적인 경제 방식의) 성장은 한정된 지구상에서 불가능하다. 최근 몇 년간 '제로 성장 경제'나 '안정 상태 경제'에 대해 상당한 논의가 이어졌지만 내 생각에는, 이 구상 둘 다 흥미롭지 않다. 훨씬 더 나은 모델은 고차원의 성장, 쇠락, 회복의 역동적인 평형 상태가 존재하는 생물학적 시스템이 될 것이다. 아주 가치 있는 통합으로 순환 경제를 야기할 만한 잠재력을 가진 이런 모델들은, 엘렌 맥아더 기금Ellen MacArthur Foundation으로 옹호되었다. '100 리실리언트 시티100 Resilient cities' 운동은 로커펠러 기금Rockefeller Foundation으로 진행되었고 도시와 국가에 대한 아이디어가 진전되는 수많은 계획은 100% 재생 가능함이 지속되도록 이행되고 있다.

태양 경제에 대한 관념은 더 효과적인 재생 가능 에너지 시스템의 측면에서 그리고 근본적으로 우리의 에너지 사용을 줄이는 것 둘다 정확하게 생체모방 발명을 통해서 가능하게 할 수 있다는 것을 우리는 겪어 보았다. 이런 변화는 생태계 회복, 생물 다양성 촉진, 도시 미기후 완화, 증발되는 물 손실 감소와 같은 수많은 이익을 가져다 줄 수 있다. 또한, 태양 경제는 전체적으로 회복력, 공존 가능성, 무기한 공급과 같이 자연이 작동되는 방법적인 측면에서 동일하다. 우연이란 없다. 태양은 10억 년 동안 모든 삶을 지탱해 준 에너지의 근원이다. 그것은 아주 분명하게 화석 연료 경제의 엄청난 위험 제기를 계속하고 충돌보다는 협력을 촉진하고 대기 중 이산화탄소의 상승을 멈추게 하는 태양 경제가 가장 좋은 대안이라는 것은 명확하다.

기능적 도전들을 확인했고, 그 도전들을 해결해 온 생물학적 유기체나 시스템으로 생체모방을 시작했다. 그래서 잠재적인 해결책들에 의한, 다음 과정들은 인간 요구에 맞춘 해결책들로 치환되었고 그 과정은 생물학에 존재하는 것으로 제한되지 않는다. 생태모방은 인간이 창안할 수 있는 가장 최고의 방향으로 진화해 온 생물학과의 가장 훌륭한 통합이다. 생태모방은 최고의 이상을 찾기 위한 디자인 관련 대화를 이끌어낼 만한 아주 강력한 도구가 될 수 있다. 그래서 프로젝트와 기존 기술의 제약 속에서 성취할 수 있는 무언가로 되돌아 간다. 만약 당신이 건축에서 생태모방을 가능하게 하는 인간의 독창성이, '기술이 없는 것'이라고 생각한다면 디자인은 고도의 기술부터 지역 자재 사용과 같이 기술이 저차원이거나 아예 없는 접근법에 이르기까지 범주에 대한 유연성을 가지고 있다.

자연이 모든 것에 대한 답을 가지고 있다고 제안하는 것은 전도자 같은 경계에 있는 것이다. 자연은 금속 없이 무언가를 만들 수 없고 고속 회전축이나 열 발생기 같은 것도 가지고 있지 않다. 하지만 살아 있는 유기체들은 진화로 인한 엄청난 개선을 했기 때문에 자원 효용성의 근본적인 증가 달성을 배울 수 있는 놀라운 모델이 된다. 만약 우리가 전통적인 접근법보다 10배 더 고차원 구조의 효용성을 통해 100분의 1의 절약된 에너지로 만들어 자재의 영향을 증대시킨다면 우리가 이루고자 하는 것을 잠깐 만나볼 수 있을 것이다. 그리고 만약 우리가 그것을 제대로 한다면 이 모든 자재들은 끝없이 치환되면서 영구적으로 순환될 수 있을 것이다. 폐기물에 대한 바로 그 생각은 계속해서 디자인으로 나올 수 있다. 생물학적 원자재를 사용하는 추가적인 제조업의 새로운 개발과 생물, 토지의 광물화를 어떻게 복제하는지 배운다면 대기 중 이산화탄소 수위를 줄이는 기술을 적용할 대규모

개발에 대한 현실적인 잠재력이 있다. 그래서 건설산업은 좋아지는 것을 넘어서 긍정적이고 재생하는 패러다임으로 완전히 이동하게 될 것이다. 이것의 대부분은 현재 우리의 능력을 넘어서겠지만 우리는 이것이 상상의 영역이 아니라는 것을 알고 있다. 왜냐하면, 자연 세계는 살아 있는 가능성의 증거이기 때문이다.

자연을 정복하려는 시도에서 멀어지고 자연을 보호하려고 노력하고 이제 자연과 조화를 위해 애쓰는 인간 사고 이동의 논리적 결론이 생태모방이라는 것에 대해 말할 수 있다. 평행할 수 없는 이전의 과학 지식과 함께 우리는 인간의 창의성에 대해 논쟁한 생물학에서부터 문명이 개발한 놀라운 것들, 오랜 시간 힘겹게 적응해서 증명한 것들까지 우리에게 준 가르침을 이용할 수 있다. 우리가 미래를 바라볼 때 낙관주의자나 비관주의자가 되어야만 하는가? 한스 로슬링 Hans Rosling은 두 가지 모두 필연성을 암시하는 위치이기 때문에 둘 중의 하나가 되어야 하는 것은 아니라고 말한다. 우리는 무엇이 되어야 하는가, 그는 이렇게 말한다. '현실적 개혁주의자 possibilists'라고. [230] 우리는 우리가 원하는 미래를 결정해야 한다. 그리고 나서 그것을 창조하기 위한 준비를 해야 한다. 생태학적 시대는 이제 그 목표를 위한 목적지로 충분히 명확하다. 그리고 나는 그 여정을 원하는 모든 사람에게 이 책이 도움이 되길 희망한다.

생태모방 적용하기: 건축가들을 위한 실전 가이드

어떤 기술이 필요한가?

- 올바른 질문을 하기 위해 다른 분야들에 대해서 충분히 알아야 한다(예를 들어, 기술자들이 시스템과 생물학의 언어를 어떻게 분석하는지 이해해야 하는 것처럼).
- 가능한 한 프로세스 초기에 생물학자의 도움을 받는 것이 좋다.
- 가장 좋은 협력자는 작업의 영역을 넘나들 수 있는 박식한 사람이다. 건축가도 좋겠고 당신 또한 박식한 사람이 되어야 한다.
- 시스템을 다듬는 사고, 확인된 요소들에 대한 학습, 상호 연결, 목적들에 대한 총괄이 필요하다.
- 디자인 접근법에 대한 구상을 넓히고 생태모방에 있어서 두 가지 중요 접근법에 대해 스스로 익숙해진다. 하향식 방법(top-down-디자인 문제에서 시작. 동일한 문제가 생물학에서 어떻게 해결되었는지 해결책에 대입해 본다)과 상향식 방법(bottom-up-시작점으로 생물학적 현상을 가져옴. 원리를 확인하고 인간의 요구에 적절한 해결책을 시행한다)이 있다.[231]

프로젝트에서 어떻게 시작할까?

- 처음으로 확인하는 아주 이상적인 해결책의 생태모방으로 작업한다. 그러고 나서 제약 안에서 실현 가능한 것으로 되돌아간다. 절대 현실에서 시작하지 마라. 항상 이상을 확인하는 것으로 시작하고 그런 다음 필요한 선에서 타협하라.[232]
- 생태모방이 도와줄 수 있는 영역 안에서 최대한 생각할 수 있는 만큼 요구하는 건축의 문화적 차원에 대한 통합과 이익을 최우선시한다.
- 사이트를 분석하고 그 지역에서 생태계의 작동이나

작동일 것 같은 것들이 오염되지 않게 유지할 수 있는 방법을 세운다. 가능한 한 그 수행 목적에 가까이 가도록 목표한다.

- 어떤 건축 요소가 변경하기 쉽고 어떤 요소가 가장 잘 남아 있거나 적용했는지 확인한다.

주요 원리를 고려해서 작업

- 구조: 적은 자재, 많은 디자인, 더 좋은 반응성
- 자재와 제조: 옳은 요소, 옳은 방법으로 한데 모음
- 생태계: 태양 에너지를 기반으로 재생하는 닫힌 고리 시스템 창조
- 폐기물: 모든 것은 양분. 인간과 자재 가치 극대화

자원 효용성 근본적으로 증가

- 기능적인 면에서 도전들을 정의하고 그 기능들이 생물학에서는 어떻게 작동하는지 살펴 보기
- 처음 원칙에서 생긴 문제를 재고하고 전체 시스템을 최적화한다.
- 올바른 장소에 자재를 둔다(전반적인 구조 형태에 효용성을 적용하고 개별 요소들은 최대 효과를 위한 형태와 위계로 사용).
- 방법적인 면에서 디자인은 그 위치의 특수성에 적응하고 변화하는 조건에 적응할 수 있게 한다.
- '무료'의 에너지 자원을 찾는다(땅의 안정된 온도, 깊은 해수의 시원한 온도, 일정한 풍향 등).
- 통합적 해결책을 찾는다.(예를 들면, 물관리에 대한 해결책은 온도 조절과 생물 다양성 회복에도 도움을 줌).

선형에서 닫힌 고리 시스템으로 이동

- 주요 요소를 시각화하고 여러분의 시스템 안에서만 흐르게 하면 도전과 기회를 정말 볼 수 있을 것이다.

- 자원 효용성을 창출하기 위해 연결될 수 있는 기존 요소들을 찾는 것으로 시작한다.
- 사용되지 않는 자원들을 문제라기보다는 기회로 생각한다. – 폐기물을 가치로 바꾸는 시스템에 그 요소들을 투입한다. 유사하게 자원을 구매하기보다는 시스템에 무언가를 추가하여 필요한 자원을 생산할 기회를 찾는다.
- 시스템 영역을 넓히고 자원 흐름들을 인접한 계획들과 연결한다.
- 투입과 도출 각각의 평가에 의한 기술 간의 동반 상승 효과를 찾는다.
- 시스템을 어떻게 파괴하는지 봄으로써 회복력을 시험한다. – 만약 망가진다면, 어느 연결 부분에서 시스템이 파괴되었는가? 그것을 한 번만 알면, 어느 부분에서 회복력을 만들어 내는 게 더 나은 포괄성과 다양성이 필요한지 알 수 있다.
- 모든 단계에서 폐기물로 독창성을 시도한다. – 단지 물리적인 자원뿐만 아니라 재정적인 자원과 사용되지 않은 인간 자원까지 포함한다.
- 자원 소유를 위한 전통적인 접근법을 다시 고려하고 생산품을 쫓기 보다는 임대 서비스 기회를 찾는다.
- 최초 장소에 그곳에 없어야 했던 어떤 것을 가져와서 최적화하려고 노력하지 않는다.

화석 연료 경제에서 태양 경제로 이동

- 건물이 에너지의 순 생산자가 되는 기회에 대해 생각한다.
- 완전 통합 시스템으로 비용을 상쇄해서 그 비용들이 분리된 요소가 아니라 건물의 외피나 구조의 부분이 되도록 한다. 이것은 현재 경제를 태양 에너지로 만들 수 있다.
- 합산되는 수많은 태양 수입 흐름 운영을 주제로 계획을 개발한다. 자원 효용성에 있어서 근본적인 증가를 위한 모든 기회를 재탐색하여 그 결과를 통해 작업한다.

모든 자원 사용하기: 인간, 사회적 문화적 가치, 정보 관리

- 사용하고 있는 디자인을 지속적으로 향상하게 하는 거주자들과 소유자들의 인적 역량 이용에 대해 생각한다.
- 인간과 사회적 가치의 다른 양상은 서로 다른 맥락에서 적합하겠지만, 정의된 방법들로 그것들을 생각하는 것은 생태계의 구성 요소로 생각하기 더 쉽게 해준다.
- 인간의 가치는 개인적인 차이가 있다(자기 자본, 기술, 지식, 여행 능력, 안전, 건강, 행복).
- 사회적 가치는 집단 관심사이다(참여, 화합, 규율, 개발, 문화적 유산, 범죄 등 범죄는 마약 중독을 동반한다).
- 문화적 환경은 종종 자원을 간과한다. 토속적 건축과 저급 기술의 지역적 전통은 다양한 문제들에 대한 해결책을 주고 고차원 기술과 함께 작동한다. 안내와 지원을 해주는 NGO의 개발 인류학자들을 이용한다.
- 정보 관리하기, 특히 자재 정보는 실용적인 방법으로 순환 경제 원리를 제정하고 건물 소유자, 미래 사용자, 디자이너들에게 권한을 주는 중요한 디자인 활동이다.

원리들을 통합

- 프로젝트의 목표와 충분한 과학적 지원에 숙달했을 때 가장 쉬운 것이다.

장애물 극복

- 전통적인 접근법으로 되돌아가고 싶은 유혹을 억제한다: "역경은 이야기의 끝이 아니라, 전보다 더 대단한 새로운 것을 시작하는 용기와 전망이 있는 곳이다."(벤 오크리 Ben Okri 233)
- 이상적인 해결책이 잠시 방해를 받는다면, 영향력 사슬에 있어서 지렛대를 더 높이 적용해야 할 것이

다(도넬라 메도우Donella Meadow의 에세이 《레버리지 포인트Leverage Points 234에서 참조》

비용 효율성을 위한 생태모방

- 전 생애 가치 평가를 장려하고 단기적인 이익만 생각하는 사고방식을 막는다. 건물의 비용은 전 생애 작동 비용의 일부분에 불과하다. 확실한 결정을 장려하기 위해 정의된 투자 회수 기간을 제시한다. 최적화 가치는 비용 절감과 동일하지 않다.
- 값비싼 M&E 장비를 계획하기 위해 온도 습도 조절의 편안한 범위를 넓혀 본다
- 문제를 해결하기 위해 더 많은 기술을 사용한다면 더 나은 해결책이 있을까? 구조적 실행 요구를 줄일 수는 없을까?
- 이미 존재하는 것들을 더 많이 사용한다(구조, 그 지역 자재 등).
- 계획을 단계별로 진행하고 본질적인 부분만 먼저 지을 수 있을까?

자원

- 생태모방 안내 공개 사이트:
  http://www.asknature.org/
- 순환 경제 운영 사이트:
  http://www.elIenmacarthurfoimdation.org/
- 아직 알려지지 않은 해결책을 개발하는 Bio TRIZ 이용 235
- 데이비드 맥케이David MacKay의 Sustainable Energy − Without the Hot Air 236 참조
- 푸테라Futerra의 The Rules of the Game 237 참조
- 막힐 때는, 브라이언 에노Brian Eno의 Oblique Strategies 238 이용

연구기관

- Wyss Institute for Biologically Inspired Engineering at Harvard
- Biodesign Institute at Arizona State University
- Center for Biologically Inspired Design at Georgia Tech
- Center for Biologically Inspired Materials & Material Systems at Duke University
- Mediated Matter Group at MIT Media Lab
- Swedish Center for Biomimetic Fiber Engineering
- BIOKON − The Biomimetics Association

생태모방 교육 과정

- Biomimicry 3.8에서 운영하는 참여와 웹세미나 프로그램 'Biologists at the Design Table'과 온라인 기초 과정 http://biomimicry.net/educating/online − courscs/
- Schumacher College;
  https://www.schumachercollegexirg.uk

감사의 글

....

생태모방에 대한 내 관심의 시작은 십대 때부터 시작되었다. 그러나 그 관심이 드러난 것은 2003년 아모리 로빈스와 제닌 베니어스의 슈마허 대학 일주일 과정 수업을 들었을 때였다. 향후 내 인생의 길을 바꾼 감동적인 일주일 동안 많은 것을 가르쳐 준 두 분께 진심으로 감사를 드린다. 그리고 또다른 생태모방의 개척자이신 대이나 바우메이스터와 줄리안 빈센트는 이 책을 쓰는 동안 나의 멘토가 되어 주셨다. 줄리안은 수많은 참고 자료와 중요한 문헌들을 포함하여 아주 중요한 자료들을 지속적으로 지원해 주셨고 생물학에 관한 나의 실수도 바로 잡아 주셨다. 대이나는 진심어린 조언으로 중요한 무대에서 내가 대담할 수 있게 도와 주셨다. 아내이자 사진 작가인 켈리 힐은 끊임없이 자료를 지원해 주었으며 숙련된 솜씨로 좋은 이미지들을 골라 주었다. 그리고 편집 컨설턴트인 앨리슨 맥도갤 웨일은 책의 구성을 위해 수많은 작업을 하였고 개정판을 위해 더 좋은 문장을 제안하여 더 풍부한 구성을 완성시켰다.

참고문헌과 여기 언급한 모든 분들을 포함하여 생태모방에 대해 이해를 돕는 책이 완성되게 해 주신 모든 분들께 감사드리며 내가 배우고 또 그것을 가르치는데 대한 기쁨을 알게 해 주신 앤디 미들턴과 그래이햄 도드에게도 감사드린다. 이 책을 위해 아이디어를 논하며 생각을 나누고 자료를 읽으면서 그들의 시간과 지식을 나누어 주신 많은 분들께도 감사드린다. -패트릭 벨류, 캐런 블린코, 다비드 크룩, 다비드 드 로스칠드, 허버트 기라뎃, 브리안 굿윈, 패트라 그루버, 프레드릭 호그, 피터 헤드, 제프 홀링턴, 다비드 키르킬란드, 안나 류, 대임 엘렌 맥아서, 톰 맥키지, 윌리엄 메이어, 레오노라 오펜하임, 안나 마리아 오루, 찰리 패턴, 예니브 피어, 조나단 포리트, 네일 토마스, 마이크 톤킨, 빌 와트, 그래이햄 윌스. 한번도 만난 적은 없지만, 그의 심도 깊은 연구와 수많은 문헌을 알려주신 다비드 맥케이는 자신의 작업들을 통해 나의 에너지 관련 장을 완성하게 해 주었다.

아이디어에 관한 훌륭한 포럼인, 그린 R&D 그룹에 소속되어 일하는 동안 많은 기회를 주신 그림쇼와 팀 스미트께도 감사드린다. 다소 늦은 감이 있긴 하지만, 주제에 대하여 엄청난 열정을 쏟으시고 나의 진로로 대해 도움을 주신, 킹 제임스 대학의 앨랜 존스 생물학 선생님께도 진심으로 감사드린다. 또한 당신들의 예술가적이며 기술자적인 본성을 물려주신 부모님께 감사드리며, 십대 시절 나의 앞날에 영향을 주게 된 로마 클럽(역주: 1968년 이탈리아 사업가 아우렐리오 페체이의 제창으로 지구의 유한성이라는 문제의식을 가진 유럽의 경영자, 과학자, 교육자 등이 로마에 모여 회의를 가진 데서 붙여진 명칭이다.)의 책, 생존을 위한 청사진(Blueprint for Survival)을 선물해 주신 나의 삼촌께도 감사드린다.

생물학에 대한 비밀을 풀고 있는 수많은 과학자들, 기상 과학과 같은 환경 관련 분야에서 성과에대한 언론의 비난을 받더라도 뚝심 있게 일하고 계신 분들께도 감사드린다. 계몽주의 시대가 200년이 지난 지금에도 우리는 암흑의 시대로 향하고 있는 것 같다. 자격이 없는 회의론자들은 기상학의 문제에 있어서 과학자들을 믿을 수 없다고 생각한다. 외길을 걷는 경제학자들은 자연 자본이나 장기적 가치를 고려하지 않고 정책을 만들어 낸다. 우리는 향후 십 년간 그 어느 때보다도 다방면에 박식한 여러 사람들과 서로 협력이 필요할 것이다.

마이클 폴린 Michael Pawlyn

참고문헌

....

Abbott, Derek, 'Keeping the energy debate clean: How do we supply the world's energy needs?', *Proceedings of the IEEE*, Vol. 98, No. 1, January 2010, pp. 42-66

Adrover, Esther Rivas, *Deployable Structures*, London, Laurence King Publishing Ltd, 2015, ISBN: 978-1-78067-483-4

Ashby, Michael F., *Materials and the Environment: Eco-Informed Material Choice*, Oxford, Butterworth-Heinemann, 2009, ISBN: 978-1-85617-608-8

Azad, M. A. K., Ellerbrok, D., Barthlott, W. and Koch, K., 'Fog collecting biomimetic surfaces: Influence of microstructure and wettability', *Bioinspiration and Biomimetics*, Vol. 10, No. 1, January 2015, doi: 10.1088/1748-3190/10/1/016004

Bar-Cohen, Yoseph, 'Biomimetics: Using nature to inspire human innovation', *Bioinspiration and Biomimetics*, Vol. 1, No. 1, 2006, pp. 1-12, doi: 10.1088/1748-3182/1/1/P01

Bar-Cohen, Yoseph, 'Focus issue on biomimetics using electroactive polymers as artificial muscles', *Bioinspiration and Biomimetics*, Vol. 2, No. 2, 2007, pp. 1-3, doi: 10.1088/1748-3182/2/2/E01

Beukers, A. and Hinte, E. v., *Lightness: The Inevitable Renaissance of Minimum Energy Structures*, Rotterdam, 010 Publishers, 1999, ISBN: 90-6450-334-6

Beuvelot, J., Bergeret, C., Mallet, R., Fernandez, V., Cousseau, J., Baslé, M. F. and Chappard, D., 'In vitro calcification of chemically functionalized carbon nanotubes', *Acta Biomaterialia*, Vol. 6, No. 10, 2010, pp. 4110-4117, doi: 10.1016/j.actbio.2010.05.011

Buehler, Markus, J., 'Tu(r)ning weakness to strength', *Nano Today*, Vol. 5, No. 5, 2010, pp. 379-383

Burgess, I., Aizenberg, J. and Loncar, M., *Creating Bio-inspired Hierarchical 3D-2D Photonic Stacks Via Planar Lithography on Self-Assembled Inverse Opals*, 2012, Ithaca, NY, Cornell University Library, doi: 10.1088/1748-3182/8/4/045004.arXiv: 1211.6811

Comanns, P., Effertz, C., Hischen, F., Staudt, K., Böhme, W. and Baumgartner, W., 'Moisture harvesting and water transport through specialized micro-structures on the integument of lizards', *Belstein Journal of Nanotechnology*, Vol. 2, 2011, pp. 204-214

Corni, I., Harvey, T. J., Wharton, J. A., Stokes, K. R., Walsh, F. C. and Wood, R. J. K., 'A review of experimental techniques to produce a nacre-like structure', *Bioinspiration and Biomimetics*, Vol. 7, 23 pp., 2012, doi: 10.1088/1748-3182/7/3/031001

Craig, S., Harrison, D., Cripps, A. and Knott, D., 'BioTRIZ suggests radiative cooling of buildings can be done passively by changing the structure of roof insulation to let longwave infrared pass', *Journal of Bionic Engineering*, Vol. 5, No. 1, 2008, pp. 55-66

De Focatis, D. S. A. and Guest, S. D., 'Deployable membranes designed from folding tree leaves', *Philosophical Transactions of The Royal Society London A*, Vol. 360, 2002, pp. 227-238 (retrieved from rsta.royalsocietypublishing.org on 21.01.11)

Dindyal, Shiva, 'The sperm count has been decreasing steadily for many years in Western industrialised countries: Is there an endocrine basis for this decrease?', *The Internet Journal of Urology*, Vol. 2, No. 1, 2004, ISSN: 1528-8390 (retrieved on 24.01.11)

Gallagher, C. L. (ed.), *Bioinspiration: An Economic Progress Report*, Fermanian Business and Economic Institute at Point Loma Nazarene University, commissioned by San Diego Zoo, 2013

Gallagher, C. L. (ed.), *Can 3D Printing Unlock Bioinspiration's Full Potential?*, Fermanian Business and Economic Institute at Point Loma Nazarene University, August 2014

Gruber, Petra, 'The signs of life in architecture', *Bioinspiration and Biomimetics*, Vol. 3, No. 2, 2008, doi: 10.1088/1748-3182/3/2/023001

Gruber, Petra and Jeronimidis, George, 'Has biomimetics arrived in architecture?', *Bioinspiration and Biomimetics*, Vol. 7, No. 1, 2012, doi: 10.1088/1748-3182/7/1/010201

Hassan, Tarek and Ye, Jilin (eds), *Proceedings of the 1st International Conference on Industrialised, Integrated, Intelligent Construction (I3CON)* Loughborough University, 14-16 May 2008

Hawken, P., Lovins, A. and Lovins, L. H., *Natural Capitalism*, New York, BackBay Books/Little, Brown and Company, 1999, ISBN: 978-0-316-35300-7

Hensel, M., Menges, A. and Weinstock, M., *Emergent Technologies and Design: Towards a Biological Paradigm for Architecture*, London and New York, Routledge, 2010, ISBN: 10 0-415-49344-7

Jones, David Lloyd, *Architecture and the Environment: Bioclimatic Building Design*, London, Lawrence King Publishing Ltd, 1998, ISBN: 1-85669-103-9

Kaplinsky, Joe, 'Biomimicry versus Humanism', *Manmade Modular Megastructures*, Architectural Design Special Issue, Vol. 76, No. 1, January/February, 2006, pp. 66-71, doi: 10.1002/ad.212

King, M. J. and Vincent, J. F. V. 'The mechanism of drilling by wood wasp ovipositors', *Biomimetics*, Vol. 3, No. 4, 1996, pp. 187-201

Knippers, Jan and Speck, Thomas, 'Design and construction principles in nature and architecture', *Bioinspiration and Biomimetics*, Vol. 7, No. 1, 2012, doi: 10.1088/1748-3182/7/1/015002

Kobayashi, H., Kresling, B. and Vincent, J. F. V., 'The geometry of unfolding tree leaves', *Proceedings of the Royal Society London*, B265, pp. 147-154

Lepora, Nathan F., Verschure, Paul and Prescott, Tony J., 'The state of the art in biomimetics', *Bioinspiration and Biomimetics*, Vol. 8, No. 1, 2013, doi: 10.1088/1748-3182/8/1/013001

McDonough, W. and Braungart, M., *Cradle to Cradle: Remaking the Way We Make Things*, New York, North Point Press, 2002, ISBN-13: 978-0-86547-587-8

Menges, Achim, 'Biomimetic design processes in architecture: Morphogenetic and evolutionary computational design', *Bioinspiration and Biomimetics*, Vol. 7, No. 1, 2012, 10 pp., doi: 10.1088/1748-3182/7/1/015003

Miserez, A., Weaver, J. C., Thurner, P. J., Aizenberg, J., Dauphin, Y., Fratzl, P., Morse, D. E. and Zok, F. W., 'Effects of laminate architecture on fracture resistance of sponge biosilica: Lessons from nature', *Advanced Functional Materials*, Vol. 18, No. 8, 2008, pp. 1241-1248, doi: 10.1002/adfm.200701135

Mogas-Soldevila, L., Duro-Royo, J. and Oxman, N., 'Water-based robotic fabrication: Large-scale additive manufacturing of functionally-graded hydrogel composites via multi-chamber extrusion', *3D Printing and Additive Manufacturing*, Vol. 1, No. 3, 2014, pp. 141-151

Nervi, P-L., *Considerations on the Architecture of Our Time*, transcript of the British Italian Society Leconfield Lecture by Pier Luigi Nervi, Pier Luigi Nervi archive folder held at the British Architectural Library, Portland Place, London

Nikolov, S., Fabritius, H. O., Petrov, M., Friák, M., Lymperakis, L., Sachs, C., Raabe, D. and Neugebauer, J., 'Robustness and optimal use of design principles of arthropod exoskeletons studied by ab initio-based multiscale simulations', *The Journal of the Mechanical Behavior of Biomedical Materials*, Vol. 4, No. 2, 2011, pp. 129-145

Otto, F., Ansell, M., Baier, B., Barnes, M., Blum, R., Burkhardt, B., Cook, M., Croome, D., Dickson, M., Drüsedau, H., Greiner, S., Happold, E., Harnach, J., Harris, B., Haug, E., Hennicke, J., Howell, J., Lidell, I., Münsch, R., Racah, E., Williams, C., Schauer, E. and Schwenkel, D., Institute for Lightweight Structures, volumes IL1 to IL32 (dates from 1971), published by Institut für leichte Flächentragwerke, Universität Stuttgart, School of Architecture and Building Engineering, University of Bath, Universität Essen, Gesamthochschule, Fachbereich Bauwesen

Sachs, Jeffrey, *Common Wealth: Economics for a Crowded Planet*, London, Penguin Books Ltd, 2008, ISBN: 978-0-713-99919-8

Thompson, D'Arcy Wentworth, John Tyler Bonner (ed.), *On Growth and Form*, abridged edition, Cambridge, Cambridge University Press, 1961, ISBN: 0-521-09390-2

Trask, R. S., Williams, H. R. and Bond, I. P., 'Self-healing polymer composites: Mimicking nature to enhance performance', *Bioinspiration and Biomimetics*, Vol. 2, No. 1, 2007, pp. 1-9, doi: 10.1088/1748-3182/2/1/P01

Turner, J. Scott, *The Extended Organism: The Physiology of Animal-Built Structures*, Cambridge, MA and London, Harvard University Press, 2000, ISBN: 0-674-00151-6

주석

1　Buckminster Fuller, R., *Utopia or Oblivion*, new edition, Lars Muller Publishers, 2008.

2　Amory Lovins' term, Schumacher College course 'Natural Capitalism', delivered by Janine Benyus and Amory Lovins, 23-26 September 2003.

3　Buckminster Fuller, R., *Operating Manual for Spaceship Earth*, New York: Simon and Schuster, 1969.

4　Jacob, F., 'Evolution and Tinkering', *Science*, Vol.196, 1977, p. 1162.

5　Australian geneticist Jenny Graves asserts that 'the human eye is really stupidly designed - it's kind of inside out. We would do much better with squid eyes that are the right way round. So everywhere you look things really don't work very optimally, but evolution has made the best of it and polished it up a bit. But it never starts from scratch'. BBC, 2013. 'Jenny Graves'. Podcast. *The Life Scientific*, http://www.bbc.co.uk/programmes/b03bqw3z (accessed 06.04.16).

6　Petra Gruber discusses this at greater length. See Gruber, P., *Biomimetics in Architecture: Architecture of Life and Buildings*, Springer, 2011 p. 109, ISBN-10: 3709103312.

7　For the origins of the term, see Bernadette Bensaude-Vincent, Hervé Arribart, Yves Bouligand and Clément Sanchez, 'Chemists and the school of nature', *New Journal of Chemistry*, Vol. 26, 2002, pp. 1-5.

8　Julian Vincent, Olga Bogatyrev, Nikolaj Bogatyrev, Adrian Bowyer and Anja-Karina Pahl, 'Biomimetics: Its practice and theory', *Journal of the Royal Society*, Vol. 3, No. 9, 2006, doi: 10.1098/rsif.2006.0127

9　Eggermont, M., 'Interview with Julian Vincent', *Zygote Quarterly*, Vol. 1, Spring 2012, p. 26.

10　Schumacher College course, *op. cit.* Janine Benyus more recently refers to 'life's genius' rather than 'nature's genius': http://www.biomimicry.net/about/biomimicry/ (accessed 15.07.16).

11　Myers, W., *Biodesign: Nature + Science + Creativity*, London, Thames & Hudson, 2012.

12　These characteristics are derived from Hoeller, N. *et al.*, 'Developing a common ground for learning from nature', *Zygote Quarterly*, Vol. 7, 2013, pp. 137-143.

13　Wilson, E.O., *Biophilia*, Cambridge, Harvard University Press,1984.

14　Liu F. *et al.*, 'Deformation-as-control for a biologically inspired steerable needle', *2013 IEEE International Conference on Robotics and Biomimetics (ROBIO)*, pp. 848-853.

15　Lang, N. *et al.*, 'A blood-resistant surgical glue for minimally invasive repair of vessels and heart defects', *Science Translational Medicine*, Vol. 6, No. 218, 2014, p. 218, doi: 10.1126/scitranslmed.3006557.

16　Victoria Gill, 'Cool ice cream innovations', http://news.bbc.co.uk/1/hi/sci/tech/8141203.stm (accessed 14.04.16).

17　Lepora, N. *et al.*, 'The state of the art in biomimetics', *Bioinspiration and Biomimetics*, Vol. 8, No. 1, 2013.

18　This has been widely quoted and the first use is hard to establish. It is quoted in Quinn, D., *Beyond Civilization: Humanity's Next Great Adventure*, Harmony Books, 1999, p. 137.

19　Vincent, J.F.V. 'Stealing ideas from nature', *RSA Journal*, Aug./Sept., 1997, pp. 36-43.

20　Vincent, J. and Owers, P., 'Mechanical design of hedgehog spines and porcupine quills', *Journal of Zoology*, Vol. 210, No. 1, 1986, pp. 55-75.

21　See Mattheck, C., *Design in Nature - Learning from Trees*, Berlin, Heidelberg, New York, Springer-Verlag, 1998.

22　Similar results can be achieved with finite element analysis, of which SKO is a variant.

23　Vogel, S., *Cats' Paws and Catapults: Mechanical Worlds of Nature and People*, New York, W. W. Norton & Company, 1998, pp. 431-432.

24　'Buttresses' is the usual term but it is a misnomer because they actually work in tension. Just as with a guy-rope, shifting the connection point further from the base of the upright gives greater resistance to overturning.

25　I say this in a metaphorical sense. Nature, of course, has no conscious intention - it proceeds by evolution and epigenetics.

26　Source: Steve Corbett, Green Oak Carpentry, launch of the 2011 Wood Award, The Building Centre, 24.03.11.

27　Quoted in Hansell, M., *Animal Architecture,* Oxford, Oxford University Press, 2005, p. 145.

28　*Considerations on the Architecture of Our Time -* transcript of the British Italian Society Leconfield Lecture by Pier Luigi Nervi.

29　*Ibid.*

30　Thompson, D.W., *On Growth and Form,* Dover Publications, 1917, reprinted 1992.

31　Calcite is a form of calcium carbonate and can grow in various crystal formations.

32　Su, X. *et al.*, 'The structure of sea urchin spines, large biogenic single crystals of calcite', *Journal of Materials Science*, Vol. 35, No. 22, 2000, pp. 5545-5551 and Tsafnat, N. *et al.*, 'Micromechanics of sea urchin spines', *PLoS ONE*, Vol. 7, No. 9, 2012.

33　Achim Menges, quoted in Stinson, L., 'Peanut-shaped building designed and built by robots', *Wired*, Technology, July 2014, http://www.wired.co.uk/news/

archive/2014-07/07/peanut-house/viewgallery/336507 (accessed 06.04.16).

34 Naleway, S. *et al.*, *Bioinspiration from the Distinctive Armored Carapace of the Boxfish*, Materials Science and Engineering Program, Department of Mechanical and Aerospace Engineering, University of California, 2013.

35 Collagen is a structural protein and a common connective tissue in animals.

36 Barnes, Robert D., *Invertebrate Zoology*, Philadelphia, Holt-Saunders International, 1982, p. 104, ISBN: 0-03-056747-5.

37 The structure is described in great detail in Weaver, J. *et al.*, 'Hierarchical assembly of the siliceous skeletal lattice of the hexactinellid sponge *Euplectella aspergillum*', *Journal of Structural Biology*, Vol. 158, No. 1, 2007, pp. 93-106.

38 *Ibid.*, p. 101. See also Deshpande, V. *et al.*, 'Foam topology bending versus stretching dominated architectures', *Acta Materialia*, Vol. 49, 2001, pp. 1035-1040. See also Aizenberg, J. *et al.*, 'Skeleton of *Euplectella* sp.: Structural hierarchy from the nanoscale to the macroscale', *Science*, Vol. 309, 2005, pp. 275-278.

39 Aizenberg *et al.*, 2005, *op. cit.*, propose that this may be to provide additional surface area for attachment of the top sieve plate.

40 Personal communication with Foster + Partners' Communications Department.

41 The helical ridges go in opposite directions, which also provides resistance to torsional failure.

42 Lichtenegger, H., *et al.*, 'Variation of cellulose microfibril angles in softwoods and hardwoods: A possible strategy of mechanical optimization', *Journal of Structural Biology*, Vol. 128, 1999, pp. 257-269.

43 Nikolov, S., *et al.*, 'Robustness and optimal use of design principles of arthropod exoskeletons studied by ab initio-based multiscale simulations', *Journal of the Mechanical Behavior of Biomedical Materials*, Vol. 4, No. 2, 2011, pp. 129-145.

44 Hansell, M., *Built by Animals - The Natural History of Animal Architecture*, 2007, Oxford University Press, pp. 76-77.

45 *Ibid.*, pp. 19-20.

46 Otto, F., *et al.* Institute for Lightweight Structures volumes IL1 to IL32 (dates from 1971), published by Institut für leichte Flächentragwerke, Universität Stuttgart, School of Architecture and Building Engineering, University of Bath, Universität Essen, Gesamthochschule, Fachbereich Bauwesen.

47 Quoted in Kimpian, J., 'Pneumatrix - The Architecture of Pnuematic Structures in the Digital World', unpublished PhD thesis dissertation, Royal College of Art, 2001. Original source given as (without page reference): Dessauce, M. (ed.), *The Inflatable Moment:*

Pneumatics and Protest in '68, New York, Princeton Architectural Press, 1999.

48 Vogel, 1998, *op. cit.*, p. 148.

49 Kimpian, J., 'Pneumatrix - The Architecture of Pneumatic Structures in the Digital World', unpublished PhD thesis dissertation, Royal College of Art, 2001.

50 *Ibid.*

51 Adrover, E.R., *Deployable Structures*, London, Laurence King Publishing Ltd, 2015, p. 13.

52 Vincent, J., *Deployable Structures in Nature*, Centre for Biomimetics, University of Reading, UK but accessed from University of Bath, Biomimetics and Natural Technologies website, http://www.bath.ac.uk/mech-eng/biomimetics/DeployableStructs.pdf (accessed 21.01.11).

53 The deployable structure designed by Guest and Pellegrino is described in Guest, S. *et al.*, 'Inextensional wrapping of flat membranes', *First International Conference on Structural Morphology*, Montpellier, R. Motro and T. Wester (eds), 7-11 September 1992, pp. 203-215.

54 Manufacturers of ETFE claim that it can be made in a closed-loop cycle that does not release perfluorinated compounds (which are environmentally persistent) to the environment and that it is 100 per cent recyclable.

55 Gennaro Senatore (University College London) in collaboration with Expedition Engineering developed the novel methodology and control system to design adaptive building structures. A large-scale prototype of an adaptive truss structure was built at the UCL structures laboratory to test/validate the methods. See G. Senatore, P. Duffour, S. Hanna, F. Labbe and P. Winslow, Large Scale Adaptive Structures for Whole Life Energy Savings, *International Association for Shell and Spatial Structures (IASS)*, Vol. 52, No. 4 December n. 170, 2011; G. Senatore, P. Duffour, P. Winslow, C. Wise, "Infinite stiffness structures via active control" in *Proceedings of the International Association for Shell and Spatial Structures (IASS) Symposium* 2015, Amsterdam. See Expedition website and links: http://expedition.uk.com/projects/adaptive-truss/ (accessed 14.04.16).

56 Timber gridshells, for instance, often have problematic junctions with glazed walls underneath. Conceivably, this could be solved more elegantly with an ETFE clerestory that deliberately allowed a higher degree of roof deflection than would normally be tolerated by conventional movement joints.

57 Some commentators argue that we should strive to release humans from all forms of physical labour, but that seems to be based on a negative starting point - that all forms of labour represent drudgery.

58 Benyus, J., *Biomimicry: Innovation Inspired by Nature*, New York, Harper Collins, 1998, p. 97.

59 Mueller, T., 'Biomimetics', *National Geographic*, April

2008, http://ngm.nationalgeographic.com/2008/04/ biomimetics/tom-mueller-text/1 (accessed 06.04.16).

60 Interestingly, recent experiments that involved spraying spiders with graphene flakes have resulted in the strongest fibre ever measured . If you're into strong materials, then you should also look at limpet teeth, which may be stronger than spider silk (http://www.bbc. co.uk/news/science-environment-31500883 (accessed 06.04.16)) and the mantis shrimp, which can accelerate its high-strength dactyl club at 102,000 m/s^2 - see Weaver et al., 'The stomatopod dactyl club: A formidable damage-tolerant biological hammer', Science, Vol. 336, 2012, pp. 1275-1280.

61 Vincent, J., 'Biomimetics: A review', Proc. IMechE Part H: J. Engineering in Medicine, Vol. 223, 2008, pp. 919-939.

62 Some recent articles described the iron-reinforced shell of the scaly-foot snail, which has been studied by the defence industry, but the shell contains iron sulphides, which are minerals rather than metals: http://www. cbc.ca/news/technology/snail-s-iron-armour-eyed-by-military-1.941044 (accessed 06.04.16).

63 Allen, Robert (ed.), Bulletproof Feathers: How Science Uses Nature's Secrets to Design Cutting-Edge Technology, Chicago and London, University of Chicago Press and Ivy Press Limited, 2010. Refer to the chapter by Vincent, J., pp. 134-171. The last pair (about elements) on the list is from Benyus, J., Schumacher College course, op. cit.

64 Beukers, A. and van Hinte, E., Lightness: The Inevitable Renaissance of Minimum Energy Structures, Rotterdam, 010 Publishers, 1999.

65 A more detailed description of hierarchical structures can be found in McKeag, T., 'Little things multiply up: Hierarchical structures', Zygote Quarterly, Vol. 9, 2014, pp. 10-27.

66 Gordon, J., The New Science of Strong Materials, London, Penguin Books, second edition, 1976, p. 118.

67 The three main articles are: Barthelat, F., et al., 'Nacre from mollusk shells: A model for high-performance structural materials', Bioinspiration and Biomimetics, Vol. 5, 2010, pp. 1-8; Porter, M., et al., 'It's tough to be strong: Advances in bioinspired structural ceramic-based materials', American Ceramics Society Bulletin, Vol. 93, No. 5, 2014, pp. 18-24; Barthelat, F. et al., 'A laser-engraved glass duplicating the structure, mechanics and performance of natural nacre', Bioinspiration and Biomimetics, Vol.10, No. 2, 2015.

68 Aizenberg et al., 2005.

69 Numerous other advantages of 3D printing are described in Gallagher, C. L. (ed.), Can 3D Printing Unlock Bioinspiration's Full Potential?, Fermanian Business and Economic Institute at Point Loma Nazarene University, August 2014, p. 10.

70 Shelley, T., 'Rapid manufacturing set to go mainstream', Eureka Magazine, 14.11.2007.

71 Mogas-Soldevila, L., et al., 'Water-based robotic fabrication: Large-scale additive manufacturing of functionally-graded hydrogel composites via multi-chamber extrusion', 3D Printing and Additive Manufacturing, Vol. 1, No. 3, 2014, pp. 141-151.

72 Wegner, T. H. and Jones, P. E., 'Advancing cellulose-based nanotechnology', Cellulose, Vol. 13, 2006, pp. 115-118.

73 Quoted in Farrell, B., 'The View from the Year 2000', LIFE magazine, 26 February 1971.

74 Thermodynamically, of course, there will be some energy involved but it presumably comes from nutrients supplied to the bacteria - likely to be many orders of magnitude less than kiln-firing.

75 Biorock is trademarked and patented by Thomas Goreau and Wolf Hilbertz.

76 The steel frames acquire a coating of mineral within days of being submerged and then form an ideal substrate for attaching coral species.

77 The accretion rate is also partly determined by the surface area of the steel and the ionic composition of the seawater.

78 Tibbits, S., TED talk, https://www.ted.com/talks/skylar_ tibbits_the_emergence_of_4d_printing?language=en (accessed 06.04.16).

79 Reichert S. et al., 'Meteorosensitive architecture: Biomimetic building skins based on materially embedded and hygroscopically enabled responsiveness', Computer-Aided Design, 2014.

80 Gruber, 2011, op. cit., p. 131.

81 Dry, Dr. C., 2011, Development of a Self-Repairing Durable Concrete, Natural Process Design Inc., http:// www.naturalprocessdesign.com/Tech_Concrete.htm (accessed 06.04.16).

82 Jonkers, H., Bioconcrete, Technical University of Delft, http://www.tudelft.nl/en/current/latest-news/article/ detail/zelfherstellend-biobeton-tu-delft-genomineerd-voor-european-inventor-award/ (accessed 15.04.16).

83 This effect is described in greater detail in McKeag, T., 'Return of the Swamp Thing', Zygote Quarterly, Fall 2012, pp. 12-14.

84 Ibid., pp. 15-27.

85 Cradle to Cradle® and C2C are registered trademarks of MBDC, LLC.

86 McDonough, W. and Braungart, M., Cradle to Cradle: Remaking the Way We Make Things, New York, North Point Press, 2002.

87 Three European studies show consistent trends of ca. 50 per cent decline in sperm counts since 1938. These are summarised in Dindyal, S., 'The sperm count has been decreasing steadily for many years in Western industrialised countries: Is there an endocrine basis for this decrease?', The Internet Journal of Urology,

Vol. 2, No. 1, 2004.

88   There is some semantic disagreement about terminology here. Some people refer to technologies as 'carbon negative' (because they remove carbon from the air) while others refer to them as 'carbon positive' because they add carbon to a sequestered sink. Recent developments, such as Unilever announcing their intention to go 'carbon positive', suggest that the consensus will move towards the 'positive'. Anyone in the communications industry who wants action on climate change is likely to favour the positive version.

89   Globally, about 15 billion tonnes of concrete are poured every year, of which roughly 80 per cent is aggregates. By atomic weight, the carbon dioxide that becomes part of the calcium carbonate represents 44 per cent of the weight. This suggests that, with full deployment of carbon-negative aggregates, concrete construction could sequester 5 billion tonnes of carbon dioxide per annum.

90   'Drawdown technologies' seems to be the common terminology, although Tim Flannery refers to them as 'Third-way technologies'. He describes some strong candidate technologies in *Atmosphere of Hope: Solutions to the Climate Crisis*, Penguin Books Ltd, Kindle edition. 2015.

91   Readers interested in the role materials play in our lives would do well to read Miodownik, M., *Stuff Matters: The Strange Stories of the Marvellous Materials that Shape Our Man-Made World*, Penguin Books Ltd, 2013.

92   *Plastiki & the Material of the Future,* http://plastikithemovie.com/ (accessed 06.04.16).

93   Hansell, M., 2005, *op. cit.*, p. 75.

94   Thixotropy is defined in the *Chambers Dictionary* as 'the property of showing a temporary reduction in viscosity when shaken or stirred'.

95   Williams, R., 'Big Delta: The 3D printer that prints clay houses', *Daily Telegraph*, 22 September 2015, http://www.telegraph.co.uk/technology/news/11882936/Big-Delta-the-3D-printer-that-prints-clay-houses.html (accessed 06.04.16).

96   A more detailed description of the characteristics of bioplastics can be found in McKeag, T., 'Case study: Oh, so plastic', *Zygote Quarterly 14*, Vol. 3, 2015, p. 16.

97   McKeag, T., 'Case study: Sticky wicket: A search for an optimal adhesive for surgery, *Zygote Quarterly 14*, Vol. 3, 2015, p. 19.

98   The ICD/ITKE Research Pavilion was a joint project of students and research associates of the ICD (Achim Menges) and ITKE (Jan Knippers) at the University of Stuttgart. Their work has been widely published and perhaps the best summary can be found in 'Material synthesis: Fusing the physical and the computational', guest edited by Achim Menges, *Architectural Design*, Vol. 85, No. 5, 2015.

99   If we attempt to quantify the energy savings achievable, we could compare the embodied energy of, say, aluminium with wood and then assume that additive manufacturing with cellulose could create structural elements with, as an educated guess, one-sixth of the embodied energy of a solid timber section. The diagrams earlier in the chapter explaining shape and hierarchy showed that it is relatively straightforward to reduce the weight of an element to 14 per cent or even 5 per cent of its original mass. A factor-6 saving for AM with cellulose relative to solid timber feels relatively conservative. Using embodied energy figures (from Prof. Geoff Hammond, Craig Jones, Sustainable Energy Research Team, Department of Mechanical Engineering, Bath University 'Inventory of Carbon and Energy (ICE). Version 1.6a') of 157.1 MJ/kg for aluminium and 9.4 MJ/kg for timber and the assumed efficiencies achieved through AM, this would suggest an embodied energy reduction from 157.1 down to 1.57 MJ/kg (a factor-100 increase in resource efficiency).

100   Allen, Robert (ed.), 2010, *op. cit.* Refer to the chapter by Vincent, J., pp. 134-171.

101   Stamets, P., '6 Ways Mushrooms Can Save The World', TED Talk, 2008.

102   von Liebig, J., *Die Grundsatze der Agricultur-Chemie*, Braunschweig, 1855. The historical debate about London's sewers is described at some length by Carolyn Steel in *Hungry City*, Chatto & Windus, 2008, pp. 249-281, and by Herbert Girardet in *Cities, People, Planet: Liveable Cities for a Sustainable World*, Chichester, John Wiley & Sons, 2004, p. 77.

103   Lovins, Amory, course at Schumacher College, *op. cit.* Also in Benyus, Janine, *Biomimicry, op. cit.*

104   To clarify this summary: flows of energy are, as dictated by laws of thermodynamics, always linear. Flows of other resources, such as carbon, nitrogen, water, etc. are mostly closed loop in ecosystems, although there are some limited exceptions to this. Arguably, fossil fuels are an example of waste and it could be seen as ironic that we are currently getting ourselves into difficulties as a direct result of using waste from ancient ecosystems. Similarly, the carbon cycle involves some flows between atmosphere, hydrosphere and lithosphere that are linear in the short-term but closed loop over a geological timescale. 'Feedback-rich' is an observation from Ken Webster at the Ellen MacArthur Foundation, which is intended to convey the idea that flows of resources in ecosystems effectively involve information flows as well, in the sense that they influence the numbers of predators and prey in a dynamic relationship.

105   Some biological organisms have evolved to use toxins, but only for a specific purpose and all the toxins break down after use to harmless constituents

106 'Panarchy' is a term used by systems theorists as an antithesis to hierarchy.

107 Interview between the author and Professor Marc Weissburg, 23.12.15.

108 Benyus, Janine, course at Schumacher College, *op. cit.* Also in Benyus, J., 1998, *op. cit.*

109 Susannah Hagan describes this approach with great persuasiveness in Hagan, Susannah, *Ecological Urbanism: The Nature of the City*, Taylor & Francis, Kindle edition, 2014, pp. 4-5.

110 Zero Emissions Research and Initiatives (ZERI), *Brewing a Future*, http://www.sdearthtimes.com/et0101/ et0101s7.html (retrieved 19.09.10, accessed 06.04.16).

111 Tragically, the Green Business Network was subjected to swingeing government cuts in 2015 and the ABLE Project is no longer operating. Given the extensive benefits delivered by the project, this is surely a classic example of short-term, narrow-focus economics that delivers long-term loss.

112 This idea too has antecedents in the work of John Todd, Nancy Jack Todd and William McLarney at the New Alchemy Institute, which experimented with projects called 'The Ark', see https://en.wikipedia.org/wiki/New_ Alchemy_Institute.

113 The idea of vertical farms, which have been given extensive coverage in recent years, suffers from exactly these kinds of functional challenges. Agriculture is almost totally dependent on light and to substitute natural light with artificial light is both a financial and a practical challenge.

114 Steel, C., 2008, *op.cit.*

115 Desai, P., *One Planet Communities: A Real-Life Guide to Sustainable Living*, Chichester, UK, John Wiley & Sons Limited, 2010, p. 103.

116 UK Sustainable Development Commission, *Healthy Futures: Food and Sustainable Development,* 2004. http:// www.sd-commission.org.uk/publications.php?id=71 (accessed 23.08.16)

117 Donella Meadows was one of the most eloquent writers about systems thinking and her work is essential reading: Meadows, D., *Thinking in Systems: A Primer*, Chelsea Green Publishing. Kindle edition, 2008, pp. 3-4.

118 Rodin, J., *The Resilience Dividend: Managing Disruption, Avoiding Disaster, and Growing Stronger in an Unpredictable World*, London, Profile Books, Kindle edition, 2014, Kindle Locations 125-127.

119 *Ibid.*, Kindle Locations 182-183.

120 Layton, A., Bras, B. and Weissburg, M., 'Industrial ecosystems and food webs: An expansion and update of existing data for eco-industrial parks and understanding the ecological food webs they wish to mimic', *Journal of Ecology*, Yale University, 2015, doi: 10.1111/jiec.12283.

121 *Ibid.*, p. 5.

122 I must credit this excellent line to my editorial consultant Alison McDougall-Weil.

123 This aspect is described in considerably more detail in Ball, J. D. and Melton, P., 'Circular economy at scale: Six international case studies', *Environmental Building News*, Vol. 24, No. 10, 2015, pp. 1-7.

124 Hagan, S., 2014, *op. cit.*, p. 13.

125 This is the basis of much of the new enterprises collectively referred to as 'the sharing economy'.

126 Schmidt-Nielsen, K. *et al.*, 'Desaturation of exhaled air in camels', *Proceedings of the Royal Society of London, Series B, Biological Sciences*, Vol. 211, No. 1184, (11 March 1981), pp. 305 319.

127 Fuel cells produce approximately 0.5 l/kWh, of which probably 60 per cent could be captured. Expressed in terms of drinking water per kWh of electricity, the average US household uses 0.17 l/kWh, so that requirement could easily be provided by a fuel cell.

128 Parker, A. R. and Lawrence, C. R., 'Water capture by a desert beetle', *Nature*, Vol. 414, 2001, pp. 33-34. A lot of papers have been written about the fog-basking beetle and scientific understanding has moved on considerably, so it is worth checking more recent papers, such as Malik, F. T. *et al.*, 'Nature's moisture harvesters: A comparative review', *Bioinspiration and Biomimetics*, Vol. 9, No. 3, 2014.

129 Wang, Y., 'A facile strategy for the fabrication of a bioinspired hydrophilic-superhydrophobic patterned surface for highly efficient fog-harvesting', *Journal of Materials Chemistry A*, 2015, 3,18963.

130 See http://www.fogquest.org/ (accessed 06.04.16) and Aleszu Bajak, 'Fog catchers pull water from air in Chile's dry fields', *New Scientist*, 25 June 2014.

131 Lev-Yadun, S. *et al.*, 'Rheum palaestinum (desert rhubarb), a self-irrigating desert plant', *Naturwissenschaften*, 2008, doi: 10.1007/s00114-008- 0472-y.

132 Ju, J., 'A multi-structural and multi-functional integrated fog collection system in cactus', *Nature Communications*, Vol. 3, No. 1247, 2012, doi: 10.1038/ncomms2253.

133 Interview between the author and Professor Colin Caro.

134 Harman, J., *The Shark's Paintbrush: Biomimicry and How Nature is Inspiring Innovation*, Nicholas Brealey Publishing, 2013.

135 Vogel, S., *Life in Moving Fluids: The Physical Biology of Flow*, Chichester, UK, Princeton University Press, 1994, pp. 317-321.

136 Lee, J. *et al.*, 'Murray's law and the bifurcation angle in the arterial micro-circulation system and their application to the design of microfluidics', *Microfluidics and Nanofluidics*, Vol. 8, No. 1, 2010, pp. 85-95.

137 Schumacher College course, *op. cit.*

138 The team's analysis extended to the characteristics of the biome in terms of water collection, filtration and storage, solar gain and reflectance, carbon sequestration, evapo- transpiration, nutrient cycling, biodiversity, soil building

and temperature amongst many other biological processes, and they applied biomimicry to every aspect of the design process. The water story is focused on here because it transforms a problem of over-abundance ingeniously.

139 Thomas, D., 'The mineral depletion of foods available to us as a nation (1940-2002): A review of the 6th edition of McCance and Widdowson', *Nutrition and Health*, Vol. 19, 2007, pp. 21-55, doi: 0260-1060/07.

140 Kompetenz Zentrum Wasser Berlin website, *Sanitation Concepts for Separate Treatment*, http://www.kompetenz-wasser.de/SCST.22.0.html (accessed 14.04.2016).

141 Thermophiles live at temperatures above 100 ºC in submarine volcanic vents.

142 Hansell, M., 2005, *op. cit.*, p. 4.

143 Nicholls, H., 'Peak performer', *New Scientist,* Vol. 220, No. 2939, pp. 46-47.

144 I have used the common terminology but they should be called 'weather-adaptive'. 'Climate' refers to how the atmosphere behaves over a long period of time, whereas 'weather' is what happens over a short period.

145 When I say 'loosely', I do not mean this in a critical way - only to explain why I have not gone into more detail to clarify the source of inspiration and how the function is delivered in nature.

146 Flectofin was a joint project between ITKE (Prof. Jan Knippers, University of Stuttgart), the Plant Biomechanics Group (Prof. Thomas Speck, University of Freiburg) and the Institute for Textile Technologies (ITV, Prof. Markus Millwich, Denkendorf). ITKE was the initiator and coordinator of this research project, funded by the German Ministry of Research.

147 Lienhard, J. *et al.*, 'Flectofin: A hingeless flapping mechanism inspired by nature', *Bioinspiration and Biomimetics*, Vol. 6, No. 4, 2011, doi: 10.1088/1748-3182/6/4/045001.

148 The Thematic Pavilion uses a slightly different compliant mechanism which was inspired by previous research on the Flectofin. The kinematic facade was designed by soma, Vienna and engineered by Knippers Helbig Advanced Engineering, Stuttgart.

149 This was primarily the work of Julian Vincent and his colleagues Drs Olga and Nikolay Bogatyrev at the University of Bath. For further information, see chapters written by Vincent in Robert Allen (ed.), *op cit.,* 2010.

150 Disappointingly, this scheme did not win the competition. If the idea were to be pursued, it would be worth exploring the potential of electro-osmosis (a naturally occurring form of osmosis induced by an electric field) together with bio-utilisation of plants as evaporating surfaces.

151 Webb, R., 'Offices that breathe naturally', *New Scientist*, No. 1929, 11.06.94 and J. P. E. C. Darlington, 'The structure of mature mounds of the termite *Macrotermes michaelseni* in Kenya', *Insect Science and Its Applications,*

Vol. 6, 1986, pp. 149-156.

152 Soar, R. and Turner, S., 'Beyond biomimicry: What termites can tell us about realizing the living building', *First International Conference on Industrialized, Intelligent Construction (I3CON)*, Loughborough University, 14-16 May 2008.

153 Convective heat transfer is defined by Wikipedia as 'the transfer of heat from one place to another by the movement of fluids', see https://en.wikipedia.org/wiki/Convective_heat_transfer. Fluids include not just the colloquial meaning of liquids, but also gases.

154 Loonen, R. *et al.*, 'Climate adaptive building shells: State-of-the-art and future challenges', *Renewable and Sustainable Energy Reviews*, Vol. 25, 2013, p. 488.

155 This is the approach advocated by Biomimicry 3.8 - aiming to design buildings and cities to match all the ecological performance standards of the ecosystem that would have existed in that location prior to the Anthropocene. This would mean, for instance, matching the level of carbon sequestration, the level of biodiversity supported, the way the water is cycled, etc.

156 Yamanashi, T. *et al.*, 'BIO SKIN urban cooling façade', *Architectural Design*, Vol. 81, No. 6, 2011, pp. 100-108.

157 Soar and Turner, 2008, *op. cit.*

158 Corbusier, L., *Towards A New Architecture*, Courier Corporation, 1931.

159 Boyce, P. R., 'Review: The impact of light in buildings on human health', *Indoor and Built Environment*, Vol. 19, No. 1, 2010, pp. 8-20.

160 Aizenberg, J. *et al.*, 'Designing efficient microlens arrays: Lessons from Nature', *Journal of Materials Chemistry*, Vol. 14, 2004, pp. 2066-2072.

161 Holt A. *et al.*, 'Photosymbiotic giant clams are transformers of solar flux', *Journal of the Royal Society, Interface*, Vol. 11, No. 101, 2014, 20140678.

162 Land, M., 'Biological optics: Deep reflections', *Current Biology*, Vol. 19, No. 2, 2008, pp. 78-80, doi: 10.1016/j.cub.2008.11.034. See also: Partridge, J. *et al.*, 'Reflecting optics in the diverticular eye of a deep-sea barreleye fish (*Rhynchohyalus natalensis*)', *Proceedings of the Royal Society B: Biological Sciences*, Vol. 281, No. 1782, 2014, 9 pp.

163 Sundar, V. C. *et al.*, 'Fibre-optical features of a glass sponge', *Nature*, Vol. 424, 21 August 2003, pp. 899-890.

164 In some cultures glass sponges are given as wedding presents, which seems to represent curious symbolism given the nature of the shrimps' existence.

165 Weiss, P., 'Channeling light in the deep sea', *Science News*, Vol. 164, No. 12, 20 September 2003, p. 190.

166 Hoeller, N. *et al.*, 2013, *op cit.* See also Bay, A. *et al.*, 'Improved light extraction in the bioluminescent lantern of a *Photuris* firefly (Lampyridae)', *Optics Express*, Vol. 21, No. 1, 2013, pp. 764-780.

167 Deheyn, D. *et al.*, 'Bioluminescent signals spatially amplified by wavelength-specific diffusion through the

shell of a marine snail', *Proceedings of the Royal Society of London B*, Vol. 278, No. 1715, 2011, pp. 1-10.

168 Somewhat predictably, a lot of the related funding and research has been directed towards military rather than civilian applications.

169 Woolley-Barker, T., 'Learning from the master shape-shifter: Cephalopod technologies', *Zygote Quarterly*, No. 4, Winter 2012, pp. 12-27, http://zqjournal.org/?p=158 (accessed 04.04.16).

170 McKeag, T., 'Requiem for a butterfly: Mirasol's market meltdown', *Zygote Quarterly*, No. 5, Spring 2013, pp. 12-29.

171 Burgess, I. *et al.*, *Creating Bio-Inspired Hierarchical 3D-2D Photonic Stacks via planar Lithography on Self-Assembled Inverse Opals*, Cornell University Library, 2012, doi: 10.1088/1748-3182/8/4/045004, arXiv:1211.6811.

172 See https://www.seas.harvard.edu/news/2013/01/bioinspired-fibers-change-color-when-stretched (accessed 07.04.16); also Kolle, M. *et al.*, 'Bio-inspired band-gap tunable elastic optical multilayer fibers', *Advanced Materials*, Vol. 25, No. 15, 2013, pp. 2239-2245, doi: 10.1002/adma.201203529.

173 Park, D. *et al.*, 'Dynamic daylight control system implementing thin cast arrays of polydimethylsiloxane-based millimeter-scale transparent louvers', *Building and Environment*, Vol. 82, 2014, pp. 87-96.

174 The micro-fluidic aspects are described in Hatton, B., *et al.*, 'An artificial vasculature for adaptive thermal control of windows', *Solar Energy Materials and Solar Cells*, Vol. 117, October 2013, pp. 429-436.

175 See 'Lifelike cooling for sunbaked windows: Adaptable microfluidic circulatory system could cut air-conditioning costs', 30 July 2013, Harvard Press Release. For DDCS details, Park, D. *et al.*, 2014, *op. cit.* On adaptive microfluidics, see Hatton, B. *et al.*, 2013, *op. cit.*

176 Scheer, H., *The Solar Economy*, London, Earthscan, 2002.

177 There are a very limited number of exceptions to this, such as thermophiles.

178 Iceland sources 100 per cent of its electricity and a large amount of its heat from renewables. Several other countries, such as Norway, Albania and Costa Rica, are effectively run on 100 per cent renewable electricity. This leaves energy for heat and transportation, which remain substantially fossil-fuel based.

179 The earth continuously receives about 174,000 terawatts (TW) of energy from the sun, of which 30 per cent is reflected back into space, 19 per cent is absorbed by clouds and 89,000 TW reaches the surface. Our average annual energy consumption between 2008 and 2010 was very close to 15 TW. The earth therefore receives 11,600 times as much energy and, at the surface, we receive 5,933 times as much as we consume. Sources: IEA Key World Energy Statistics 2010.

180 One of the most thorough and impartial assessments of energy options is MacKay, D., *Sustainable Energy - Without the Hot Air*, Cambridge, UIT, 2008.

181 Abbott, D., 'Keeping the energy debate clean: How do we supply the world's energy needs?', *Proceedings of the IEEE*, Vol. 98, No. 1, January 2010, pp. 42-66.

182 Geothermal energy is not renewable, but the size of the resource compared to the most optimistic rate at which we could extract the energy results gives an operating period of hundreds of millions of years.

183 Amory Lovins refers to these as 'things that go pump in the night', Schumacher College course, *op. cit.*

184 'Offshore wind power and wave energy devices create artificial reefs', *ScienceDaily*, 19.01.10.

185 Nauclér, T. and Enkvist, P. A., *Pathways to a Low Carbon Economy: Version 2 of the Global Greenhouse Gas Abatement Cost Curve*, 2009, McKinsey & Company http://www.mckinsey.com/client_service/sustainability/latest_thinking/greenhouse_gas_abatement_cost_curves (accessed 07.04.16).

186 MacKay, 2008, *op. cit.*

187 Fish, F. *et al.*, 'The humpback whale's flipper: Application of bio-inspired tubercle technology', *Integrative and Comparative Biology*, Vol. 51, 15.05.2011, pp. 203-213 http://icb.oxfordjournals.org/content/early/2011/05/14/icb.icr016.full.pdf+html (accessed 07.04.16).

188 Vogel , S., 1998, *op. cit.*, pp. 96-100.

189 Sandia National Laboratories, 'A mighty wind', http://www.sandia.gov/news/publications/labnews/articles/2016/22-01/wind_blades.html (accessed 07.04.16).

190 Whittlesey, R. *et al.*, 'Fish schooling as a basis for vertical axis wind turbine farm design', *Bioinspiration and Biomimetics*, Vol. 5, No. 3, 2010. See also Dabiri, J., 'Potential order-of-magnitude enhancement of wind farm power density via counter-rotating vertical-axis wind turbine arrays', *Journal of Renewable Sustainable Energy*, Vol. 3, 2011, 043104 http://dx.doi.org/10.1063/1.3608170 (accessed 07.04.16).

191 They actually claim a factor-10 increase is possible.

192 Noone, C. *et al.*, 'Heliostat field optimization: A new computationally efficient model and biomimetic layout', *Solar Energy*, Vol. 86, No. 2, 2012, pp. 792-803.

193 Greiner, C., *et al.*, 'Bio-inspired scale-like surface textures and their tribological properties', *Bioinspiration and Biomimetics*, Vol. 10, 2015, 044001, doi: 10.1088/1748-3190/10/4/044001.

194 Amongst the most promising is the work of Daniel Nocera at MIT, Prof. Dr. Arved Hübler at the University of Technology Chemnitz, Germany and Jiaxing Huang at Northwestern University, US.

195 http://www.extremetech.com/extreme/188667-a-fully-transparent-solar-cell-that-could-make-every-window-and-screen-a-power-source (accessed 07.04.16).

196 This anecdote was relayed to me by Professor Patrick Hodgkinson.

197 Herbert Girardet describes this in *Cities, People, Planet: Liveable Cities for a Sustainable World*, Chichester, England, John Wiley & Sons Ltd, 2004, pp. 45-46.

198 The Pilot Plant is described in McKeag, T., 'The Sahara Forest Project: Seeing the forest for the trees', *Zygote Quarterly*, Vol. 4, Issue 11, 2014, pp. 10-35.

199 The challenges of this approach are also described in McKeag, T., 2014, *op. cit.*

200 It would have been even better if floral and microbial biodiversity had also been monitored, but budgets were limited.

201 Considerable debate persists about what the peak will be. The consensus is between 9 and 10 billion. Scientific breakthroughs that fundamentally change life expectancy could change this number substantially.

202 This book is essential reading for all architects, as one of the best books about urban design in recent decades. Hagan, S., *Ecological Urbanism: The Nature of the City*, Taylor and Francis. Kindle edition, 2014, pp. 19-20.

203 Hagan, S., 2014, *op. cit.*, p. 31.

204 Benyus, J., 1998, *op. cit.*, pp. 253-254.

205 It is not possible to do justice to the depth of thought and design input that the Arup team invested here. For more insight, see Peter Head's 'Brunel Lecture 2008: Entering the Ecological Age', http://publications.arup.com/publications/e/entering_the_ecological_age_the_engineers_role and read Chapter 7 of Benyus, J., 1998, *op. cit.*

206 Ecological footprinting was developed by Mathis Wackernagel - see the introduction of Peter Head, 2008, *op. cit.*

207 Head, P., *op. cit.*, p. 18.

208 Webster, K., *The Circular Economy: A Wealth of Flows*, Ellen MacArthur Foundation Publishing, 2015.

209 *Ibid.*

210 Zipcar's annual Millennial Survey of 1,015 adults reports that millennials are the only age category to rate their mobile devices (phone and laptop) above their car, in terms of the greatest negative impact of losing that technology on their daily routine. http://www.citylab.com/commute/2013/02/millennials-say-theyd-give-their-cars-their-computers-or-cell-phones/4841/ (accessed 07.04.16). MIT City Lab looked into the use of mobile phone data to understand the new non-centralised city: http://web.mit.edu/schlmark/www/SMART_Seminar.pdf (accessed 07.04.16).

211 Sceptics might wonder what it did to journey times but, counter-intuitively, journey times in the centre of Seoul actually improved - a great example that demonstrates Braess' paradox.

212 Quoted from press release provided in private

communication between the author and the architects.

213 Wiscombe, T., 'Beyond assemblies: System convergence and multi-materiality', *Bioinspiration and Biomimicry*, Vol. 7, No. 1, 2012, pp. 1-7, doi: 10.1088/1748-3182/7/1/015001.

214 *Ibid.*, p. 2.

215 *Ibid.*, p. 4.

216 *Ibid.*, p. 4.

217 Anderson, R., *Confessions of a Radical Industrialist*, London, Random House Business Books, 2009, p. 9.

218 Interface Sustainability Report 1997, http://www.interfaceglobal.com/app_themes/interface/pdfs/interface_sustainability_report_1997.pdf (accessed 14.01.16).

219 Hawken P., Lovins, A. and Lovins, L. H., *Natural Capitalism*, New York, BackBay Books/Little, Brown and Company, 1999, p. 133.

220 At the time of writing the initiative had collected 66,860 kg of discarded fishing nets, http://net-works.com/ (accessed 07.04.16).

221 Anderson, R., 2009, *op. cit.*, p. 4.

222 Quoted in Farrell, B., 'The View from the Year 2000', *LIFE magazine*, 26 February 1971.

223 Schumacher course *op. cit.*

224 Marshall, A., 'Biomimicry', *Encyclopaedia of Corporate Social Responsibility*, Berlin, Heidelberg, Springer 2013, p. 174.

225 Kostelanetz, R., *Conversing with Cage,* London, Routledge, 2003.

226 Bernet, A and Smith, C., blog post, 'Nature and business: developing a sustainable society together', 7 July 2015. http://biomimicry.org/nature-business/#.VrC8dzaLQo8 (accessed 07.04.16).

227 UK Government's chief scientist John Beddington: Ian Sample, 'World faces "perfect storm" of problems by 2030, chief scientist to warn', *Guardian*, 18.03.09.

228 A good example of this would be certain Gulf states that have responded to water scarcity by making water effectively free. This may alleviate farmers' concerns but it completely undermines the potential for innovative technologies that save water. A braver approach would be to tax water and allocate all the tax revenue to subsidising water-saving technologies.

229 This observation comes from Satish Kumar. Kumar once asked the head of the London School of Economics if the school had a department of ecology. He followed that up by asking 'How can you manage your home without knowledge of it?' Source: personal conversation between the author and Satish Kumar.

230 Rosling, H., 'Hans Rosling on global population growth', TED talk, filmed June 2010, posted July 2010, http://www.ted.com/talks/hans_rosling_on_global_population_growth.html (accessed 07.04.16).

231 Speck, T. and Speck, O., 'Process sequences in

biomimetic research', *WIT Transactions on Ecology and the Environment*, Vol. 114, 2008.

232 I am choosing my words carefully here and I stress that I advocate compromising as little as **necessary** rather than as little as possible. The former is what is required to deliver innovative solutions; the latter is the province of the *prima donna*.

233 Okri, B., *A Time for New Dreams: Poetic Essays,* London, Rider, 2011.

234 Meadows, D., *Leverage Points: Places to Intervene in a System*, The Sustainability Institute, 1999, http://donellameadows.org/archives/leverage-points-places-to-intervene-in-a-system/ (accessed 14.04.16). This has become influential, and Nesta has developed it into a 12-point guide.

235 BioTRIZ, www.biotriz.com/ (accessed 07.04.16).

236 MacKay's book is available gratis online, on his website, http://www.withouthotair.com/ (accessed 07.04.16).

237 Futerra, *The Rules of the Game: Principles of Climate Change Communications*, report, February 2005, http://www.stuffit.org/carbon/pdf-research/behaviourchange/ccc-rulesofthegame.pdf (accessed 14.04.16).

238 Oblique Strategies, http://www.oblicard.com/ (accessed 07.04.16).

찾아보기

사진 출처

....

COVER
© Linden Gledhill

INTRODUCTION
Fig. 1   Steve Gschmeissner / Science Photo Library
Fig. 2   © Ezra Stoller / Esto
Fig. 3   © FLC / ADAGP, Paris and DACS, London 2016
Fig. 4   Professor Julian Vincent
Fig. 5   © SecretDisc from Wikimedia Commons
Fig. 6   Jessica M Winder
Fig. 7   © Festo AG & Co. KG, all rights reserved

CHAPTER 1
Fig. 8   © Jim Wehtje
Fig. 9   Line drawing by Exploration(after work by Ed van Hinte and
            Adriaan Beukers in 'Lightness'(010 Publishers, Rotterdam) with
            input from Fluid Structures)
Fig. 10   Wiki creative commons © 2004 paul.vlaar@gmail.com
Fig. 11   © Claus Mattheck
Fig. 12   © MX3D / Joris Laarman Lab
Fig. 13   © Jan Kaplicky, courtesy of the Kaplicky Centre Foundation,
            Prague
Fig. 14   © Dr. Morley Read / Science Photo Library
Fig. 15   Exploration Architecture
Fig. 16   © PLY Architecture
Fig. 17   © PLY Architecture
Fig. 18   Exploration Architecture
Fig. 19   Exploration Architecture
Fig. 20   © Tonkin Liu Architects
Fig. 21   Mike Tonkin © Tonkin Liu Architects
Fig. 22   © Sylvain Deville
Fig. 23   © Obie Oberholzer
Fig. 24   © Warwick Sweeney / The Crown Estate / Glenn Howells
            Architects
Fig. 25   © Sergio Poretti, 2010
Fig. 26   Exploration Architecture
Fig. 27   D'Arcy Thompson, *On Growth and Form*
            Original credit is 'After Culmann and J. Wolff'
Fig. 28   D'Arcy Thompson, *On Growth and Form*
            Original credit is 'After Schafer, from a photo by
            Professor A. Robinson'
Fig. 29   D'Arcy Thompson, *On Growth and Form*
            Original credit is 'O. Prochnow, Formenkunst der Natur'
Fig. 30   © Institut für Leichtbau Entwerfen und Konstruieren ILEK,
            Universität Stuttgart
Fig. 31   © Andres Harris
Fig. 32   © Paolo Rosselli / RIBA Library Photographs Collection
Fig. 33   Exploration Architecture
Fig. 34   © SEMTech Solutions
Fig. 35   © Jan Kaplicky, courtesy of the Kaplicky Centre Foundation,
            Prague
Fig. 36   © ICD Universität Stuttgart
Fig. 37   © SEMTech Solutions

Fig. 38   © SEMTech Solutions
Fig. 39   © Michael M. Porter, Clemson University
Fig. 40   Exploration Architecture
Fig. 41   © Kelly Hill Photography
Fig. 42   The Aizenberg Biomineralization and Biomimetics Lab
Fig. 43   The Aizenberg Biomineralization and Biomimetics Lab
Fig. 44   The Aizenberg Biomineralization and Biomimetics Lab
Fig. 45   © UTOPIA - Fotolia.com
Fig. 46   Reid & Peck / RIBA Library Photographs Collection
Fig. 47   Exploration Architecture
Fig. 48   © Stefan Arendt - Fotolia.com
Fig. 49   © Ellen Snyder, Ibis Wildlife Consulting
Fig. 50   Exploration Architecture, after Mike Hansell, *Animal
            Architecture*, credited to 'Henschel and Jocqué(1994)'
Fig. 51   © RIBA Library Photographs Collection
Fig. 52   Exploration Architecture
Fig. 53   © Grimshaw
Fig. 54   Exploration Architecture
Fig. 55   © Exploration Architecture
Fig. 56   © Judit Kimpian
Fig. 57   Exploration Architecture
Fig. 58   © Steve Speller
Fig. 59   Exploration Architecture
            Origami pattern © Guest, S.D., and Pellegrino, S.(1992).
            'Inextensional Wrapping of Flat Membranes,' First International
            Conference on Structural Morphology, Montpellier,
            R. Motro and T. Wester, eds., 7-11 September, pp. 203-215
Fig. 60   SL-Rasch GmbH
Fig. 61   © Grimshaw
Fig. 62   © Grimshaw
Fig. 63   © Charles Schurch Lewallen, Wikimedia Commons
Fig. 64   Exploration Architecture
Fig. 65   Exploration Architecture
Fig. 66   Exploration Architecture
Fig. 67   © Grimshaw
Fig. 68   © Gennaro Senatore

CHAPTER 2
Fig. 69   © Steve Gschmeissner / Science Photo Library
Fig. 70   Line drawing by Exploration Architecture(after work by Ed
            van Hinte and Adriaan Beukers in 'Lightness'(010 Publishers,
            Rotterdam) with input from Fluid Structures)
Fig. 71   Fotolia © Jörg Hackemann
Fig. 72   © Paula J. Rudall, *Anatomy of Flowering Plants*, Cambridge
            University Press, 2007
Fig. 73   © Steve Gschmeissner / Science Photo Library
Fig. 74   © The Aizenberg Biomineralization and Biomimetics Lab
Fig. 75   © Yoram Yeshef
Fig. 76   © MIT Mediated Matter Lab
Fig. 77   © Magnus Larsson
Fig. 78   BarkowPhoto, courtesy of TheLiving
Fig. 79   BarkowPhoto, courtesy of TheLiving
Fig. 80   © Travel The Unknown

자연을 닮은
생태모방건축기법

초판 1쇄 인쇄 2020년 1월 10일
초판 1쇄 발행 2020년 1월 15일

저자   Michael Pawlyn
역자   박자은 · 정재욱

펴낸이   박정태
편집이사   이명수   출판기획   정하경
편집부   김동서, 위가연
마케팅   조화묵, 박명준, 한성주 온라인마케팅 박용대
경영지원   최윤숙

펴낸곳   광문각
출판등록   1991. 5. 31 제12-484호
주소   파주시 파주출판문화도시 광인사길 161 광문각 B/D
전화   031-955-8787   팩스   031-955-3730
E-mail   kwangmk7@hanmail.net
홈페이지   www.kwangmoonkag.co.kr
ISBN   978-89-7093-972-8 13610
가격   24,000원